哲学社会科学创新论

Zhexue Shehui Kexue Chuangxinlun

汪信砚 主编

中国社会科学出版社

图书在版编目(CIP)数据

哲学社会科学创新论/汪信砚主编 . —北京:中国社会科学出版社,
2014. 12

ISBN 978 - 7 - 5161 - 5227 - 0

Ⅰ.①哲⋯ Ⅱ.①汪⋯ Ⅲ.①哲学社会科学—研究
Ⅳ.①C0

中国版本图书馆 CIP 数据核字(2014)第 297523 号

出 版 人	赵剑英	
选题策划	田　文	
责任编辑	杨晓芳	
责任校对	邓雨婷	
责任印制	王　超	

出　　版	中国社会科学出版社	
社　　址	北京鼓楼西大街甲 158 号	
网　　址	http://www.csspw.cn	
邮　　编	100720	
发 行 部	010 - 84083685	
门 市 部	010 - 84029450	
经　　销	新华书店及其他书店	

印　　刷	北京市大兴区新魏印刷厂	
装　　订	廊坊市广阳区广增装订厂	
版　　次	2014 年 12 月第 1 版	
印　　次	2014 年 12 月第 1 次印刷	

开　　本	710 × 1000　1/16	
印　　张	18	
插　　页	2	
字　　数	295 千字	
定　　价	56.00 元	

凡购买中国社会科学出版社图书,如有质量问题请与本社联系调换
电话:010 - 84083683

目　录

导　论 ……………………………………………………………… （1）
　一　哲学社会科学创新与哲学社会科学的繁荣 ………………… （1）
　二　哲学社会科学创新与现代社会的发展 …………………… （5）
　三　哲学社会科学创新与创新型国家的建设 ………………… （11）

第一章　哲学社会科学创新的本质和特征 …………………… （18）
　一　哲学社会科学创新的内涵 ………………………………… （18）
　　（一）创新释义 ……………………………………………… （18）
　　（二）科学创新的一般含义 ………………………………… （22）
　　（三）哲学社会科学创新的基本内涵 ……………………… （26）
　二　哲学社会科学创新的本质 ………………………………… （30）
　　（一）探索新的真理 ………………………………………… （30）
　　（二）发现和解决新的问题 ………………………………… （33）
　　（三）形成新的思想观念 …………………………………… （36）
　三　哲学社会科学创新的特点 ………………………………… （39）
　　（一）新颖性 ………………………………………………… （39）
　　（二）超越性 ………………………………………………… （40）
　　（三）独特性 ………………………………………………… （42）
　　（四）普遍性 ………………………………………………… （44）
　　（五）时代性 ………………………………………………… （46）

第二章　哲学社会科学创新的构成要素 ……………………… （49）
　一　创新主体 …………………………………………………… （49）
　　（一）创新主体的类型 ……………………………………… （49）

（二）创新主体的特质 ……………………………………（53）
（三）创新主体的历史演变 ………………………………（58）
二　创新对象 …………………………………………………（60）
（一）创新对象的类型 ……………………………………（61）
（二）创新对象的特点 ……………………………………（64）
（三）创新对象的生成 ……………………………………（67）
三　创新资源 …………………………………………………（69）
（一）创新资源的类型 ……………………………………（70）
（二）创新资源的形成 ……………………………………（73）
（三）创新资源的作用 ……………………………………（76）

第三章　哲学社会科学创新的基础、条件和动力 ……………（79）
一　哲学社会科学创新的基础 ………………………………（79）
（一）哲学社会科学创新的实践基础 ……………………（79）
（二）哲学社会科学创新的理论基础 ……………………（82）
（三）哲学社会科学创新的主体基础 ……………………（85）
二　哲学社会科学创新的条件 ………………………………（89）
（一）哲学社会科学创新的时代条件 ……………………（90）
（二）哲学社会科学创新的理论条件 ……………………（92）
（三）哲学社会科学创新的个人条件 ……………………（93）
三　哲学社会科学创新的动力 ………………………………（96）
（一）社会的发展和进步 …………………………………（97）
（二）理论自身的矛盾 ……………………………………（99）
（三）主体的自我反思 ……………………………………（103）

第四章　哲学社会科学创新的能力 ……………………………（107）
一　哲学社会科学创新能力的构成 …………………………（107）
（一）知识转化能力 ………………………………………（108）
（二）个性品质 ……………………………………………（109）
（三）思想意识 ……………………………………………（112）
（四）社会机制 ……………………………………………（114）
二　哲学社会科学创新能力的影响因素 ……………………（116）
（一）影响哲学社会科学创新能力的主观因素 …………（116）

（二）影响哲学社会科学创新能力的客观因素 ……………… （120）

三 强化哲学社会科学创新能力的基本原则 …………… （124）
　　（一）建立切实有效的评价机制 …………………… （124）
　　（二）形成民主高效的管理体制 …………………… （126）
　　（三）合理利用各种创新资源 ……………………… （129）

四 哲学社会科学创新能力有效发挥的途径 …………… （130）
　　（一）强化问题意识 ………………………………… （130）
　　（二）优化思维方式 ………………………………… （133）
　　（三）健全创新体制 ………………………………… （136）
　　（四）尊重学术规律 ………………………………… （140）

第五章　哲学社会科学创新的类型 …………………… （143）
一 哲学社会科学创新类型问题的复杂性 ……………… （144）
　　（一）哲学社会科学创新表现形式的多样性 ……… （144）
　　（二）哲学社会科学创新表现形式多样性的原因 … （145）
　　（三）关于哲学社会科学创新类型的观点分歧 …… （149）

二 哲学社会科学创新类型的划分 ……………………… （152）
　　（一）现有哲学社会科学创新类型划分的主要缺陷 ……… （152）
　　（二）哲学社会科学创新类型划分的方法 ………… （155）
　　（三）哲学社会科学创新的基本类型 ……………… （158）

三 哲学社会科学创新类型的个案分析 ………………… （162）
　　（一）普遍创新的个案分析 ………………………… （162）
　　（二）特殊创新的个案分析 ………………………… （165）
　　（三）综合创新的个案分析 ………………………… （167）

第六章　哲学社会科学创新的实现机制 ……………… （173）
一 哲学社会科学的创新精神 …………………………… （173）
　　（一）哲学社会科学创新与技术创新 ……………… （174）
　　（二）哲学社会科学创新的个体主体精神因素 …… （177）
　　（三）哲学社会科学创新的社会主体精神因素 …… （179）
　　（四）弘扬哲学社会科学的创新精神 ……………… （181）

二 哲学社会科学创新的思维机制 ……………………… （184）
　　（一）问题机制 ……………………………………… （184）

（二）方法机制 ……………………………………（187）

（三）反思机制 ……………………………………（191）

（四）范式机制 ……………………………………（192）

三 哲学社会科学创新的社会建制 ……………………（194）

（一）哲学社会科学创新的社会体制 ………………（195）

（二）哲学社会科学创新的社会机制 ………………（198）

（三）国家创新系统：哲学社会科学创新建制化的

典型形式 ………………………………………（199）

第七章 哲学社会科学创新的评价 ………………………（202）

一 哲学社会科学创新的评价标准 ……………………（202）

（一）创新性标准 …………………………………（203）

（二）真理性标准 …………………………………（206）

（三）价值性标准 …………………………………（209）

二 哲学社会科学创新的评价方式 ……………………（212）

（一）同行专家评价 ………………………………（212）

（二）量化评价 ……………………………………（216）

（三）综合评价 ……………………………………（219）

三 哲学社会科学创新评价的科学化 …………………（223）

（一）哲学社会科学创新评价科学化的意义 ………（223）

（二）哲学社会科学创新评价科学化的影响因素 ……（226）

（三）促进哲学社会科学创新评价科学化的基本原则 ……（229）

第八章 我国哲学社会科学创新的现状、问题及对策 ……（233）

一 我国哲学社会科学创新的现状 ……………………（233）

（一）研究机构、人才队伍和社会影响明显改观 ……（233）

（二）取得了一批重要成果 ………………………（238）

（三）形成了比较完整的组织管理体系 ……………（241）

二 我国哲学社会科学创新面临的问题 ………………（245）

（一）创新评价不够科学 …………………………（245）

（二）创新管理不够完善 …………………………（250）

（三）创新氛围不够浓厚 …………………………（255）

（四）创新能力仍然不足 …………………………………（260）

三 提升我国哲学社会科学创新能力的对策 …………………（262）

（一）加强学术队伍建设 …………………………………（262）

（二）完善创新评价体系 …………………………………（265）

（三）推进学术规范建设 …………………………………（269）

（四）严格科研管理 ………………………………………（272）

（五）营造创新氛围 ………………………………………（275）

后 记 …………………………………………………………（280）

导　论

　　哲学社会科学与自然科学一样都是人类科学体系的重要组成部分，是人类社会进步和人类文明发展的重要思想资源。作为一种精神生产活动，哲学社会科学研究贵在创新。只有不断创新，哲学社会科学自身才能繁荣和发展；只有不断创新，哲学社会科学才能为社会进步和人类文明发展提供源源不竭的思想资源；也只有不断创新，哲学社会科学才能在现时代创新型国家的建设中发挥其应有的作用。因此，可以说创新是哲学社会科学的生命之源。离开创新，哲学社会科学就没有前进和发展的动力，就不可能担负起其在社会进步和人类文明发展中的重任，甚至根本就失去了其存在的必要性和意义。

一　哲学社会科学创新与哲学社会科学的繁荣

　　哲学社会科学是一个内容广泛的庞大的学科群，它所内含的众多学科可分为人文学科和社会科学学科两大部类。虽然哲学、史学、语言文学、艺术等人文学科与政治学、经济学、法学、社会学等社会科学学科在研究对象、理论旨趣、致思方向和思维方式等多个方面有很大的不同，但它们无不以创新作为其发展的内在动力。唯有大力创新，哲学社会科学才能不断繁荣和发展。

　　哲学社会科学创新是通过哲学社会科学研究来实现的，或者说，哲学社会科学创新是哲学社会科学研究中的创新。哲学社会科学研究是一种精神生产活动，它的产品主要包括两类，即知识和价值观念。其中，社会科学研究的旨趣在于探索社会事物的本质和规律、获取关于社会事物"是什么"、"怎么样"和"为什么"的知识；人文学科研究的旨趣则在于探寻人的生存意义和人的价值、形成关于客观事物相对于人而言以及人面对客观事物而"应如何"的价值观念。当然，除了知识和价值观念以外，哲学社会科学研究还有其非常重要的副产品，即科学精神和人文精神，但它们是在哲学社会科学研究的主产品，即知识和价值观念的生产过程中体现出来的，并且是为这些主产品的生产服务的，只不过它们往往具有更广泛、更普遍的社会意义。与物质产品可以批量制造不同，知识和价值观念等精神产品的生产都是独一无二的。其中，知识的生产只能是一次性的，重复已有的科学研究、生产已有的知识毫无意义；价值观念的生产则必须是个性化的，即只有表达了某种独特的价值观念才会受到人们的重视。正如李凯尔特所说，"人文研究是'具体的'，它关心个别和独特的价值观"①。知识和价值观念等精神产品生产的独一无二性，决定了哲学社会科学研究必须不断创新：只有不断创新，哲学社会科学研究才能取得真正有价值的成果；只有不断创新，哲学社会科学研究才能生产出越来越丰富的精神产品。

哲学社会科学创新的具体表现形式是多种多样的，但就其结果而言，它们不外乎三种基本类型：一是理论体系创新，即在某一学科领域中创立了新的理论；二是学术观点创新，即针对某一问题提出了新的见解或主张；三是研究方法创新，即提出或运用了新的研究方法。这三种类型的哲学社会科学创新本身的意义并不完全一样，但它们对于哲学社会科学的繁荣和发展都是非常重要的。

理论体系创新是最为重要的哲学社会科学创新，它对哲学社会科学的繁荣和发展的意义是最为重大的。从历史上看，哲学社会科学各个学科整体上的发展主要是通过理论体系创新来实现的。当然，理论体系创新不是凭空实现的。马克思曾说："一切划时代的体系的真正的内容都是由于产生这些体系的那个时期的需要而形成起来的。"②而一旦人们在某一学科领域中真切地把握了时代的需要、创造了新的理论体系，就能把该学科推进到新的发展阶段。例如，哲学的历史发展就是这样实现的。亚里士多德指出："古往今来人们开始哲理探索，都应起于对自然万物的惊异。"③ 古代人类对外部世界充满了惊诧和恐惧，渴望找到那种存在于一切现象背后并作为一切现象之原因和根据的绝对的本体或本原，以便对纷繁复杂、变动

---

① 《简明不列颠百科全书》第 6 卷，中国大百科全书出版社 1986 年版，第 760 页。
② 《马克思恩格斯全集》第 3 卷，人民出版社 1960 年版，第 544 页。
③ ［古希腊］亚里士多德：《形而上学》，商务印书馆 1959 年版，第 5 页。

不居的自然万物作出统一的理解。正是为了适应这种需要，西方古代哲学家们创造了各式各样的本体论哲学体系。随着西方资本主义生产关系的出现和文艺复兴运动的发展，产生了西方近代哲学。为了适应资产阶级发展自然科学以推进工业生产的迫切需要，西方近代哲学家们着重探讨了各种认识论问题，包括认识的来源问题、认识的可靠性问题、认识的真理性问题、认识的内在矛盾问题、认识的基础和根据问题，等等。其中，17 世纪初至 18 世纪末，英国和欧洲大陆的哲学家们分别创立了经验论和唯理论哲学体系，18 世纪法国"百科全书派"的哲学家们创立了一系列机械唯物主义的哲学体系，18 世纪末至 19 世纪初的德国古典哲学家们则创立了代表着旧哲学在辩证法和唯物主义思想方面最高成就的各种不同的哲学体系，它们使西方近代哲学不断发展到新的阶段。而为了适应无产阶级反对资产阶级、使无产阶级和全人类获得彻底解放的需要，马克思、恩格斯创立了辩证唯物主义和历史唯物主义的哲学体系，实现了人类哲学发展史上的伟大变革。现代西方哲学家们也在努力反映和把握时代需要的过程中创立了各种科学主义或人本主义的哲学体系，并由此使现代西方哲学不断演进和发展。可以说，如果没有理论体系创新，就不会有源远流长、色彩斑斓的哲学史，也不会有其他各门人文社会科学的历史发展。

　　相对于理论体系创新而言，学术观点创新是更为常见的哲学社会科学创新。在哲学社会科学发展过程中，如果说理论体系创新属于质变，那么，学术观点创新则属于量变。科学哲学家库恩通过对自然科学发展史的研究发现，各门自然科学的发展都是进化的连续性与革命的间断性的统一，就是说，它们在一定历史时期内处于相对稳定的进化阶段，而在另一个时期内则会进入剧烈变化的革命阶段。其中，科学进化是指科学理论在量的方面的变化，是科学知识在数量方面的增加和积累；科学革命则是科学理论发展中的质变，是新的科学理论的创立和科学理论的根本变革。因此，进化与革命既是科学发展过程中的两个不同阶段，也是科学发展的两种基本形式。其实，哲学社会科学的发展也大体如此，尤其是各门社会科学的发展也表现出同样的情形。在哲学社会科学的各个领域中，一种新的理论体系创立后，往往也会进入一个相对稳定的进化阶段。在此期间，人们从不同的方面对该理论体系进行探索，提出各种新的学术观点，从而使该理论体系不断演进。从历史上看，大凡经历了这一过程的理论体系都能形成某种学术传统，甚至变成某种"主义"，如哲学中的柏拉图主义、康德主义、黑格尔主义、实证主义、存在主义、实用主义等，经济学中的重商主义、古典主义、新古典主义等。在这些"主义"的演进过程中，学术观点的创新有时还能形成同一学术传统中的不同的学术派别。例如，康德主义在其演进过程中出现了马堡学派、弗赖堡学派等新康德主义学派，黑格尔主义在其演进中出现了老年黑格尔派、青年黑格尔派等新黑格尔主义学派。人们通常认为，这些不同学派的出现意味着康德主义和黑格尔主义的分裂。但这是从这些理论体系的外部看问题所得出的结论。站在这些理论体系内部来看，上述不同学派的出现实际上是学术观点创新所致，它恰恰是这些理论体系某种意义上的生机和活力的表现。当然，上述这些"主义"或理论体系本身都存在着严重缺陷，它们演进过程中的一些学术观点创新的意义也是非常有限的。作为人类思想史上的伟大理论创造，马克思主义自产生以后也一直处于丰富和发展过程中。这种丰富和发展，既表现为把马克思主义与各国具体实际相结合，从而形成了各种不同的马克思主义民族化形式，也表现为不同时代条件下马克思主义各个领域的学术观点创新，它们都为马克思主义理论的繁荣作出了重要贡献。

　　研究方法创新也是哲学社会科学创新的基本类型之一。研究方法创新所直接形成的是新的研究方法，这本身就是非常重要的哲学社会科学研究成果。这里所说的研究方法是广义的方法，包括视域、视角、思维方式、研究路径、分析方法、概念框架等，而所有这些方面的有机结合就构成人们通常所说的范式。研究方法的创新，可能是上述某一特定方面的创新，如提出或运用了新的分析方法，也可能是在上述所有方面的整体创新，即研究范式的根本转换。研究方法创新的重要意义在于，它能强有力地推进哲学社会科学的理论体系创新和学术观点创新，并且往往是理论体系创新和学术观点创新的重要前提。其中，研究方法的整体创新即范式转换的意义尤其重大，它必然带来理论体系的创新。库恩认为，范式的转换过程就是科学革命的过程，而其结果则是旧的科学理论为新的科学理论所取代。他曾举例说："物理光学范式的这些转变，就是科学革命，而一种范式通过革命向另一种范式的过渡，便是成熟科学通常的发展模式。"① 在哲学

---

　　① ［美］托马斯·库恩：《科学革命的结构》，北京大学出版社2003年版，第11页。

社会科学各门学科的历史发展过程中，我们也随处可以看到同样的情形。其中，最典型的就是马克思、恩格斯所实现的人类思想史上的伟大变革。马克思、恩格斯所确立的范式或根本方法是唯物辩证法，它是对以往旧的理论范式的根本改造。正是由于这一范式转换，马克思、恩格斯创立了唯物辩证的自然观与唯物辩证的历史观相统一的科学世界观以及马克思主义政治经济学，形成了唯物史观和剩余价值学说这两个人类思想史上的"伟大发现"，并在此基础上创立了科学社会主义理论，从而实现了整个马克思主义理论体系的创造。研究方法的整体创新或范式的转换之所以必然带来理论体系的创新，是因为它能够从根本上改变人们对于整个世界的看法。对此，库恩称之为"格式塔转换"，并曾用格式塔心理学的鸭兔图实验效应来加以说明："革命之前科学家世界中的鸭子到革命之后就成了兔子。先前从上面看到的是盒子的外观，后来却成了由下面看到的内部。这类转变在科学训练中是很普遍的，虽然通常它是逐渐发生的，而且几乎总是不可逆的。"① 这一点在马克思、恩格斯所实现的理论变革中也很明显。马克思、恩格斯与空想社会主义者们所研究的都是无产者被资本家剥削和压迫的资本主义社会的现实问题，但由于运用了唯物辩证法，所以马克思、恩格斯从根本上超越了空想社会主义者，实现了科学社会主义的伟大创造。当然，各种具体的研究方法的创新对于哲学社会科学的繁荣也是十分重要的，它往往是学术观点创新的必要条件。

总之，哲学社会科学的繁荣有赖于哲学社会科学的创新。要促进哲学社会科学的繁荣，就必须不断进行哲学社会科学的理论体系创新、学术观点创新和研究方法创新。

二　哲学社会科学创新与现代社会的发展

哲学社会科学创新不仅是哲学社会科学繁荣的根本前提和内在动力，而且也是现代社会发展的重要条件。现代社会之所以舍得把大量的人力、物力和财力投入哲学社会科学研究，就是因为能够从哲学社会科学创新中得到回报，哲学社会科学创新能够为现代社会发展提供各种重要的思想资源。

---

① 　[美] 托马斯·库恩：《科学革命的结构》，北京大学出版社 2003 年版，第 101 页。

如果说哲学、史学、语言文学、艺术等人文学科有着古老的传统并从西方古典时代以来就担负着表达"人类价值"的重任①，那么，社会科学则只有相对较短的历史。"在经济学中，祖父辈是：亚当·斯密、T. 马尔萨斯和 D. 李嘉图，时间是从 1776 年到 1810 年；父辈是：A. 马歇尔和 L. 瓦尔拉，时间是从 1870 年到 1890 年。在社会学中，祖父辈是 A. 孔德、卡尔·马克思和 H. 斯宾塞，时间是从 1850 年至 1870 年；父辈是 E. 迪尔凯姆和 M. 维贝尔，时间是从 1890 年到 1915 年。在心理学中，祖父辈是 H. 赫尔姆霍茨、E. 维贝尔和 G. 费希纳，时间是从 1839 年到 1860 年；父辈是 W. 冯特，W. 詹姆斯和 S. 弗洛伊德，时间是从 1879 年到 1910 年。在人类学中，祖父辈是 E. B. 泰勒和 J. G. 弗雷泽，时间是从 1879 年到 1900 年；父辈是 F. 博阿斯和 B. 马林诺夫斯基，时间是从 1910 年到 1920 年。"② 实际上，直到 19 世纪末 20 世纪初，西方学术界仍有人在讨论社会科学到底是否能够成立的问题。但是，进入 20 世纪以后，特别是第二次世界大战以来，社会科学迅速发展，其社会影响与日俱增，成为"公众最关注和最寄予希望的科学"③。与此同时，哲学等各门人文学科也表现出更加关注生活世界的鲜明特点，并出现了空前繁荣的局面。现当代哲学社会科学之所以出现迅猛发展的态势，是由于现当代人类社会发展的实际需要。"社会问题的重新发现（特别是在 60 年代）重新引起了对社会科学的重视和注意。这些问题是：种族歧视、贫困、家庭破裂、住宅环境恶劣、种族骚动、生态与环境问题，等等"，而解决这些问题需要哲学社会科学"专家的建议"④。正是为了适应这种需要，现当代哲学社会科学进行了一系列重大的理论创新。1971 年 2 月，哈佛大学的卡尔·多伊奇等人曾在《科学》杂志上发表一项研究报告，列举了从 1900 年到 1965 年哲学社会科学方面的 62 项"创造性成就"，包括弗洛伊德等人的"心理分析和精神分析心理学"、韦伯等人的"渐进的社会变革"理论、莫斯卡等人的"优秀人才研究"、罗素等人关于"逻辑与数学统一"的哲学研究、熊彼特等人关于"革新在社会经济变革中的作用"的研究、曼

---

① 《简明不列颠百科全书》第 6 卷，中国大百科全书出版社 1986 年版，第 760 页。
② ［美］丹尼尔·贝尔：《第二次世界大战以来的社会科学》，中国社会科学院情报研究所 1982 年版，第 24 页注释。
③ 同上书，第 23—24 页。
④ 同上书，第 23 页。

海姆等人的"知识和科学社会学"、梅里安等人的"定量政治科学和基本理论"、帕克等人的"生态系统理论"、布里奇曼的"操作定义"、乔姆斯基等人的"结构语言学"、凯恩斯的经济学理论、冯·诺伊曼等人的"对策论"、贝塔朗菲等人的"一般系统分析"、沃尔德的"统计决策理论"、布莱克特等人的"运筹学与系统分析"、萨缪尔逊等人的"计量经济学"、康南特等人的"科学的认识动力学"、列维—斯特劳斯的"人类学与社会科学中的结构主义"等。这些哲学社会科学创新，都曾对政府的决策、社会的改良或经济的增长起了非常积极的作用，并在当代的社会生活中仍有广泛而深刻的影响。有鉴于此，美国著名社会学家丹尼尔·贝尔认为，在当代，哲学社会科学"正在变成像自然科学一样的'硬'科学"①。

　　哲学社会科学创新在现代社会发展中的重要作用，突出地表现为它对社会变革和社会发展方向的引领。社会变革是社会发展过程中的质变，它离不开一定的思想资源。哲学社会科学创新为社会变革提供思想资源，早在近代就已有鲜明体现。欧洲近代文艺复兴运动和启蒙运动中形成的反映新兴资产阶级价值诉求的各种哲学社会科学理论，直接为欧美资产阶级革命作了理论准备，是资本主义生产方式在欧美各国取得主导地位的不可缺少的思想支撑。进入20世纪后，哲学社会科学创新对社会变革和社会发展方向的引领作用更加显著。这突出地表现在马克思主义理论创新对现代人类社会发展的深刻影响上。在马克思主义世界化与民族化相统一的历史进程中，列宁把马克思主义与俄国的具体实际相结合，科学地揭示了新的时代条件下帝国主义经济政治发展不平衡的规律，创造性地提出社会主义能够在一国或几国首先取得胜利的理论，并在这一理论指导下领导俄国取得了十月革命的成功，建立了世界上第一个社会主义国家，打破了全球资本主义一统天下的局面。尔后，以毛泽东为代表的中国共产党人把马克思主义与中国的具体实际相结合，创立了毛泽东思想，并由此领导中国革命取得了伟大胜利，建立了社会主义新中国，实现了中华民族的独立和自主。改革开放以来，中国马克思主义者不断推进马克思主义理论创新，创立并不断发展了中国特色社会主义理论体系，并在这一理论体系指导下领导中国人民取得了中国特色社会主义建设的伟大成就，迎来了中华民族的

---

　　① ［美］丹尼尔·贝尔：《第二次世界大战以来的社会科学》，中国社会科学院情报研究所1982年版，第2页。

伟大复兴。可以说，20 世纪以来涉及哲学社会科学各个领域的马克思主义理论创新，不仅从根本上改变了世界上一些国家和民族的命运，而且深刻地影响了世界历史的发展进程。

　　哲学社会科学创新在现代社会发展中的重要作用，也表现为它是哲学社会科学的资政功能得以实现的保证。哲学社会科学的重要功能之一是资政，即为社会规划、国家治理过程中的有关决策提供咨询，亦即为治国理政建言献策。从这个意义上说，哲学社会科学的发展状况关系着一个国家的智库建设。按照世界上最著名的智库——美国兰德公司的创始人弗兰克·科尔博莫的定义，所谓智库，就是一个"思想工厂"，一个没有学生的大学，一个有着明确目标和坚定追求却同时无拘无束、异想天开的"头脑风暴"中心，一个敢于超越一切现有智慧、敢于挑战和蔑视现有权威的"战略思想中心"①。智库之所以重要，就在于它能为决策者处理社会、经济、科技、军事、外交等各方面问题出谋划策，提供最佳的理论、策略和方法。在西方发达国家，每逢重大政策的制定，一般都是先由智库提出建议，然后媒体讨论、国会听证，最后政府予以采纳。据统计，目前全球各国共有 3000 多家智库，它主要由哲学社会科学各个领域的专家组成。而哲学社会科学要有效发挥其智库作用和资政功能，就必须深入研究不断变化着的社会生活，特别是要深入研究社会生活各个领域中出现的新的问题，并为这些社会问题的解决提供理念、思路、策略和方案，也就是必须努力实现理论、观点或方法的创新。从当今世界各个国家的情况看，哲学社会科学创新对于哲学社会科学资政功能的实现都是非常重要的。在这方面，20 世纪凯恩斯经济学在西方资本主义国家所产生的影响就是一个典型。第一次世界大战后，西方资本主义国家陷入了普遍性的经济大萧条，出现了资本主义有史以来最严重的一次经济危机。面对这种危机，向来推崇"自由竞争"、"自动调节"、"自由放任"原则的古典经济学完全失灵。在这种情况下，凯恩斯从理论、方法、政策三个方面对古典经济学进行了根本性的改造：在理论上，凯恩斯反对古典经济学关于供给总能创造自己的需求的教条，强调总需求对国民收入的决定作用，认为市场调节机制无法克服有效需求不足所导致的大规模失业和生产过剩；在方法上，凯恩斯反对古典经济学把经济理论分为经济学原理和货币学原理的做法，并

---

① 参见朱坤等《中国无智库?》，《新周刊》2009 年第 14 期。

实际上主张把经济学分为微观经济学和宏观经济学两个部分，由此开创了宏观经济分析方法；在政策上，凯恩斯反对古典经济学的自由放任原则，主张国家干预，特别是强调财政政策在经济萧条时期的重要作用。由于正确地分析了20世纪上半叶资本主义经济发展的状况，凯恩斯经济学成功地实现了超越古典经济学的创新。直到20世纪六七十年代，凯恩斯主义一直盛行于西方世界，成为发达资本主义国家制定经济政策的理论基础，它宛如为危机中的资本主义注入了一支强心针，为资本主义暂时摆脱危机和困境提供了一种现实可行的方案。改革开放以来，我国的哲学社会科学研究也越来越具有面向现实的特点，并通过对社会生活各个领域里的问题的创造性研究，不仅为党的理论创新奠定了重要基础，而且为各级政府的决策提供了理论支撑和科学依据，有效地发挥了哲学社会科学的资政功能。

哲学社会科学创新在现代社会发展中的重要作用，还表现为它是哲学社会科学的育人功能得以实现的条件。育人也是哲学社会科学的一项重要功能。这里所说的"育人"是广义上的，实际上也就是人们通常所说的"教化"，它既包括知识的传播和普及，也包括思想的改造和观念的更新。弗兰西斯·培根曾说：读史使人明智，读诗使人灵秀，哲理使人深刻，伦理学使人庄重，逻辑修辞之学使人善辩。培根在这里就道出了哲学社会科学的广义的育人功能，它是哲学社会科学在现代社会受到人们高度重视的重要原因之一。现代社会的发展越来越凸显出人的能动作用，人的素质成为现代社会发展过程中越来越重要的一个变量。人的素质主要取决于人的精神世界，而人的精神世界主要是由经验知识和价值观念两个方面构成的。哲学社会科学的育人功能，就表现为它能够丰富人们的知识和影响人们的价值观念，从而能够改造人们的精神世界、提升人们的素质。而要实现哲学社会科学的育人功能，就必须不断进行哲学社会科学创新，源源不断地为人们提供新的知识和价值观念，使人们的精神世界和思想观念适应时代的变化和发展。哲学社会科学创新在育人方面的重要作用，在我国改革开放以来的新的历史时期得到了充分体现。新时期我国的改革开放和中国特色社会主义建设事业不断向前推进，一个重要的前提就是我们党始终坚持不断地解放思想。所谓解放思想，就是在马克思主义指导下，冲破落后的传统观念和主观偏见的束缚，改变满足现状、因循守旧、不接受新事物的精神状态，把思想认识从各种不合时宜的观念、做法和体制的束缚中解放出来，使主观认识与客观实际相符合。而在我国新时期的思想解放运动中，哲学社会科学创新起了十分关键的作用。我国新时期的思想解放运动，肇始于1978年我国哲学界进行的真理标准大讨论。有人认为，真理标准讨论并无什么创新，因为它不过是恢复和重新确立了"实践是检验认识的真理性的唯一标准"这一马克思主义哲学的常识。在我们看来，这一看法是非常片面的。实际上，在当时语录标准盛行、马克思主义哲学关于真理标准的常识完全被遗忘的情况下，恢复和重新确立"实践是检验认识的真理性的唯一标准"的马克思主义哲学常识，本身就是重大的理论创新，它吹响了我国新时期思想解放的号角，为冲破"两个凡是"对人们思想的禁锢和"文革"后思想理论战线上的拨乱反正奠定了重要基础。尔后，我国哲学社会科学界又相继进行了关于生产力标准的讨论、关于社会主义市场经济的讨论、关于社会主义本质特征的讨论、关于如何加强党的建设的讨论、关于如何转变我国经济增长方式的讨论等系列重要讨论，创造性地回答了应该用什么作为判断我们的路线、方针、政策正确与否的根本标准、社会主义是否应该发展市场经济、"什么是社会主义、怎么建设社会主义"、"建设什么样的党、怎样建设党"、"实现什么样的发展、怎样发展"等一系列重大理论问题，廓清了许多曾经长期困扰我们的理论迷雾，把我国新时期的思想解放运动不断推向前进，使全党和全国人民的思想达到了空前的统一，也使我国改革开放和中国特色社会主义建设事业不断取得新的伟大成就。

值得特别指出的是，哲学社会科学创新所必然表现出来的科学精神和人文精神，对于培育现代社会的公民是绝对必需的。所谓科学精神，是人们在科学研究中形成和表现出来的与科学活动的本性和要求相一致的意识和态度，如理性精神、求实精神、批判精神、创新精神、为真理而献身的精神等。而所谓人文精神，则是人类的一种自我关怀，表现为对人的尊严和价值的呵护、对人的生存和发展的关切、对人的各种权利的维护以及对真善美的不懈追求。科学精神和人文精神是分别在包括社会科学探索在内的科学研究和哲学等人文学科的研究中表现出来的，而哲学社会科学创新则是科学精神和人文精神的集中体现。综观哲学社会科学发展的历史，所有的哲学社会科学创新都莫不是科学精神和人文精神的结晶；没有执着的科学精神和人文精神，是根本不可能实现哲学社会科学创新的。哲学社会科学创新所集中体现出来的这种科学精神和人文精神，也是现代社会发展的宝贵的精神资源，是现代社会的公民应该具备的精神气质。在今天，是否具备科学精神和人文精神，已成为衡量一个民族和国家的文明程度和社会发展水平的重要标准，也是评判人们的素质的一个重要尺度。也正因如此，当代世界各个国家都非常重视对受教育者进行科学精神和人文精神的熏陶和培养。

综上所述，哲学社会科学创新不仅能够引领社会变革和社会发展的方向，而且是哲学社会科学资政育人功能得以实现的保证，在现代社会的发展中发挥着重要的作用。

三　哲学社会科学创新与创新型国家的建设

在当代，世界上的许多国家为了促进自身社会经济的快速发展，都极为重视创新型国家的建设。我国也提出了到 2020 年建成创新型国家的战略目标。早在 2006 年 1 月，胡锦涛同志在全国科学技术大会上的讲话中就指出："本世纪头 20 年，是我国经济社会发展的重要战略机遇期，也是我国科技事业发展的重要战略机遇期。面对汹涌澎湃的世界新科技革命浪潮，我们必须认清形势、坚定信心、抢抓机遇、奋起直追。总体目标是：到 2020 年，使我国的自主创新能力显著增强，科技促进经济社会发展和保障国家安全的能力显著增强，基础科学和前沿技术研究综合实力显著增强，取得一批在世界具有重大影响的科学技术成果，进入创新型国家行列，为全面建设小康社会提供强有力的支撑。"① 实现这一战略目标，需要我们从多方面努力，其中也包括必须大力推进哲学社会科学创新。

所谓创新型国家，是指那些以创新作为基本战略、以科技创新作为经济社会发展核心驱动力并由此形成日益强大竞争优势的国家。目前，世界上人们公认的创新型国家有 20 个左右，包括美国、日本、芬兰、韩国等。这些创新型国家有以下四个共同特征：第一，国家对创新的投入高，研发投入即 R&D（研究与开发）支出占 GDP 的比例一般都在 2% 以上；第二，科技创新在产业发展和国民财富增长中起关键作用，科技进步贡献率达 70% 以上；第三，自主创新能力强，对外技术依存度指标通常在 30% 以

---

① 胡锦涛：《坚持走中国特色自主创新道路 为建设创新型国家而努力奋斗——在全国科学技术大会上的讲话》，《人民日报》2006 年 1 月 10 日。

下；第四，创新产出高，世界上约 20 个创新型国家所拥有的发明专利占全世界总量的 99%。人们通常用创新投入和产出的有关指标来衡量一个国家的创新能力，而创新型国家的创新综合指数明显高于其他国家。

建设创新型国家是一项复杂的系统工程。现代社会本身是一个极其复杂的有机系统，社会生活的各个领域以及各种社会事物之间每时每刻都在以非线性的方式紧密联系和相互作用着。在这种情况下，要建设创新型国家，必须使国家内部与创新有关的各个方面之间形成最佳的配合关系，必须使社会生活中有利于创新的各种因素的效能得到充分发挥，简言之，必须形成高效的国家创新体系。也正因如此，人们通常认为，是否拥有高效的国家创新体系是区分创新型国家与非创新型国家的主要标志。而要形成高效的国家创新体系，必须在各个方面充分发挥哲学社会科学创新的作用。

形成高效的国家创新体系、建设创新型国家，首先必须大力进行科技创新，而科技创新往往离不开哲学社会科学创新。要理解这一点，就必须明确当代科技的性质和特点。一方面，当代科学已经成为一种庞大的社会建制。当代科学研究所面临的许多重要课题，如生态系统的保护、海洋利用和开发、太空实验和探索等，都是一些极其复杂的巨型课题，对这些课题的研究需要多学科、跨领域、"多兵种"、"大兵团"的联合攻关，需要庞大的科技队伍和严密的组织管理，尤其是需要自然科学与哲学社会科学的通力协作。正因如此，所以有人把当代科学称为"大科学"。日本科学家汤浅光朝说："所谓大科学，就是具有新质的庞大研究机构，以新的管理进行研究的科学。"[①] 早在 20 世纪 40 年代，美国以制造原子弹为目标的"曼哈顿计划"就已初步展现了大科学的风采，它动用了 15000 名科学家和工程技术人员，涉及数百个单位，历时近 5 年。20 世纪 60 年代，美国"阿波罗登月计划"的参加人员多达 42 万人，共动员了 120 多所大学和实验室以及 2 万多个社会部门，前后历时近 10 年。从 20 世纪 80 年代开始实施的美国的"星球大战计划"、日本的"第五代计算机计划"、欧洲经济共同体的"尤里卡计划"以及苏联东欧的"科技进步综合纲要"四大科技计划，更是充分地显示了当代科学组织规模的庞大。作为当代大科学重要标志的这几个大工程或计划，都是以解决某种繁难的技术问题即

---

① ［日］汤浅光朝：《解说科学文化史年表》，科学普及出版社 1984 年版，第 141 页。

科技创新为目标的，它们涉及政治、经济、文化等社会生活各个领域的极其复杂的问题；没有相应的哲学社会科学创新，它们所企求的科技创新是很难实现的。另一方面，当代科学发展表现出了深度分化和高度综合的整体化特征。当代科学的分化，已不再是像历史上曾经发生过的那样门类越分越细，新分化出来的研究对象也不再是原来某一母学科研究对象的一部分，而是在原有学科之间的空白地带或交叉点上产生了一系列新兴学科。这一分化的结果，使人们在更深的层次上发现了事物、现象之间更深刻的联系，因而它不仅没有导致各门学科之间的进一步分离，反而在以往彼此隔离的学科之间架起了桥梁，成为当代科学综合的最重要条件和不可分割的方面。正是在深度分化和高度综合的一体化运动中，当代科学体系展示了自己的整体化特征。当代自然科学、哲学社会科学及其内部诸学科之间的界限已变得越来越模糊，它们正在综合为一种创造性的知识整体，正在成为"一门科学"。在当代科学深度分化和高度综合的过程中产生的一系列新兴学科，如环境科学、能源科学、生态科学、信息科学、空间科学、海洋科学、管理科学等，我们很难在传统的学科门类中准确地确定它们的位置，因为它们根本就不能定位于任何一个界限分明的学科，甚至也不属于单纯的自然科学或哲学社会科学，而是自然科学、哲学社会科学及其内部诸学科之间相互交叉、相互渗透的产物。在这种情况下，没有相应的哲学社会科学创新，要单独实现科技创新有时是根本不可想象的。

形成高效的国家创新体系、建设创新型国家，也必须大力进行制度创新，而制度创新往往源于哲学社会科学创新。制度是人们在社会生活中必须遵循的规范体系，它是一个极其庞大而复杂的系统。大体说来，正式的制度可分为基本制度和体制两个层面，前者包括社会的政治制度、经济制度和文化制度，后者则包括社会的政治体制、经济体制和文化体制，它是建立在社会的基本制度的基础上的。我们所说的制度创新，就同时包括基本制度创新和体制创新，而这两个层面的制度创新对于形成高效的国家创新体系、建设创新型国家都是非常重要的。其中，基本制度创新是形成高效的国家创新体系的根本保障。例如，政治制度的创新，特别是民主和法制建设的新推进有利于社会生活的和谐与稳定，而社会生活的和谐与稳定是形成高效的国家创新体系的重要前提。再如，自主创新能力是国家创新体系的一个核心指标，自主创新能力强是创新型国家的根本特征之一，而自主创新能力的强化有赖于经济制度的创新，特别是有赖于理顺和明确各种产权关系。实践证明，如果产权关系不明，人们是很难有自主创新的积极性的。体制创新则是形成高效的国家创新体系的基本途径。在各种社会体制中，作为文化体制之重要方面的科技体制的创新对于形成高效的国家创新体系尤为关键。在这方面，日本作为一个创新型国家的成功经验对我们有重要启示。1995 年《科学技术基本法》的颁布和实施是日本国家创新体系建设过程中的一个里程碑，它不仅使日本确立了"科学技术创新立国"的发展理念，而且标志着日本从二战后"经济立国"战略下以引进、模仿、改良为特点的科技体制向以创造为根本目标的科技体制的全面转换。此后，日本在科技体制方面进行了一系列的改革和创新，包括强化政府对科技工作的规划和管理、促进大学、科研机构和企业的协同创新、加大对基础研究的支持和投入、完善科技评价体系等等。① 这些科技体制创新，极大地提高了日本"知识创造"和科技创新能力。上述的基本制度创新和体制创新，一般都要借助于哲学社会科学创新所提供的思想资源。中国特色社会主义制度的创新就鲜明地体现了这一点。党的十八大报告指出："中国特色社会主义制度，就是人民代表大会制度的根本政治制度，中国共产党领导的多党合作和政治协商制度、民族区域自治制度以及基层群众自治制度等基本政治制度，中国特色社会主义法律体系，公有制为主体、多种所有制经济共同发展的基本经济制度，以及建立在这些制度基础上的经济体制、政治体制、文化体制、社会体制等各项具体制度。"② 包括基本制度和各种体制在内的中国特色社会主义制度无疑是制度创新的成果，而这种制度创新就源于马克思主义中国化过程中的理论创新，它是在马克思主义指导下对我国哲学社会科学各个领域的创新成果的创造性运用。

　　形成高效的国家创新体系、建设创新型国家，还必须大力培养各种创新人才，而创新人才的培养同样需要哲学社会科学创新，尤其是需要教育学理论和方法的创新。所谓创新人才，就是具有创新意识、创新精神和创新能力并能够取得创新成果的人才。创新人才是新知识的创造者、新技术的发明者、新学科的创建者，是科技新突破、发展新途径的引领者和开拓

<hr>

① 参见徐世刚《日本科技体制改革及对我国的启示》，《黑龙江社会科学》2005 年第 2 期。
② 胡锦涛：《坚定不移沿着中国特色社会主义道路前进　为全面建成小康社会而奋斗——在中国共产党第十八次全国代表大会上的报告》，《人民日报》2012 年 11 月 18 日。

者，是建设创新型国家的宝贵战略资源。胡锦涛在中国科学院第十三次、中国工程院第八次院士大会上的讲话中指出："建设创新型国家，关键在人才，尤其在创新型科技人才。""国际一流的科技尖子人才、国际级科学大师、科技领军人物，可以带出高水平的创新型科技人才和团队，可以创造世界领先的重大科技成就，可以催生具有强大竞争力的企业和全新的产业。""没有一支宏大的创新型科技人才队伍作支撑，要实现建设创新型国家的目标是不可能的。"[1]　我国科技人力资源和研发人员总数分别居世界第一、二位，研发投入居世界第六位，但我国科技创新指数在世界上49个主要国家（其 GDP 之和占世界总量的92%）中却仅处于中等水平，一个重要的原因就是我国科技队伍中的创新人才，特别是顶尖的创新人才偏少。统计表明，在158个国际一级科学组织及其1566个主要二级组织中，参与领导层的我国科学家仅占2.26%。正是这种情况，催生了著名的"钱学森之问"："为什么我们的学校总是培养不出杰出人才？"在思考"钱学森之问"的过程中，人们普遍认为，要适应建设创新型国家的需要、培养大量创新人才，就必须大力进行教育改革。而要进行人们所期待的这一教育改革，就必须大力进行哲学社会科学创新，特别是教育学理论和方法的创新。2009年11月，安徽高校的11位教授联合《新安晚报》给教育部长袁贵仁及全国教育界的公开信中写道："中国要实现经济的可持续发展，要实现文明、民主、富强的现代化目标，绝对离不开先进的、现代化的教育，绝对离不开一批又一批杰出的、真正的知识分子。是时候直面'钱学森之问'了，中国需要建立新的教育哲学和教育思想，需要形成新的教育发展战略和目标模式，需要推进以体制改革为中心的教育改革。"[2]　胡锦涛在中国科学院第十三次、中国工程院第八次院士大会上的讲话在谈到科技创新人才的培养时也说："创新型科技人才的成长是一个综合培养的过程，不可能一蹴而就，首先要从教育这个源头抓起。要根据我国经济社会发展特别是科学技术事业发展的要求，继续深化教育改革，加强素质教育，努力建设有利于创新型科技人才生成的教育培养体系。要以系统的观点统筹小学、中学、大学直到就业等各个环节，形成培养创新

---

[1]　胡锦涛在中国科学院第十三次中国工程院第八次院士大会上的讲话（2006年6月5日）。

[2]　安徽高校11位教授联合《新安晚报》给教育部部长袁贵仁及全国教育界发出的一封公开信（2009年11月11日）。

型科技人才的有效机制。要改变单纯灌输式的教育方法，探索创新型教育的方式方法，在尊重教师主导作用的同时，更加注重培育学生的主动精神，鼓励学生的创造性思维。要把中小学生从沉重的课业负担下解放出来，激发他们的好奇心和探究精神，使广大青少年在发掘兴趣和潜能的基础上全面发展。要改革和完善高等学校的课程设置，更新教学内容，重视理论与实践相结合，培养学生的创新精神和能力。要高度重视技术科学的发展和工程实践能力的培养，提高把科技成果转化为工程应用的能力。要多层次、多渠道、大规模地开展在职科技人员的继续教育，加快建立网络化、开放式、自主性的终身教育体系，使广大科技人员不断掌握新知识新技能，不断提高进行科技创新的素质和能力。"[1]

　　此外，形成高效的国家创新体系、建设创新型国家，必须努力营造有利于创新的社会环境，而创新环境建设也有赖于哲学社会科学创新。任何创新活动都是在一定的社会环境中进行的，它必然会受到各种社会因素的影响，创新环境就是对创新主体及其创新活动产生影响的各种社会因素的总概括。1997 年，经济合作与发展组织（OECD）在其发布的《国家创新系统》的报告中明确指出，创新环境是国家创新体系的一个重要方面。因此，创新环境的好坏直接关系到建设创新型国家的目标能否实现。创新环境本身是一个极其复杂的系统，它涉及社会生活的各个方面。有人认为，创新环境主要包括资源环境、市场环境、文化环境、制度环境、政策环境、服务支持环境等方面。[2] 创新环境各个方面的优化，都需要哲学社会科学各个学科的深入研究和创新。例如，我国要形成有利于创新的文化环境，必须努力克服传统文化中不思进取的中庸哲学、"信而好古"的因循守旧思想、"不患寡而患不均"的平均主义观念、担心"枪打出头鸟"的怕冒尖心理以及实用理性张扬而科技理性缺失的弊端，努力营造鼓励创新、勇于竞争、敢为人先、敢冒风险、宽容失败、崇尚科学理性的文化氛围。而要做到这些，需要哲学社会科学各个学科的深入探讨和创新，尤其是需要各门人文学科创造性地探索和传播与当代社会发展需要相适应的新的价值观念。

---

① 胡锦涛在中国科学院第十三次中国工程院第八次院士大会上的讲话（2006 年 6 月 5 日）。
② 参见王莉《自主创新环境的内涵、评价体系构建与实证检验》，《商业时代》2014 年第9 期。

　　总之，哲学社会科学创新的实际状态是国家创新体系的一个重要变量，要形成高效的国家创新体系、从而实现建设创新型国家的目标，就必须大力推进和不断进行哲学社会科学创新。

第一章

哲学社会科学创新的本质和特征

哲学社会科学创新是人类历史发展的重要动力，它不仅推动了人类物质文明的发展，而且促进了人类精神文明的进步。正因为如此，在当代大科学体系中，人们把哲学社会科学和自然科学置于同等重要的地位。但与自然科学创新不同，哲学社会科学创新是以人类社会现象和精神现象为研究对象的一种特殊创新活动，它除了具有科学创新的一般本质和特征之外，还具有自己独特的本质和特征。研究哲学社会科学创新问题，首先就必须深入地探析和准确地把握哲学社会科学创新的内涵、本质和特征。

一 哲学社会科学创新的内涵

哲学社会科学创新是一个复合概念，包含多层含义，有着非常丰富的内涵。通过对于创新、科学创新和哲学社会科学创新的逐级分析，我们就能够准确地理解哲学社会科学创新的深刻内涵。

（一）创新释义

从词源上看，创新一词古已有之。在汉语里，我国《汉书》中就曾有"礼仪是创"之说，颜师古注为"创，始造之也"，称"始造"为"创"。北齐史学家魏收所著的《魏书》中，也有这样的表述："革弊创新者，先皇之志也。"唐代作品《周书》、《南史》和《北史》中，也均出现过创新一词，也就是说，在公元6世纪初，创新一词便在中文中使用，在唐代已比较流行。在英语中，创新（innovation）一词的历史也非常悠久，它源于拉丁语"innovatio"，意思是更新、制造新的东西或改变。"创新"作为理论术语和学术概念，出自20世纪初美籍奥地利经济学家约瑟夫·熊彼特（Joseph Alois Schumpeter）的著作《经济发展理论》中。1912 年，熊彼特第一次从经济学的角度提出了创新理论，认为创新就是"执行新的组合"①，即建立一种新的工业生产函数，将某种原先从来没有过的关于生产要素和生产条件的新组合引入生产体系，包括采用某种新的产品、运用新的生产方法、开辟新的市场、控制新的原料来源、实现新的工业组合等五种情况。继熊彼特之后，许多管理学家、经济学家、政治学家从不同层面对创新理论作了进一步的发挥。1984 年，美籍奥地利管理学家德鲁克（Peter Drucker）在《创业精神与创新》一书中提出，创新有两种情况：一是技术创新，二是社会创新。英国经济学家克里斯托夫·弗里曼（C. Freeman）于 1987 年提出了"国家创新系统"（National Innova-tion Sytem，简称为 NIS）理论，把创新视为一个系统概念，认为大学、科研院所、政府是国家创新系统中的关键要素，后经一些经济学家的论证和阐释，这一理论不断得到完善和发展。经济合作与发展组织（Organization for Economic Cooperation and Development）1994 年启动了"国家创新系统项目"，1997 年又发表了《国家创新体系》的专题报告。如今，"创新"一词已超越意识形态和社会制度的差异，受到世界各国的广泛关注和重视，成为一个使用频率非常高的概念，并被视为未来知识经济、知识社会的核心理念。

究竟如何定义创新？商务印书馆 1996 年出版的《现代汉语词典》（修订本）将其解释为"抛开旧的，创造新的"②。显然，这种解释过于简单、笼统，没有揭示出创新一词的丰富内涵。当然，如果界定过于具体，又很难概括创新的全部意蕴。这也难怪至今人们对创新概念的含义仍然是仁者见仁、智者见智。我们认为，从其最基本的规定看，创新的内涵至少应该有以下三个方面。

第一，创新是一种首创性的实践活动。创新作为人类实践活动的一种特殊形式，首先表现为它是历史上的"首次"创造。创新一定要有新意，而新意来自何处呢？新意首先必须是带有首次性，比如，或者是发现了前人未曾发现的对象，研究了前人未曾研究的问题，使用了别人未曾用过的方法，提出了别人未曾提过的观点，等等。如果在形式和内容上都是对原

---

① ［美］约瑟夫·熊彼特：《经济发展理论》，何畏等译，商务印书馆 1990 年版，第 73 页。
② 《现代汉语词典》（修订本），商务印书馆 1996 年版，第 138 页。

有事物或理论的简单重复，平淡无奇、毫无新意，则不能称为创新。当然，对"首次"不能作狭隘理解，不能认为只有那种无中生有即开天辟地以来的第一次创造才是创新，而把在原有基础上的改进和变革排除在创新之外。创新既可以是无中生有，也可以是有中生新。在已有的基础上进行新的变动、新的组合、新的改进，形成新的功能、新的效用，只要它们具有"首次"这个特点，也同样属于创新。创新即首创，表明创新只有第一，没有第二。作为创新本质特征的"第一"，就是第一个"发现"，第一个"发明"，第一个"突破"，第一个"择优成功"，第一个"新的合成"，等等。创新的"第一"，有狭义"第一"和广义"第一"之别。狭义"第一"即全球第一，它是就全世界、全人类范围而言的第一，如爱因斯坦的相对论和诺贝尔奖得主们的创新。广义"第一"即区域第一，它是相对于本单位、本地区、本系统、本国度、本洲际而言的，并且是不依赖外界而独创的新颖、有价值的成果，如我国自行研制的导弹、原子弹、氢弹及人造地球卫星，虽非全球第一、世界首创，但它们是在其他国家对我国严格保密的情况下，完全依靠我们自己的力量研制出来的，仍不失为一种伟大的创举。创新是一种首创性实践活动，这是创新的前提性规定。

第二，创新是一种产生新成果的实践活动。也就是说，创新必须产生出一定的新成果，比如，或者是制造一个新产品，或者是发明一种新工艺，或者是发现一个新定律，或者是建立一个新制度，等等，这种作为新成果的东西可以是物质的也可以是精神的，可以是某种器物，也可以是某种制度。美国人 E. 惠特尼（1765—1825 年）发明轧棉机促进了美国经济的腾飞，爱因斯坦提出相对论实现了物理学革命，毛泽东提出新民主主义理论开辟了中国特色的革命道路，他们的探索性活动之所以能称为是创新活动，其根本原因之一就在于他们的探索性活动都是和一定的新成果相联系的。创新就是要创出新事物和新理论来实现最初的创新目的，只有既有"创"的活动又有"新"的结果，只有实现了创新的活动与新的结果的有机结合，才能算是一种完整的创新实践活动。在当代，无论是技术创新、管理创新还是机制创新、制度创新，无不以一定的新成果呈现于世。创新也可能会遭遇失败，但失败的创新就不是创新，仅有过程没有结果的活动不能算创新。总之，创新必须伴随新的成果，这是创新的内容方面的规定。

第三，创新是一种进步性的实践活动。创新不仅要创造出前所未有的新思想、新事物、新成果，而且这些新思想、新事物、新成果必然有益于人类文明的发展，因而它必然是一种具有进步性的活动。这里所说的进步性，既相对于创新主体而言，也相对于整个人类而言，并且从根本上讲是相对于整个人类而言的。那些只顾自身的狭隘利益而不顾及整个人类的普遍利益、根本利益的活动，哪怕它具有再强的创造性，也不能称为创新活动。所以，创新是有价值负荷的，至少必须以不违背社会道德和损害人类长远利益为前提。例如，有人首创了某种新产品、新技术或新方法（如克隆人技术、新的毒品、新形式的宗教迷信活动等），但这种新产品、新技术或新方法有悖于当今人类社会的价值规范，它们并不属于创新的范围，而是对人类已有文明成果的歪曲与背离，甚至是对人类历史进步历程的反动与否定。有些首创性活动及其成果（如技术、逻辑、语言类）本身是中性的，判别其是否属于创新，要看其主流是否符合人类社会发展的趋势和人类的根本利益，有益的就是创新，有害的就不是创新。从这个意义上讲，创新绝不仅仅是一般地创造出过去从来没有的东西，而是创造出符合人类根本利益的新事物。创新是一种进步性实践活动，这是创新的价值性规定。

上述表明，创新就是首创性的、产生新成果的、进步性的实践活动。只有同时具有这三个方面基本规定性的活动，才称得上是创新活动。当然，对创新还可以作其他很多方面的规定，如创新是一种社会性的活动，是一种风险性、时效性的活动，创新在今天还是一种普遍性、系统性的活动等，但所有这些都是以上述三个方面为基础并从这三个方面引申出来的。值得一提的是，原中国科学院院长周光召院士在《中国科学院科学发展报告 2006》中发表署名文章，将创新表述为"探究事物运动客观规律以获取知识，传播和运用知识以获取新的经济、社会收益和提高人类认识世界水平的过程"。在关于创新的众多定义中，这是个比较权威的定义。这个定义的外延较广，它包括三层意思：一是创造新的知识，这是探究各种规律所必需的；二是在运用和传播知识的过程中获得新收益，这种收益既有经济方面的也有社会进步方面的；三是提高人类对整个自然界、社会的认识水平。总之，它认为创新应是指创造、传播和应用知识并获取新的经济和社会收益的过程，其核心是知识创新，包括科学创新和技术创新及其创造性的应用，同时也涉及制度、管理和文化创新等诸多方面。不难看出，这个定义揭示了创新的当代内涵，是对创新的当代理解，从逻辑上讲，它也内在地包含上述创新的三个方面的基本规定性。

一部人类文明发展史，就是一部人类创新的历史。通过绵延不断的创新活动，人类拥有了日益先进的生产工具、交通工具和日益丰富的物质财富，还有各种各样的语言文字和缤纷多彩的艺术作品以及各具特色的思想理论和社会文化。人类的文明和进步，人类的和谐和幸福，都依赖创新，并都要通过创新体现出来，创新是人类文明最为深刻的体现。不仅如此，创新还是社会发展的重要动力，它有力地推动着经济社会的发展。没有创新，社会就无以发展。就生产力而言，劳动者、劳动工具、劳动对象的创新意味着生产力的水平的提高。科学技术的生命力也在于创新，没有创新，就不会有科学技术的发展，更不会有历史上一次又一次的科学技术革命。在人类进入 21 世纪的今天，创新已经成为一个国家经济和社会发展的决定性因素。在世界政治经济大舞台上，各国竞争力的大小主要取决于其综合创新能力的高低，尤其是科学技术创新能力的高低。正是在这种意义上，人们把创新视为民族精神的灵魂和国家兴旺发达的根本保证。

（二）科学创新的一般含义

创新的领域极为广阔，从经济文化到政治军事，从科学研究到技术应用，从思想观念到实践活动，都存在着创新。科学创新是创新的一种特殊且重要的形式。

什么是科学？《辞海》给科学一词下的定义是："关于自然、社会和思维的知识体系。"这是单就知识体系而言的，因而还不是科学的全部。从最一般意义上来说，科学就是人类追求与客观实际相符合的真理性知识的、不断发展着的认识和实践活动。科学的本质就在于创新，这可以从主客观两个方面来理解。从客观上看，作为科学的来源和对象的自然界和社会，其本身就是一个生生不息、自我演化、自我发展、不断变化的永无止境的过程，科学既要反映客观对象的既成状态，又要反映客观对象的各种潜在可能性，它只能永远是相对的真理。正如恩格斯所说："我们只能在我们时代的条件下进行认识，而且这些条件达到什么程度，我们便认识到什么程度。"① 因此，科学要正确地反映客观对象，除了不断创新，别无

---

① ［德］恩格斯：《自然辩证法》，人民出版社 1971 年版，第 219 页。

他法。从主观上看，科学活动主体是人，而人是能动的人，创新是人作为最高级生命的最重要的本质规定性。科学是人在处理与客观世界的多重关系中，由人的主观能动活动创造出来的，是由人通过思维和实践活动去揭示、总结、创造出来并加以掌握、推广和运用、发展的。由此，和人的生命活动一样，人们从事认识世界、改造世界的科学活动也必然展示为一个持续不断的变革和创新过程。

首次明确提出科学创新概念的是美国科学哲学家图尔敏（S. Toulmin）。他指出："科学创新（scientific innovation）……意在用新颖的概念对我们的经验做出新的解释。"① 在图尔敏之后，人们又对科学创新作了各种各样阐释。根据我们前面的创新释义，科学创新也就是科学研究中首创性的、带来新成果的、进步性的实践活动。科学创新是特指科学研究中的创新性活动，其目的是要揭示事物的本质和规律，为人类更好地认识世界和改造世界提供新的理论、观点和方法。科学创新，无论是自然科学创新，还是哲学社会科学创新，都是一种非常复杂的实践活动，可以从多方面予以考察。

第一，科学创新标志着新的概念、范畴和新的理论体系的提出。概念、范畴及其体系是一定历史阶段上理论体系形成和理论发展水平的指示器。"任何一门科学成熟的标志，总是表现为将已经获得的理性知识的成果——概念、范畴、定律和原理系统化，构成一个科学的理论体系。这种理论体系不是零碎知识的汇集，也不是一些定律的简单拼凑，更不是许多科学事实的机械凑合，而是有其一定内部结构的、相对完整的知识体系，或者说，是反映对象本质、对象发展规律的概念系统。"② 从科学发展的历史表明，一些基本概念的形成以及相应的基本规律的确立，是科学理论得以形成的前提。科学理论的其他一些概念则只有在整个概念体系中、在整个理论结构中才能获得其完全的意义。科学创新的发生和发展是一个形成概念、范畴并将其序列化、体系化的过程，同时也是理论和理论体系形成和发展的过程。"属于科学发明的最奇妙的事务之一就是科学概念。它

---

① S. Toulmin, *Rationality and Scientific Discover*, Boston Studies in the Philosophy of Science, 1974, p. 390.

② 彭漪涟：《概念论——辩证逻辑的概念理论》，学林出版社 1991 年版，第 250 页。

们实际上是科学思维和对话的尖端工具和高超技术。"① 如果在认识过程中没有产生新的概念、范畴，那就意味着对客体的认识还停留在感性阶段，还没有进入理性思维阶段。概念、范畴的功能，还表现为其对现实认识和实践活动的规范作用：科学概论、范畴以其内涵和外延的确定性促进认识的精确化和完善化，以其所包容的想象力、新思维、新视野推进认识的发展和深化，以其对事物本质和客观世界规律的正确反映指导人们的行为、提高实践活动的能力和自觉性。概念、范畴对现实认识和实践活动的这种规范作用，在 21 世纪以来科学范畴以及以科学范畴为基石的科学理论对科学技术革命和社会发展的推动作用上表现得极为充分和明显。

第二，科学创新是对既有科学结论的怀疑和批判。很多人以为科学就是真理、科学是真理的代名词，这其实是极大的误解。科学永远是可错的，它只有在怀疑和批判中才能前进。如果没有怀疑和批判，科学就会永远停留在原来的水平上。科学创新实质上就是对原有理论的抛弃或修正，就是对原有理论的不断的怀疑和批判。正如诺贝尔物理学奖获得者海因里希·罗雷尔（Heinrich Rohrer）所说："科学家的任务是质疑被公认的知识、思想、信念和方法，解决不可能解决的问题，不断向前沿挑战。"② 这也就意味着，科学创新的过程就是科学家不断地对既有理论进行怀疑和批判的过程。哥白尼提出"日心说"，就是源自他对"地心说"的怀疑和批判；爱因斯坦提出相对论，则是建立在马赫和彭加勒对牛顿力学和他的绝对时空观的怀疑、批判基础上的。如果达尔文对物种不变论深信不疑，他就不会提出生物进化论。如果对经典物理学深信不疑，普朗克就不会提出能量子假说，玻尔就不会探索原子的量子化轨道，海森堡就不会提出测不准关系。可见，科学创新就是不断地怀疑和批判，大胆提出新的科学假说，建立新的科学理论。

第三，科学创新是科学研究中问题的提出和解决。科学创新总是与科学问题紧密联系的，科学创新的过程一般来说都是围绕科学问题展开的。如果仔细考察科学创新的具体进程，可以发现科学创新大致包括四个阶段：一是问题的提出阶段。科学认识始于问题，所以科学问题的真实性、

---

① ［美］瓦托夫斯基：《科学思想的概念基础——科学哲学导论》，求实出版社 1982 年版，第 6 页。

② 《诺贝尔奖得主寄语中国未来的科学发展》，《光明日报》2006 年 5 月 30 日。

广度与深度等一开始就决定了科学研究活动是否具有创新性。因此，研究者总是就所提出的问题进行认真、全面的思考，尽可能获取真实可靠的第一手资料，并对其比较鉴别、分析综合。二是问题的求解阶段。为回答已经提出的科学问题，研究者根据所掌握的理论知识和相关事实，大胆地提出各式各样的可能的解决方案。不过，求解阶段也是个试错的过程，往往会经历多次失败。三是问题的突破阶段。这是科学创新的最关键的一步。在这一阶段上，研究者往往需要在思维上打破常规、突破传统思维定式，借助种种新的方法和手段，尝试性地提出新观念、新思想、新方法。经过艰苦的探索，研究者最后终于取得实质性的突破，正所谓"众里寻他千百度，蓦然回首，那人却在灯火阑珊处"。四是成果的证明与检验阶段。通过严格的理论评估、实践检验等环节，科学理论或创新方案最后得到验证和确立。可见，从总体上看，科学创新就是提出问题和解决问题的过程。当然，也有学者阐明了科学创新的三部曲：第一步，科学取"差"；第二步，创新提问；第三步，解决问题。① 这也同样说明，科学创新意味着问题的提出和解决。

第四，科学创新意味着人们在科学研究中作出了新发现、新发明或新创造。与技术创新相区别，科学创新主要是指发现了新的事实、发明了新的方法或提出了新的理论。发现新的事实、发明新的方法和提出新的理论具有某种共同的本质，即它们标志着人们对自然界或社会历史有了一种新认识，而且这种前所未有的新的认识在实践中能够行之有效，如提出的新的理论具有可检验性，发现的新的事实具有可重复性，发明的新的方法具有可操作性。发现新的事实、发明新的方法和提出新的理论涵盖了科学创新的基本形式，也可以说概括了科学创新的一般含义。

需要特别指出的是，科学研究中人们对新的事实的发现同样也属于科学创新。之所以要强调这一点，是因为人们对科学研究中提出新的理论、发明新的方法属于科学创新一般没有太大的分歧，但对发现新的事实也属于创新却心存疑惑。科学发现并不单纯是找到了一些新的事实，人们在发现新事实的过程中往往会有新观念、新认识的产生。由于新事实的发现，科学世界既有了量的丰富，也有了质的变化。从科学史上看，血液循环、氧、X射线、放射性、电子、"以太"零漂移等都属于事实发现的范围，

---

① 刘奉朝、刘广胜：《科学创新思路》，暨南大学出版社2007年版，第72页。

它们都带来了科学理论的革命性变化。爱丁顿（A. S. Eddington）倡导并参与了格林尼治—剑桥联合考察队对 1919 年 5 月 29 日的日食现象的观测活动，发现恒星由于光线经过太阳附近发生弯曲而造成表观位移。他认为，这是天文学研究中最激动人心的事件，这一事实的发现使广义相对论经受住了考验。在科学研究中，发现新的事实与提出新的理论、发明新的方法具有同等重要的作用。如在农药学领域，以前人们比较关注定向化学农药的研究与使用，但后来发现，有些昆虫对定向化学农药的抗性增强极快，而且定向农药破坏了食物链，并造成土壤退化。这一事实的发现，促使人们转向有机农药的研究和应用。总之，无论是科学发展的历史还是现实的科学研究实践，都表明发现事实也是科学创新，是人类由未知到已知的科学认识过程。

第五，科学创新是和理论创新相生相伴的。在科学研究过程中，科学创新往往以一定的理论创新为开始和前提，科学创新的最终成果也会以一定的理论形态出现，因而科学创新总是与理论创新紧密相连的。所谓理论创新，是指人们通过创造性的活动而赋予理论以新的内涵和新的生机。任何理论的发展都是通过创新来实现的。科学史的研究表明，自然科学各学科中科学理论的发展都是进化与革命的统一，是科学进化与科学革命的不断交替，而科学进化与科学革命都是科学理论创新的结果，只不过二者创新的程度及其导致的结果有所不同。自然科学的创新是如此，哲学社会科学的创新也是如此。作为近现代人类社会科学发展的最积极的成果，马克思主义 150 多年来的发展史也是一部不断实现理论创新的历史，列宁主义、毛泽东思想、邓小平理论则是不同历史时期中马克思主义理论创新的一些最主要的标志和成果。理论创新的具体形式是多种多样的，它既可以是新的理论体系的创立，也可以是在原有理论体系的框架内发现新的原理、提出新的观点；既可以是运用原有理论创造性地研究新情况、解决新问题，也可以是在运用原有理论过程中提出新的论断、得出新的结论。高度重视理论创新和积极推进理论创新，是科学创新的内在要求。

（三）哲学社会科学创新的基本内涵

自然科学和哲学社会科学都是人类能动地认识世界的成果，并都在人类改造世界的实践中发挥重要作用。在人类认识和改造自然与社会的过程中，哲学社会科学与自然科学同样重要。在当今世界上，各学科的综合化趋势日益强化，自然科学与哲学社会科学的相互结合、相互促进明显加强，哲学社会科学创新在国家创新体系中的地位也越来越重要。

何谓哲学社会科学创新？目前学界对这一问题的研究还很不充分。即使在对国外英语文献的检索中，也找不到以"哲学社会科学创新"为关键词的论著，而仅仅能检索到涉及社会科学技术创新或某些具体学科，如经济学、社会学、语言学、逻辑学、管理学、教育学等学科创新的论著。在国内学界，与哲学社会科学创新有关的论文也不是很多。当然，毕竟已有一些学者对这一问题作了一些有意义的探讨。例如，北京大学黄楠森教授在《谈谈哲学社会人文科学创新的几个问题》一文中提出，社会科学创新"是人的活动，当然是由社会科学工作者来从事社会科学的创新。""社会科学的创新是科学的创新，也就是说，所获成果不仅是新的，过去没有的，而且是科学的，即与客观对象及其规律一致的"①。还有人认为，"社会科学研究不是纯思辨的推理活动，它必须以客观材料为依据，在概括和总结反映社会现象的经验材料的基础上形成科学的理论"。在哲学社会科学领域里，"发现前人尚未发现的新材料，或对已有的材料从新的角度作出新的分析，或在某一领域里提出新理论，或提出新的研究方法等等，都是有意义的创新"②。这些论述对哲学社会科学创新这一概念的内涵作了初步的探索。近年来，人们对哲学社会科学创新的内涵有了更深一步的认识。有人认为，哲学社会科学的创新性研究是在运用哲学社会科学学科特定领域的理论和方法，探求人文社会现象的真相、性质和规律，或在解决有关实际问题的过程中，充分了解和吸收前人或他人已有理论观点或方法的基础上，通过积极的思考提出新的理论观点或解决问题的思路与方法，或对原有的命题、观点进行新的阐释并赋予其新的含义的创造性活动。还有人认为，哲学社会科学创新是以独特方式对社会现象、精神现象等进行超越性的理性加工，从而揭示和预见其本质、规律和发展趋势的科学探索活动。这些论述，显然比以往的相关看法更加全面。但是，上述这些已有的研究成果，仍然未能全面揭示哲学社会科学创新的完整内涵。

我们认为，哲学社会科学创新是指哲学社会科学领域中首创性的、带

---

① 黄楠森：《谈谈哲学社会人文科学创新的几个问题》，《北京社会科学》2000 年第 1 期。

② 任全娥：《基于情报学的人文社会科学研究成果创新性测评》，《情报资料工作》2009 年第 2 期。

来新成果并将新成果成功转化为社会财富的、进步性的科学实践活动。在这里，"转化为社会财富"既包括转化为物质财富，也包括转化为精神财富，而多数情况下是转化为精神财富。按照这一界定，哲学社会科学创新既是一个首创性的科学探索过程，也是一个将首创性探索成果成功地变为社会财富的过程。这样，社会科学创新就既包括基础理论研究创新，也包括应用对策研究创新；既包括方法论层面的创新，也包括相关技术手段、物质保障和组织管理层面的创新。

需要指出的是，人们对于哲学社会科学创新是哲学社会科学领域的探索性活动比较容易理解和接受，而对于将探索成果的转化问题则容易轻视或忽略，而这恰恰是推进哲学社会科学创新时必须正视和解决的一个重大理论和实际问题。对于当代哲学社会科学管理工作来说，情况尤其如此。因为，哲学社会科学研究人员的探索性成果如果仅仅以手稿的形式保存在书斋里或储存于计算机中，不能通过出版、专家鉴定、学术交流、被企业采纳、服务于决策等途径得到社会承认而转化为社会财富、产生一定的经济和社会效益，它最多也只能算是哲学社会科学创新的半成品，而不能称为哲学社会科学创新的成果，不能算是完整意义上的哲学社会科学创新。当然，随着网络信息技术的迅速发展，哲学社会科学的探索性成果在向社会财富的转化过程中，正面临着一些新的情况。例如，国内某哲学社会科学研究人员在参与国外某著名网站的学术讨论中，提出了一种颇具创新价值的观点，该观点后来被国内外一些同行接受并且多次加以引用，成为他们后来进行理论创新的基础。那么，这种电子论坛中的探索性成果，到底属于哲学社会科学创新的"半成品"还是"成品"呢？这是一个尚未确定或者说在目前的社会科学研究和成果评价领域还没有引起足够重视的问题。对哲学社会科学领域具有创新价值的探索性成果的转化问题，目前还只能依据我们现有的哲学社会科学研究条件和评价标准加以理解。这一点，是我们在理解哲学社会科学创新问题时应该加以注意的。

哲学社会科学创新的具体形式是多种多样的。它可以是原创性创新，即提出过去没有的理论、认识、思想和学说；可以是发掘性创新，即对被埋没或尘封了的人类历史上已有的思想理论成果进行新的发掘，使其昭然于世，为现实社会生活服务；可以是扬弃性创新，即根据新的实践，对前人创立的理论学说，肯定其正确内容，修正其错误，进行批判性继承和发展；可以是衍生性创新，即根据人类新的实践进一步深化、丰富和完善历史上已有的某种思想或理论，并由此衍生出新的理论或学说；可以是综合和梳理性创新，即对前人获得的但尚显得比较零散的思想资料和观点进行综合和梳理，清除后人的误解和误释，使其系统化；可以是阐释和转化性创新，即在新的时代条件下对历史上已有的思想或理论重要加以阐释，使其内涵发生转化，从而服务于新时代的需要；还可以是方法论创新，即解释原则、思维模式、理论视野、分析方法等方面的创新。上述这些不同形式的创新，有的表现为结合新的时代特点和社会实践，对前人的思想和理论予以丰富和发展，做出符合时代和实践要求的新的解释和说明，创造性地提出新的思想和理论；有的表现为积极探索自然科学与社会科学的交叉与渗透，汲取其他各门学科的丰富营养，创立符合时代要求的新兴学科、交叉学科；有的表现为广泛借鉴世界各国的哲学社会科学成就，大胆突破传统的理论视野和思维模式，创造或引入新的研究方法，为某一领域的研究开拓新的思路；有的表现为发掘、使用新的资料，从而为丰富和发展某一思想和理论、提出新的学术观点作出贡献。所有这些都表明，哲学社会科学创新是极其复杂多样的。

在哲学社会科学创新中，基础理论创新至关重要。基础理论创新主要是指理论创新、观点创新和方法创新。理论创新，也就是具有普遍意义的原理、规律或法则的创新。哲学社会科学理论可分为两类：一种是宏观的理论，即涵盖人类社会文化各方面的理论，如进化理论、传播理论、功能理论、结构理论等；另一种是微观的理论，即属于特定研究领域内的理论，如婚姻家庭理论、人口理论、文明起源理论、国际关系理论等。与此相应，理论创新也可区分为宏观理论创新和微观理论创新。观点创新即提出与前人不同的见解。方法创新则是提出或运用与前人不同的研究方法。在这三类创新中，理论创新最为重要。这是因为：其一，理论具有认识事物本质的功能，它使知识体系简约化和系统化。根据理论，可以从表象看本质，从特殊性认识普遍性，也可以从普遍性中了解特殊性。其二，理论具有解释或分析的功能，即人们可以根据理论对已经存在或已经发生的事物、现象作出说明，并把研究内容纳入理论模型框架之中。其三，理论具有预测的功能，即人们可以根据理论推测某种事物、现象的发展趋势或对尚未发生的事物或现象作出预测。其四，理论具有指导的功能，即人们能够运用理论指导实践，包括运用理论指导自己的研究工作。

哲学社会科学创新与自然科学创新既有联系又有区别。二者的联系在于：作为科学创新的不同组成部分，二者都具有科学创新的本质特征；随着自然科学与社会科学的相互交叉、相互渗透，二者在理论假设、研究方法和技术手段方面的相互借鉴、相互引入的情况会越来越多。二者的区别在于：自然科学创新表现为人对自然现象包括人类自身生理条件的突破性认识，以及这种认识成果向生产力的成功转化，其创新过程受到社会制度和意识形态的影响较为间接；社会科学创新表现为人对社会现象包括人的精神世界的突破性认识，以及这种认识成果向生产力、生产关系和上层建筑的成功转化，其创新过程受到社会制度和意识形态的直接制约。

二　哲学社会科学创新的本质

虽然哲学社会科学创新是一项非常复杂的探索活动，有许许多多的表现形式，但其共同本质都在于探索新的真理、发现和解决新的问题、形成新的思想观念和创造新的精神产品。

（一）探索新的真理

哲学社会科学研究的基本任务包括两个方面：一是探索未知；二是设计未来。探索未知，就是要探索客观对象，特别是人、人类社会和社会性事物的特点、本质及其发展变化的规律；设计未来，就是要超越现实的局限性，根据真善美统一的原则和要求，观念地建构某种理想世界，以便指导实践，改造现实。探索未知和设计未来，都是为了求得关于对象的新的认识，都表现为对新的真理的不断探索。

哲学社会科学创新表现为不断探索新的真理，这是由哲学社会科学的研究对象及其性质所决定的。哲学社会科学主要是以人和社会现象作为研究对象，随着社会的变化和发展，哲学社会科学的理论必然也要不断地发生变化。在哲学社会科学中，虽然哲学并不只是研究人和人类社会，但作为一种特殊的社会意识形态，哲学属于社会的上层建筑，是为一定的经济基础服务的。随着社会的发展，特别是随着社会经济基础的变化，哲学理论也必然要发生变革。与自然界及其事物相比较，在同样的时间里，社会的变化要更为迅速和显著。斯大林曾经说过，阿尔卑斯山一千年来的变化甚至连地理学也不曾提过，但"山下的社会"在同样的时间不知变幻了多少次"城头大王旗"。哲学社会科学创新就是不断地反映这种快速发展变化的社会，与时俱进地探索人和人类社会的发展。在西方历史上，中世纪笼罩欧洲人的思想的是经院哲学和宗教神学，但从 16 世纪下半叶开始，资本主义的工场手工业逐渐成为英国占主导地位的生产方式，并对社会生活的各个方面产生了深远的影响。在这样的社会变化的情况下，培根作为英国资产阶级和新贵族利益的代言人，极力主张发展科学技术，推崇知识。他认为，在所能给予人类的一切利益之中，最伟大的莫过于发现新的技术、新的才能和以改善人类生活为目的的物品。他在《新工具》一书中提出，"人的知识和人的力量结合为一"①，"达到人的力量的道路和达到人的知识的道路是紧挨着的，而且几乎是一样的"②。与此同时，他对经院哲学展开了声讨和批判，指出经院哲学只富于争辩而没有实际效果。他还把经院哲学比喻为古希腊神话中的斯居拉女神——她虽然具有一个处女的头脑，但却没有生育的能力。在批判经院哲学的基础上，培根在欧洲近代哲学发展史上最先确立了一条唯物主义的认识路线，提出了知识和观念起源于感性世界的原则，成为近代欧洲哲学社会科学领域里探索新的真理的先锋。

　　哲学社会科学创新作为一种探索新的真理的认识活动，也要经历两个阶段。首先是从感性认识到理性认识，这是探索新的真理的第一个阶段。对哲学社会科学创新主体来说，这是非常艰苦的一个阶段。恩格斯曾说："即使只是在一个单独的历史事例上发展唯物主义的观点，也是一项要求多年冷静钻研的科学工作，因为很明显，在这里只说空话是无济于事的，只有靠大量的、批判地审查过的、充分地掌握了的历史资料，才能解决这样的任务。"③ 这可以说是恩格斯参与创立马克思主义理论的深切体会和基本经验。恩格斯强调，首先要有大量的而不是零散的、经过审查的而不是虚假的、充分地掌握了的而不是若明若暗没有吃透的材料，然后还要冷静地而不是浮躁匆忙地对待这些材料，而且要钻研多年。但是，在探索新的真理的第一个阶段，是不可能完全解决认识的正确性问题的。还必须有检验理论和发展理论的过程，即必须把第一个阶段得到的认识放到社会实践中去，经受实践的检验。邓小平理论的社会主义本质论的形成就是一个

────────────

　　① 北京大学哲学系外国哲学史教研室编：《西方哲学原著选读》上卷，商务印书馆 1981 年版，第 345 页。

　　② 同上书，第 347 页。

　　③ 《马克思恩格斯选集》第 2 卷，人民出版社 1995 年版，第 39 页。

很好的例证。1962 年 7 月，邓小平在《怎样恢复农业生产》的讲话中，就已经讲到了这个问题。他说："生产关系究竟以什么形式为最好，恐怕要采取这样一种态度，就是哪种形式在哪些地方能够比较容易比较快地恢复和发展农业生产，就采取哪种形式；群众愿意采取哪种形式，就应该采取哪种形式，不合法的使它合法起来。"① 在这里，邓小平从有利于生产力发展的角度理解社会主义，提出了一条不同于着重从生产关系角度理解社会主义的新思路。1992 年，邓小平在南方谈话中概括了社会主义的本质。从 1962 年到 1992 年，经过了整整 30 年，经过了实践、认识、再实践、再认识的多次反复，邓小平才最终实现了社会主义本质论的理论创新。邓小平理论中的其他许多重要观点也都有类似情况，其真理性都曾经过了实践的多次检验。由此可见，哲学社会科学对新的真理的探索是多么艰苦和不易。

哲学社会科学在探索新的真理的过程中，其所形成的理论和观点具有某种易变性。在哲学社会科学发展史上，经常有这样的情形，即昨天被视为真理的东西，今天又被人们否定了；今天看来是荒谬的东西，明天又可能被视为真理。还经常出现这样的情况：在特定的历史时期，诸家峰起，学派林立，各种学说和观点五花八门，并且经常变化。还有，同一个哲学社会科学的研究者，可能昨天他主张这样的学说，今天又主张那样的学说；同一个论断，今年作出这样的表述，也许明年又变成那样的表述。哲学社会科学理论和观点的易变性有利有弊。其有利的方面是，它适于思维的自由创造，有利于研究者们发挥高度的想象力和创造精神。在这样的情况下，尽管思想的火花容易熄灭，但真理的闪光可以照亮探索的道路。其不利的方面是，哲学社会科学的理论和观点生命周期太短，并且非常容易被外力控制和左右。例如，20 世纪 50 年代马寅初先生曾提出人口控制论，却被扣上"马尔萨斯主义者"和"配合右派向党进攻"的帽子，致使这个正确理论被中国社会接受和采纳至少推迟了二十多年。

哲学社会科学研究对象的特殊性，使得在对新的真理的探索上，哲学社会科学比自然科学更为艰难。首先，哲学社会科学的研究对象远比自然科学的研究对象复杂。社会事件是个别化的事件，它们不具有重复性。每一社会事件都充满着偶然性和随机性，每一种社会变量也都可能有许多因

---

① 《邓小平文选》第 1 卷，人民出版社 1994 年版，第 323 页。

变量，很难对其进行有效的测量和计算。社会活动的主体是人，而人是有目的和自觉意识的，这就使得社会事件、社会现象具有很大的不稳定性、弹性、模糊性和不确定性。其次，哲学社会科学认识主体很复杂。自然科学家在研究自然现象时，往往是以旁观者的身份来从事研究的，他们应当而且能够采用中立的、超然的、纯客观的态度对待研究对象，不把自己的价值判断、主观好恶带入认识过程之中。与此不同，哲学社会学家往往是以社会生活的参与者的身份来研究社会生活的。美国学者肯尼思·D. 贝利指出，自然科学一般不介入他或她正在研究的现象，而社会科学家则自身在研究现象之中，因此，研究者必然会把自己的知识结构、情感、意志、价值观念等带进认识过程，并最终影响到认识过程的结果——观念性产品。[①] 对同一社会现象或社会事件，具有不同立场、观点和方法的哲学社会科学家往往会作出不同的判断、解释和评价，其社会地位、价值观念主观好恶都有可能对认识的结果产生这样那样的影响。再次，哲学社会科学理论也很复杂。每一个哲学社会科学理论，都是对特定社会历史条件下的社会现象及其运动规律的理解和解释，这种理解和解释往往有着特殊的社会历史和思想理论方面的背景，并往往体现出特定的理论立场，因此，对哲学社会科学创新不像对自然科学创新那样能够找到某种统一的判别标准，而且其真理性检验也更为复杂。最后，哲学社会科学的意识形态性质使其不可能像自然科学那样是完全价值中立的，相反，它往往自觉或不自觉地体现或表达着某种价值诉求和价值取向，这就使哲学社会科学的研究结论不可能具有自然科学理论那样的客观性。

（二）发现和解决新的问题

　　问题是创新的起点。马克思说："一个时代所提出的问题，和任何在内容上是正当的因而也是合理的问题，有着共同的命运：主要的困难不是答案，而是问题。因此，真正的批判要分析的不是答案，而是问题"；"问题就是公开的、无畏的、左右一切个人的时代声音。问题就是时代的口号，是它表现自己精神状态的最实际的呼声"。[②] 哲学社会科学创新本质上是一种问答逻辑。随着时代的变化和社会实践发展，人类总是面临着

---

① 参见王蔚《社会科学方法论研究述评》，《求索》2006 年第 3 期。
② 《马克思恩格斯全集》第 40 卷，人民出版社 1982 年版，第 289—290 页。

各种新的矛盾和问题，哲学社会科学创新就是不断应对这些矛盾和回答这些问题。

　　哲学社会科学创新首先表现为发现时代发展中出现的新的问题。与自然科学相比，哲学社会科学对问题的发现更明显地受制于现实社会的需要，包括物质生活、精神生活以及制度建设等多方面的需要。特别是在社会转型时期，面对社会发展的需要，哲学社会科学往往会以提出切中要害的问题的方式来做出迅速的、有力的回应。在欧洲历史上，经过中世纪几百年的"黑暗时期"以后，"人"的问题越来越突出。人的本质、本性究竟是什么？人的价值与意义何在？对这些问题的追问直接导致了近代以解放人性为目标的人文主义思潮的产生。人文主义抨击中世纪的禁欲主义，把摆脱神道束缚的人的一切现实要求归结为个人自由和现世幸福的要求，包括人的天然欲望和自然需要的满足，并高度赞扬人性的解放，竭力为追求个人幸福辩护。在这一过程中，文艺复兴运动的思想创新，冲破了中世纪神学的黑暗统治；启蒙运动的文化创新，揭开了思想解放的序幕。这些思想文化观念的创新，成为推动欧洲社会走向兴盛的先导。20 世纪 70 年代末，中国知识界基于中国社会发展的现实需要，提出了什么是真理标准的问题，并展开了真理标准问题大讨论，并由此冲破了"两个凡是"的思想牢笼，开启了中国新时期的伟大思想解放运动。

　　哲学社会科学创新不仅表现为创造性地发现问题，还表现为创造性地解决问题，从而直接地影响社会生活，特别是影响社会政治生活。政治是社会生活的重要方面，它通过对国家事务的管理，而对社会生活的各个方面发生作用。随着社会的发展，人们越来越需要自觉按照社会发展的客观规律去从事政治活动和建立政治制度，因此，哲学社会科学创新也往往直接地表现为对政治现象及其规律的研究的创新，即创造性地探索社会政治变革中出现的各种新问题，寻找解决这些问题的途径和办法。首先，哲学社会科学的研究可以揭示社会发展的客观必然性，形成科学的理论来指导人们的政治活动，也只有在正确理论指导下的政治活动才能获得成功。其次，哲学社会科学研究也是政治建设的手段，它对社会政治生活的一系列重大问题，如政治制度、政府组织、党政关系、行政管理等进行探索，为政治建设提供科学的理论依据。再次，哲学社会科学研究对政治生活的发展具有积极作用。社会科学研究通过探索政治生活发展的必然性、必要性和可能性，为政治生活的发展提供理论指导，并且通过科学调查、预测研究，为决策机关提供咨询服务，协助决策机关制定科学的决策，制定正确的路线、方针和政策。目前，我国正在进行全面改革，而在政治体制改革方面能否实现科学化、民主化，是社会主义现代化建设事业成败的一个关键。这就迫切需要大力进行哲学社会科学研究创新，用创新性的理论来指导我们的政治体制改革，保证政治体制改革沿着正确的道路前进。

哲学社会科学创新在解决新的问题之前，必须首先区分真问题与假问题。作为哲学社会科学创新起点的问题必须是真问题，而不是假问题。所谓真问题，是存在可能的解，同时对它的解答可能被实践所证实或证伪的问题。所谓假问题，包括无解问题和无意义的问题。脱离实践、远离经验的问题只能是诗中想象的东西，就像一朵不结果实的花。比如，"社会变革的原因是什么"，就是一个真问题。人们对这个问题可以通过认真的观察、细致的分析、科学的总结提出假设，进行验证，得出结论。"上帝知道我们在想什么吗"则是一个假问题，因为"上帝"不是一个经验概念，人们也无法对关于这一问题的不同回答进行验证。屈原在著名的《天问》中，发挥他诗人的想象力，一口气提出了170多个问题，表现了屈原想按照事物的本来面貌去求得对自然界和社会历史的真实了解的强烈愿望。针对《天问》提出的问题，唐代中期的柳宗元作了《天对》予以比较全面的回答，但由于《天问》中的许多问题来源于神话传说，属于假问题之列，柳宗元对于它们自然也不可能得出有价值的结论。这也说明，如果问题意识淡薄，脱离时代与社会现实，哲学社会科学创新就只能是无源之水、无本之木。哲学社会科学是围绕"人"或以"人"为中心建立起来的知识体系，哲学社会科学创新就应该立足于对人的关注，既包括对人的物质生活的关注，也包括对人的精神文化生活的关注。哲学社会科学研究尤其要关注作为社会成员的个人的生存状况，要透过各种社会现象理解一定时代条件下个人的价值、权利及其发展问题，而不是把个人仅仅作为集体的成员去理解。关注个体，既要肯定人的理性的一面，也要承认其非理性的一面，把人看成知、情、意统一的有机整体。

21世纪的人类社会，正经历一场广泛而深刻的变革，出现了许许多多的新问题。从世界范围来看，科技革命方兴未艾，知识经济迅速发展，突飞猛进的科学技术对经济发展和社会进步的作用越来越大，以知识为基础的创造财富的经济体系正在形成。经济全球化、政治多元化已成为不可抗拒之势，世界在摆脱两极对抗中逐渐走向对话与合作。人类社会在获得对自然界的伟大胜利的同时，也面临着一系列严重的危机和隐患，人口问题、资源问题、环境问题等依然是困扰人类发展的时代性难题。如何站在时代的高度，以世界性的眼光关注世界和时代的走向，审视国际风云的变幻，把握世界发展的总趋势，跟踪研究世界科技发展、国际政治格局演变、经济全球化、知识经济、可持续发展等重大问题，促进和平稳定、公正合理的国际经济、政治新秩序的建立，改善日益恶化的人与自然的关系，克服威胁人类生存发展的生态危机，清除危及人类健康的疾病和贫困，促进人类可持续的发展，是哲学社会科学面临的世界性、时代性课题。当今人类哲学社会科学的创新，也必将是在回答和解决这些问题的过程中实现的。

（三）形成新的思想观念

在社会发展、变化过程中，新的社会现象、新的问题总是层出不穷。而新的社会现象、新的问题必然会反映到人们的头脑中来，并由此催生出新的思想观念。

哲学社会科学创新往往表现为形成一种新的思想观念，这种新的思想观念是前无古人的。例如，在中国思想史上，孔子提出了"仁"的学说，他所谓的"仁"是一种最高尚的道德，实现"仁"需要贯彻"己所不欲，勿施于人"的"恕"道与"己欲立而立人，己欲达而达人"的"忠"道。在当时，孔子的"仁"学是一种全新的思想观念，他是中国思想史上系统阐述"仁"学的第一人。而道家学派的创始人老子提出的"道"论，将"道"界定为宇宙本体和普遍规律，并将其视为社会发展的依据。这在中国哲学史上也是一种全新的思想观念。在西方思想史上，柏拉图提出的"理念"说、库恩提出的"范式"（paradigm）论等，也都是全新的思想观念。新的思想观念有时也通过新的解释来形成。意大利著名历史学家和哲学家克罗齐曾经深刻地指出，一切历史都是当代史。的确，历史研究的目的并不在于历史本身，人们往往不会甚至可以说不可能真的为历史而研究历史，而总是按照自己所处的特定时代的现实境况和价值关怀来重新解读历史。解释创新是对已有的思想观念进行新的解释，赋予其新的含义。有些思想观念可能是在几百年，甚至几千年前提出来的，它们随着时间的流逝以及其他复杂的原因而被埋没了、遗忘了、淡化了。解释创新就是通过新的解释来重提或凸显这些思想观念，使其在新的时代得以发扬光大。例如，宋代著名儒家学者朱熹对"理"这一概念做了新的解释，赋予其新的内涵，把它看成是宇宙的普遍规律和人类社会通行的道德准则。又如，毛泽东同志对古语"实事求是"的解释就赋予了其新的内涵，实现了一种内涵上的创新。"实事求是"一语，出自《汉书·河间献王传》。书中称赞西汉景帝的儿子刘德治学态度，说他"修学好古，实事求是"①。唐代学者颜师古注"实事求是"为"务得事实，每求真是也"，意思是说，做学问务必掌握充分的事实材料，以求得正确的结论。清代初年，顾炎武大力倡导实事求是的学风，反对空谈心性、轻视实务的虚浮态度，主张经世致用，对清代学术产生重要影响，实事求是也因此成为清代学者普遍推崇和广泛运用的治学方法，乾嘉学派甚至把他们的训诂考据称为"实事求是之学"。清代著名学者钱大昕说："通儒之学，必自实事求是始。"②另一位清代著名学者阮元也说："余之说经，推明古训，实事求是而已，非敢立异也。"③到了近代，郭嵩焘、郑观应、梁启超等一批学者则经常用"实事求是"来概括西方学术的基本精神。毛泽东从哲学的高度对"实事求是"进行了新的解读，赋予了其哲理新意。毛泽东指出："'实事'就是客观存在着的一切事物，'是'就是客观事物的内部联系，即规律性，'求'就是我们去研究。"④ 这一解释就赋予"实事求是"以哲学内涵，使其获得了全新的意义。新的思想有时还通过对原来理论的批判性否定来形成。马克思唯物史观的创立就是如此。在创立唯物史观之前，马克思信奉的是黑格尔的唯心主义辩证法。这种辩证法虽然具有巨大的历史感，把整个历史看作一个过程，但是，它认为在历史发展中，绝对精神起着决定作用，整个历史不过是绝对精神自我发展的历史，是绝对精神自我外化，并最终回到自身的历史。黑格尔的唯心主义辩证法是以臆想的目的性联系为基础的。在这种观念的支配下，尽管马克思对现实进行了许多深入的研究，但是，直到他创立唯物史观的前夕，他对历史的解释仍然是以目的性的东西——理想化的人性、理想化的劳动为基本出发点的，因而一直没有摆脱"真正的人的劳动—劳动的异化—异化的扬弃"和

---

① （清）（汉）班固：《汉书》，卷五十三，列传二十三，景十三王传，中华书局1962年版。
② （清）钱大昕：《潜研堂文集》卷二十五，上海古籍出版社1989年版。
③ （清）阮元：《揅经室集·自序》，中华书局1993年版。
④ 《毛泽东选集》第3卷，人民出版社1991年版，第801页。

"真正的人的本质—人的本质的异化—人的本质的复归"这样的公式。后来，马克思通过对人类实践活动的研究，发现了历史中真实的因果联系，这才最终突破黑格尔的目的性联系的唯心主义辩证法，在因果联系的基础上建立起唯物主义的实践辩证法。借助于这种实践辩证法，马克思才真正发现和揭示了人类历史的奥秘，最终创立了唯物史观。

哲学社会科学创新有时表现为形成新的价值观念。人应该怎样生活？什么是人的理想生存方式？幸福是什么？我们应该如何理解世界的意义和生活的目标？科学对人是福祉还是灾难？对于这些问题，在不同的时代，不同的人有着不同的答案。要回答这些问题、实现哲学社会科学创新，除了要研究客观世界及其本质和规律以外，还要深入探索人的精神世界，特别是人类的文化和价值观念，揭示人类精神世界诸因素的特质、历史、现状和发展趋势。西方文艺复兴时期萌发的、后来又为康德等启蒙思想家所明确表达的人道主义价值观以及 18—19 世纪边沁、密尔等人系统阐发的功利主义伦理学，曾深刻地影响了西方近现代的道德价值观，它们综合起来就构成了资本主义价值体系或道德思想体系。与恪守来世主义和禁欲主义的基督教道德体系相比较，人道主义与功利主义的结合是西方道德价值观的革命。按照这种新的道德价值观，道德并不是为了取悦于上帝，也不在于恪守什么抽象的原则；道德只要求把人尊为最高价值，只关心如何争取最大多数人的最大幸福。相对于中世纪的封建神学体系而言，这无疑是一种新的价值观念，是价值观念的创新。这种新的价值观念为资本主义提供了有力的道德辩护，适应了资本主义发展的需要。资产阶级思想家们原以为他们所阐发的思想观念一旦为人们所接受，"自由、平等、博爱"便会充满人间，"理性的社会"便能实现。可是，现实中的"理性的社会"只不过是"资产阶级共和国"而已，它与启蒙学者们的华美语言相比竟只是"一幅极度令人失望的讽刺画"。马克思以其非凡的洞察力揭示了资本主义社会自身不可克服的内在矛盾，并科学地论证了资本主义势必为社会主义所取代。马克思主义的问世是人类思想史上的又一次伟大革命，它深刻地改变了人们的价值观念，并通过 20 世纪以来的社会主义实践深刻地改变了世界历史的进程。可见，哲学社会科学创新有时是以构建和更新人类文化价值体系、变革人类的价值观念、提高人的精神境界等方式来推动社会发展和历史进步的。

三　哲学社会科学创新的特点

哲学社会科学创新属于科学研究的创新，是科学创新的特定形式。因此，哲学社会科学创新既有着科学创新的一般规定性，又具有自己的特殊规定性。从总体上看，哲学社会科学创新具有新颖性、超越性、独特性、普遍性、时代性等特点。

（一）新颖性

哲学社会科学创新，首要的、突出的特点就在于其过程和结果的"新"，新颖性是哲学社会科学创新的最基本特点。哲学社会科学创新的新颖性，意指哲学社会科学创新是人类对社会发展中不断出现的新情况、新问题作出新的理论分析和理论解答，对认识对象或实践对象的本质、规律和发展的趋势作出新的思考和预见，对人类实践经验作出新的总结和概括，其突出特点就是它对研究对象作出了创造性探索，其结果具有新的形式和新的内容。

哲学社会科学创新的新颖性主要表现在以下几个方面：第一，引入了新的视角。对于同一问题，如果人们在前人研究的基础上，从新的角度出发，得到了新的认识，使人们更深入、更全面地认识了对象，这就属于创新。第二，探索了新的领域。这既可以是对以往未曾被研究的领域进行了开拓性的研究，填补了研究空白，也可以是在既有研究的基础上，进一步拓展、扩大了研究范围，给人们提供了认识事物的新的空间。当代哲学社会科学创新，更多的是在学科交叉领域独辟蹊径，开创全新的研究领域。第三，达到了新的高度。即在既有研究的基础上，使人们对某一问题或某一领域的研究得到了深化，使人们对该问题或该领域的认识达到了新的高度。第四，提出了新的理论或新的观点。即通过深入研究，揭示了对象的新的特点或运动变化的规律，提出了别人所未曾提出的新的学说或见解。第五，形成了新的理论体系。即通过全面的考察和研究，使以往各种零碎的认识成果整合成为一个有机的理论体系，使人们对对象的认识更为系统、更为全面。第六，利用了新的材料。在哲学社会科学研究中，有时人们并没有提出什么新的问题，考察的仍然是以往人们研究的问题，但却利用了新的材料，由此得到了新的认识、新的结论，这同样也属于哲学社会科学创新。例如，夏商周断代工程关于武王伐纣日期的确定，为商朝与周朝的断代起到了关键的作用。第七，运用了新的研究方法。对同一问题的研究可以有多种方法，不同的方法往往可以有不同的结果。在西方，哲学社会科学研究中结构分析法、功能分析法、统计学分析法等研究方法的应用，带来了许多研究领域的革命性变化。在中国，王国维的"古史二重证据法"即文献资料与考古资料相结合的研究方法、傅斯年的"语言文字比较的考据法"即历史学与语言学相结合的研究方法、陈寅恪的"诗文互证考据法"即既用历史材料笺证诗文又从诗文的材料中考订历史真相的方法、以顾颉刚为首的疑古派的所谓"层累地造成的中国古史"的方法等，对于我国不同时期史学理论创新都产生了重大影响。

哲学社会科学创新的新颖性，是与前人研究成果相比较而言的。那么，从哪些方面进行比较呢？大致说来，不外乎这样几个方面：是否发现了新的事实、是否提出了新的假说、是否做出了新的解释、是否形成了新的理论体系、是否找到新的方法等。这几个方面从不同角度揭示了哲学社会科学创新的基本内容，是对哲学社会科学研究成果进行创新评价的首要依据。如果把一项哲学社会科学的研究成果与前人研究成果相比较，没有发现上述新颖性的任何一个具体方面，它就并不属于哲学社会科学创新。

不同的哲学社会科学创新的新颖性是存在着程度上的差别的。例如，某项哲学社会科学创新成果的意义只局限于某一民族或某一国家的范围内，填补了该民族或国家研究工作的空白，这样的哲学社会科学创新只能称为"区域性创新"；而如果某项哲学社会科学创新成果是人类历史上前所未有的，在国际范围内具有填补空白的意义，这样的哲学社会科学创新就应称为"国际性创新"。爱因斯坦的相对论是在自然科学领域的"国际性创新"，而马克思、恩格斯创立的科学社会主义理论，则是哲学社会科学领域的"国际性创新"。这种"国际性创新"是哲学社会科学创新的最高境界，它对人类社会发展具有极其重要的作用和意义。

（二）超越性

超越性也是哲学社会科学创新的一个重要特点。这种超越性，主要表现在以下两个方面：

一是超越现实生活，表现为超越现实性。任何哲学社会科学创新都蕴含着对人们的现实生存状况的怀疑和批判，它不仅能促使人对自身现实生存状态的反思和自觉，还激励着人们在这一基础之上的自我超越。哲学社会科学包括基础理论和应用理论两个方面，其中，基础理论研究状况是社会科学发展水平的基本标志。哲学社会科学基础理论的研究，既要立足于社会现实，又要超越社会现实。所谓超越社会现实，就是与社会现实保持适当的距离，把社会现实作为研究和反思的对象。如果囿于直接的社会现实，即使我们能够获得对社会现实的某种认识，那也是非常肤浅的。被束缚于当下的社会现实，不能超越和深刻地反思社会现实，常常是我们不能在哲学社会科学研究中取得突破性进展的一个重要原因。事实上，基础理论研究恰恰不是在直接观察社会现实，而是在反思、抽象和各种形而上学的追问中实现的。即使我们说基础理论研究要立足于社会现实，也只是说要把社会现实作为一种参照系，使我们的研究具有某种现实针对性，使我们的研究成果能够有助于解决现实社会中的问题，从而能够促进现实社会的发展。

应该看到的是，哲学社会科学创新的这种超越现实性总是和一定的价值目的相联系的，因而从其发生作用的结果来看，它常常带有一定的风险性。自然科学创新的风险主要在于成本和道德风险，哲学社会科学创新的风险则更多地属于政治或社会风险，这是由哲学社会科学本身的性质和作用决定的。哲学社会科学作为“第一生产力”的科学的有机组成部分，属于知识形态的潜在生产力，在提高劳动者的素质、合理地利用资源、有效地组织和管理生产过程、将潜在生产力转化为现实生产力、创造物质文明方面，具有非常重要的作用。与此同时，由于哲学社会科学研究对象的特殊性，使其在实现制度变革、创建精神文明方面，具有独特的作用和功能。正是哲学社会科学在推进制度变革、创建精神文明方面的独特作用，使得哲学社会科学在创新的过程中，同社会的经济制度、政治制度和与其相应的意识形态有着十分密切的联系，因而哲学社会科学的创新方向如何，将对社会的经济制度、政治制度和意识形态产生极为重要的影响。如果哲学社会科学的创新方向正确，满足了社会发展的客观需要，便会极大地推进制度变革，促进社会的精神文明的发展；如果哲学社会科学的创新方向出现问题，与社会发展的客观需要背道而驰，不仅会影响或妨碍制度变革，而且会造成人们的思想混乱，给社会稳定和精神文明建设带来极大隐患。

二是超越前人的研究成果，带有理论突破性。创新是在前人的基础上超越前人，在思维方式、认识深度上超越既有成果。哲学社会科学创新常常表现为找到新的视角、新的切入点，它能够为实现理论上的突破提供新的具有超越性或创造性的思维基点。例如，进入 20 世纪 90 年代以后，围绕心灵、意志、精神、人类合作与竞争、人类学习和决策等重大基础性问题，不仅哲学社会科学家之间而且哲学社会科学家与自然科学家之间也开展了密切合作，这种合作涉及包括经济学、哲学、语言学、心理学、社会学、人类学、生物学、生态学、神经科学、计算科学在内的多个学科。这一研究趋势打破了不同学科之间判然有别的传统格局，并引进了计算机仿真、社会实验、虚拟现实等新的方法，以重大基础性、综合性问题为导向，在多个研究领域都取得了重大的突破。通过跨学科的合作研究，科学家已经发现人类的利他行为具有神经科学的依据、道德感也是进化的产物等，一举解决了历来人们争论不休的一些问题。当然，哲学社会科学创新，无论是创立前人不曾创立的理论、开辟前人不曾涉足的领域或研究方向、提出前人不曾提出的观点和结论，还是运用前人不曾运用过的研究方法或研究手段、利用前人不曾利用过的资料、克服前人研究成果的不足、纠正前人研究成果的讹误，都真实地推进了哲学社会科学的发展，都带有很明显的理论突破性质。当然，这种突破不是经不住实践检验的无知妄说，不是缺乏科学根据的标新立异，更不是有害社会进步的异端邪说。哲学社会科学创新所实现的理论突破有不同的层次，有的是原创性突破，即超越了前人，超越了他人，属于哲学社会科学发展过程中的质的飞跃，人们通常把这种创新称为"原始性创新"（Original innovation）或"激进性创新"（Radical innovation）。而如果某项哲学社会科学研究取得了很大的进展，但它在总体上还只属于其所属领域的量变积累阶段，尚未使相关研究实现质的飞跃，这样的社会科学研究创新只能称为"渐进性创新"（Incre‑mental innovation）或"改良性创新"（Improving innovation）。在哲学社会科学研究中，这两类创新都很重要，但我们更应大力提倡"原始性创新"，因为"原始性创新"是最为重要的创新，它能够极大地促进哲学社会科学的发展。

（三）独特性

独特性与新颖性密切相关，有时很难把二者截然区分开来。与新颖性、超越性相类似，独特性也是相对于他人研究成果而言的，但它体现的是哲学社会科学创新的个性。由于哲学社会科学创新主体的民族性、地域性的不同以及个体的文化背景和知识结构的差异，特定创新成果一定是具有其鲜明个性特色的，要么在致思方向或价值取向方面独树一帜，要么在思想深度或理论高度方面独领风骚，要么在材料的组织或挖掘整理方面独具特色，要么在思想表达形式或论证方式方面独辟蹊径，要么在研究方法的选择或技术手段的运用方面与众不同，要么在服务决策方面取得独特成效。所有这些，构成了哲学社会科学创新的独特性的丰富内涵。从总体上看，哲学社会科学创新的独特性表现在以下三个方面：

第一，创新主体的独特性，即不同创新主体具有不同的民族性、地域性和个体差异性。外国哲学社会科学创新是由生活在其他不同国家、不同民族的历史文化条件下和不同社会生活环境中的研究者实现的，而中国哲学社会科学创新则是由生活在中华民族文化条件下和不同时期中国社会生活中的研究者实现的，这种主体的不同，决定着它们必然有不同的现实关切、不同的研究对象、不同的研究目标和不同的研究方法。主体的独特性也说明了哲学社会科学创新必须适应主体所生活于其中的文化传统和社会环境，这样创新的成果才能为社会所接纳，才能实现其经济社会价值，或者其学术价值才能得到社会承认。同时，哲学社会科学创新的独特性也表现为创新主体的个体差异性。不同创新主体的知识结构是各不相同的，而知识既包括语言文字化、数字编码化的知识，也包括尚未语言文字化和尚未数字编码化的知识。有许多知识特别是与个人创造能力相关的，一些知识是很难用语言文字表述和数字编码化的，而这类知识又是特定主体在进行创新活动时不可缺少的东西，它们构成了个人创造能力的独特要素。正是个人创造能力方面的差异，才造成了不同创新主体的创新成果的不同，才使得哲学社会科学创新呈现出多样化的局面。

第二，研究方法的独特性。哲学社会科学创新往往是同探索和应用新的研究方法紧密联系在一起的。运用新的研究方法去探索和认识对象，可能揭示出客观事物的新的性质，把握以前未曾揭示出来的客观事物运动和发展的规律，从而创立新的理论和新的学说。如果认识对象在不断地变化和发展，新的问题和矛盾不断地出现，人们却仍然还采取旧的和过时的方法去研究它们，是不可能实现哲学社会科学创新的。特别是在今天，在研究社会生活中各种综合性问题的过程中，哲学社会科学各学科之间、哲学社会科学与自然科学、技术科学之间相互渗透、日益加强，使得新的研究方法的引入和运用在哲学社会科学创新中的作用更加突出。在当代，正是通过不同学科的理论和方法的综合创新，各种新兴综合学科、边缘交叉学科相继产生。例如，经济学与法学结合形成经济法学，与人口学结合形成人口经济学，与管理学结合形成管理经济学，与军事学结合形成军事经济学，与教育学结合形成教育经济学，与心理学结合形成心理经济学，与地理学结合形成经济地理学，与数学结合形成数量经济学。再如，作为一门传统人文社会科学学科的语言学，通过与有关社会科学学科和自然科学学科的横向交叉及理论和方法上的相互渗透，产生了社会语言学、心理语言学、数理语言学、结构语言学等新兴学科。

第三，研究结论的独特性。哲学社会科学创新，最终必然表现在其研究结论上，即得到不同于前人和他人的、具有个性特色的研究结论。无论是哪个民族和地区，哲学社会科学创新，总是对自己民族和地区已有哲学社会科学成果的一种推进和发展，或是提出了新的研究思路和研究方法，或是结合时代发展探讨和揭示了研究对象的新的性质和规律，或是提出了新的观点和新的理论。其中，创立新的理论或学说是哲学社会科学创新的最重要的标志。这种作为哲学社会科学创新的最重要标志的新的理论或学说，虽然必然与前人有其思想或理论上的继承关系，但它们总是这样那样地适应了新的时代发展的需要并解决了独特的问题，因而具有鲜明的创新特色。例如，马克思主义的产生是人类哲学社会科学发展史上的一次伟大的变革，是哲学社会科学方面的伟大理论创造；毛泽东思想和邓小平理论是对马克思主义的继承和发展，同时又适应了不同时期中国社会发展的客观需要并解决了中国革命和社会主义建设的重大问题，同样也属于哲学社会科学上的重大理论创新。

（四）普遍性

普遍性也是哲学社会科学创新的一个重要特点，它主要表现在以下两个方面：

一是哲学社会科学创新实践具有普遍性。世界上各个国家、各个民族、各个地区都存在着哲学社会科学的创新实践活动，而且一天也没有停止过哲学社会科学创新的实践活动，哲学社会科学创新实践的这种普遍性带来了世界哲学社会科学理论的丰富性和多样性。中国的先秦和西方的古希腊作为东西方文化的两大源头，因地理条件、社会状况、民族心理结构、思维模式等方面的不同，形成了两大不同的文化形态，并由此创造了两大不同的哲学社会科学体系。同时，非洲、美洲等世界上的其他地区在哲学社会科学方面也都有自己的独特的理论创造，并形成了自己的理论体系。这些都是哲学社会科学创新的普遍性的极好证明。20 世纪以后，特别是当代以来，人类的科学体系日益呈现出自然科学、技术科学（包括农业科学、医学科学等）、哲学社会科学三足鼎立之势。因此，与古代和近代相比，现当代的哲学社会科学已表现出完全不同的图景。据粗略统计，当代科学体系含有 2500 个学科（包括一、二、三级学科），其中，哲学社会科学学科约占 2/5。① 当代哲学社会科学已成为一个庞大的、多层次的、综合性的学科群，这是哲学社会科学创新的普遍性的必然结果。

　　二是哲学社会科学创新内容具有普遍性。哲学社会科学创新内容的普遍性是由它所揭示的社会物质生活条件的一般性、共同性所决定的，后者即存在着一切社会都普遍发生作用的一般规律，如生产关系适合生产力状况的规律、上层建筑适合经济基础状况的规律、社会存在决定社会意识的规律等，世界各国各民族各地区的哲学社会科学创新都在这样那样地研究和揭示这些一般规律。哲学社会科学也像自然科学一样，呈现出知识总量日渐增加、水平日渐提高、理论日益完善的进步趋势，其所研究的某些问题本身具有普适性和永恒性，是各个国家在各个时代都要涉及的问题，如社会的发展问题、人的本质问题、生活的意义和价值问题、社会的正义和公平问题等。对于这些普遍性问题的研究目的、研究方法、研究原则也具有一定的普遍性。例如，不管在什么时代，哲学社会科学的研究和创新都必须符合客观对象的实际情况。正如陶德麟先生所言，创新一定要与求实结合起来，求实、求新是不能分开的；如果离开了求实、求真，去高喊创新，就容易走入歧途。② 再如，任何哲学社会科学创新都要对前人的研究成果既继承又批判。一方面，哲学社会科学创新都不是凭空产生的，它总是在继承前人研究成果的基础上进行理论突破的。也就是说，它只有经过量的积累，才在质的方面达到突变或飞跃，从而形成新颖或独特的理论成果。其一般过程表现为，对前人的研究成果进行审视，并以实践为标准对之进行检验，抛弃那些已经过时的东西，纠正其中存在的明显错误，保留

① 刘仲亨：《国外社会科学发展百年回顾》，《国外社会科学》1999 年第 6 期。
② 《武汉大学八位知名学者谈人文社科创新》，《光明日报》2008 年 1 月 13 日。

其中正确的、合理的内容。如果离开前人的研究成果侈谈所谓的"创新"，这种历史虚无主义的倾向只能使哲学社会科学研究走入空谈或猎奇的迷宫。另一方面，任何哲学社会科学创新又都表现为对前人研究成果的批判和超越，如果在内容、方法、视域等方面凝固不变，失去怀疑和批判精神，哲学社会科学创新的生命也就完结了。古今中外，莫不如此。

进入 21 世纪以来，哲学社会科学创新的普遍性表现得更为明显。近年来，人们普遍对哲学社会科学创新在经济发展和社会进步中的重要作用有了较为清醒的意识，对大力进行哲学社会科学创新的必要性和紧迫性也取得了广泛共识，各国家、民族和地区都在有意识、有目的、有计划地全面推进哲学社会科学创新。哲学社会科学创新不再像以前那样只是个别思想家的偶然行为，它已经成为各个民族和国家的自觉追求，成为时代精神的灵魂，也已经变成促进各国经济发展和社会进步的重要因素。在这种情况下，任何个人与群体的创新行为和结果都被融入普遍性的创新潮流之中，并终将化作经济和社会发展的重要动力。

（五）时代性

哲学社会科学创新是与时代发展的需要紧密相连的，没有时代需要的推进和能够把握这一需要的理论家，哲学社会科学创新是不可能出现的。事实上，哲学社会科学的重大创新也总是表现为深刻地回答时代所提出的重大问题，而这种哲学社会科学的重大创新往往是同一个新的伟大时代的到来相联系的。

每个伟大时代的到来都必然引起关键性、全局性的哲学社会科学的重大创新。哲学社会科学的重大创新，指的是那些持久地影响社会生活各个方面和各个领域的创新。这种创新的成果往往会影响整整一个时代的社会生活和哲学社会科学具体学科的研究，就像牛顿力学之于 18—19 世纪的物理学、相对论和量子力学之于 20 世纪的物理学。没有深刻的时代变化，就不可能出现这样的关键性的哲学社会科学创新。例如，在西欧中世纪封建统治终结和资本主义纪元到来时，这种关键性、全局性的创新，就是人文主义之代替神创论，人的原则之代替神学原则。几百年来，作为西方近代文明标志的"人的发现"，对西方社会生活各个领域和西方哲学社会科学各个学科的发展产生了广泛而深刻的影响。例如，政治学领域关于国家起源问题上的理论创新即旧的君权神授说被社会契约论取代，就是在人性战胜神性的基础上实现的。又如，经济学领域亚当·斯密古典政治经济学的"经济人"假设也是基于他对人性的看法而提出的。正如恩格斯所指出的，18世纪的启蒙学者和经济学家们都具有一个共同的特点，"在他们看来，新的科学不是他们那个时代的关系和需要的表现，而是永恒的理性的表现，新的科学所发现的生产和交换的规律，不是这些活动的历史地规定的形式的规律，而是永恒的自然规律；它们是从人的本性中引伸出来的。"① 而在资本主义生产方式在西欧社会普遍取得统治地位、资本主义社会的内在矛盾日趋激化的19世纪，这种关键性、全局性的创新，则表现为马克思主义的创立。正如普列汉诺夫所说："马克思在社会科学中所进行的革命，可以和哥白尼在天文学中所完成的革命比美。"② 一百多年来，马克思主义对哲学社会科学各个领域的发展和整个人类历史发展的进程都产生了极其深刻的影响。恩格斯认为，意大利的但丁和马克思都是宣告新的历史纪元到来的时代的代言人，但丁与近代市民社会相联系，而马克思则与科学社会主义新纪元相联系。马克思的理论创新的路径，是对资本主义社会现存状况的革命批判。没有这种批判，就难以深刻地认清资本主义社会的本质，就不能找到克服资本主义社会的矛盾的出路。近代西方"人的发现"和资本主义社会的发展，相对于前工业社会来说，确实是一个极大的进步，它使人摆脱了以往那种"人的依赖性"，使人成为独立的人。然而，在资本主义社会中，现实生活中的人只是形式上独立的人，它实际上被商品货币关系牢牢地控制着，因而深深地陷入了"物的依赖性"。马克思主义的理论创新，从人学的视角看，归根到底就是要把人从这种"物的依赖性"中解放出来，使每个人都得到自由而全面的发展。

哲学社会科学创新的时代性，还表现在哲学社会科学创新成果对时代特点的反映上。例如，在对儒家思想的研究上，前人对儒家提倡"仁政"、"合和"、"和为贵"、"己所不欲，勿施于人"及"有教无类"等方面的合理思想均有很多论述，对儒家"天不变道亦不变"的反对一切变革的"不变论"、"今不如昔"的"倒退论"和轻视、贬低工商活动等方面的消极思想也有很多探讨，如果人们仍然沿着原有的研究思路，始终埋

---

① 《马克思恩格斯选集》第3卷，人民出版社1995年版，第493页。
② ［俄］普列汉诺夫：《无政府主义和社会主义》，生活·读书·新知三联书店1980年版，第22页。

头于原始文献和故纸堆中，是很难创新的。近年来，一些研究者立足当今市场经济的发展来研究儒家思想，发现了儒家思想的一个重大缺陷，即反对竞争和冒险。儒家经典基本不讲竞争和优胜劣汰，其信奉的是"祖传秘方"、"百年老店"，强调"安土重迁"、"四世同堂"，反对探索和冒险。这种"谋事在人，成事在天"及"知足常乐"的不思进取的说教，大大扼杀了中国人探索创新的活力，被一些研究者视为近代中国科学技术大大落后于西方的重要原因之一。这一儒家思想研究的新成果，就体现了哲学社会科学创新的时代性。这实际上也涉及哲学社会科学创新的一个重要方法论问题，即如何处理文献研究和现实生活研究的关系问题。毫无疑问，文献研究在哲学社会科学各学科中都是非常重要的。但是，对哲学社会科学创新来说，对文献的研究是"流"而不是"源"。因为文献作为历史的产物，其中的思想或观点是对当时社会生活中的问题的理论回应，它们对当时的社会发展可能产生过某种积极影响，但随着社会的发展和历史条件的变化，有些陈旧的思想需要摒弃，有些不完善的观点需要补充，有些通过实践证明是错误的观点需要纠正和批判。如果仅重视文献，而不和当前的社会现实生活相结合，从文献到文献，这种研究是难以产生新知识、新理论或新观点的。例如，对中国传统文化的研究，文献可谓是汗牛充栋，若仅对文献本身进行研究，那是远远不够的。但如果与当今高速发展的科学技术和社会实践相结合，看到由于世界科技的迅猛发展，加剧了功利主义、享乐主义、拜金主义的泛滥，导致了物质生活与精神生活的失衡，致使科技与人文的矛盾与冲突日益尖锐，那么，我们或许可以从中国传统文化中找到许多有助于解决当代问题的思想资源。

总之，哲学社会科学创新，需要我们立足于时代发展的需要并结合时代的新的特点，借鉴前人的研究成果，对时代发展和现实社会生活所提出的问题作出创造性的回答，因而它必然具有鲜明的时代性特征。

第二章

哲学社会科学创新的构成要素

哲学社会科学创新是一项极其复杂的活动，是一个由多种要素组成的复杂系统。分析哲学社会科学创新的构成要素以及这些要素在相互联系、相互作用中的结合方式，有助于我们了解哲学社会科学创新的形成和实现过程，因而有助于我们把握哲学社会科学创新的内在规律。概括地说，哲学社会科学创新的构成要素主要有三大方面，即创新主体、创新对象和创新资源。

一　创新主体

创新主体是哲学社会科学创新系统中最具有自主性和能动性的因素。毫无疑问，作为哲学社会科学创新主体的只能是人，是个人或由个人组成的群体，但并不能抽象地说所有人都是创新主体。哲学社会科学创新是人类特有的创造性活动，是人的创造力的激发与释放。只有具有创造意识、创造个性和创造能力的人才是哲学社会科学创新活动的主体。哲学社会科学创新主体是在哲学社会科学创新系统中居于主导的地位并具有主动性、自主性和创造性等特点和功能的一方，它是创新系统中的首要因素，对创新系统形成及其诸要素的结合方式起着决定作用。

（一）创新主体的类型

依据不同的标准，可以对哲学社会科学创新主体作不同的分类。在这里，我们只根据哲学社会科学创新是由个人还是由群体进行的，把哲学社会科学创新主体区分为个体主体和群体主体。

第一，个体主体。个体主体是指进行哲学社会科学创新活动的单个个人，其创新工作的内容与方式具有其个性特点，如哲学家、社会学家、作家、艺术家个人的劳动创作、研究等。个体主体具有特殊的心理结构、知识背景和思维方式，有人重感情，有人重理智，有人想象力丰富，有人思辨力强，如此等等。一般来说，个体主体在哲学社会科学创新活动中都能够发挥自己自主性、能动性、创造性，积极地进行探索，尽其可能地发挥自己的聪明才智，因而他们在创新活动中对创新对象把握的方式和程度存在着明显的差异性。个体主体在创新方式和能力上的这种差异性，必然导致哲学社会科学创新结果的差异性。从历史上看，古代、近代的哲学社会科学创新大多是由个体主体来实现的，他们的创新成果也都有着鲜明的个性特色。即使是在现代，在哲学社会科学研究课题日益复杂化、需要众多研究者联合攻关的情况下，哲学社会科学的创新的各个方面的工作归根到底也还是由个人来完成和实现的。因此，可以说，没有个体主体的创造性的劳动，就没有哲学社会科学创新。当然，个人总是处于一定的社会关系中，个体主体所进行和实现的哲学社会科学创新必然要受到一定的社会条件的制约。正如马克思所指出："一般劳动是一切科学工作，一切发现，一切发明。这种劳动部分地以今人的协作为条件，部分地又以对前人劳动的利用为条件。"① 自然科学的研究和创新是如此，哲学社会科学的研究和创新亦然。因此，在哲学社会科学领域，那种脱离各种社会关系、不要任何社会条件的个体主体的创新是根本没有的。

第二，群体主体。群体主体是指有着共同目标和共同的旨趣，并在哲学社会科学的创新活动中能够相互协调、相互配合的群体，它往往是某一国家、某一地区、某一机构中具有共同研究任务的哲学社会科学研究人员组成的群体。随着社会的发展，哲学社会科学创新的对象日趋复杂化，哲学社会科学创新越来越多地表现为由群体主体的联合攻关来实现。在现代，哲学社会科学创新已成为一种高度社会化的活动，与此相应，群体主体已成为哲学社会科学创新主体的主要形式。特别是在当今，跨学科、跨机构、跨地区甚至跨国家的研究人员联合攻关已成为哲学社会科学创新的时代潮流。

从系统论的观点看，哲学社会科学创新的群体主体是一个复杂的系统，它具有以下几个方面的特征：一是结构性。所谓结构，是指组成系统

---

① 《马克思恩格斯全集》第25卷，人民出版社1974年版，第120页。

的诸要素的联系结合的方式。任何系统都具有一定的结构，系统的性质和功能不仅取决于它由什么要素构成，而且取决于这些要素的结合方式。哲学社会科学创新的群体主体也不例外，它也是按一定的联系结合方式组织起来的，其成员之间既有分工也有协作，而这种联系结合方式或分工与协作关系是否合理，亦即结构是否优化，直接影响着群体主体的哲学社会科学创新能力。二是整体性。整体性是一切系统的最基本特征，它意指由各个要素按一定方式联系结合起来的系统有着其单个要素所不具有的整体性质，即系统质。系统整体的性质和功能具有非加和性，即它们绝不是各个要素的性质和功能的简单相加，而是具有新的性质和功能。在哲学社会科学研究中，群体主体成员之间的合理分工与协作，能够将不同个体的力量融合成一种新的巨大的创新能力，这种创新能力与其各个成员的创新能力的总和有着本质的差别，即要远远大于其各个成员的创新能力的总和。三是开放性。系统的开放性是指系统与周围环境之间的相互联系和相互作用，即系统要与周围环境之间进行物质、能量、信息的交换，否则，它既不能存在，更不能发展。哲学社会科学创新的群体主体是一个典型的开放系统，具有对周围社会环境的开放性。例如，它的研究课题、研究资料、研究条件都来自外部社会环境，甚至它的构成要素即群体主体的成员也会随着外部社会环境的变化而变动。同时，哲学社会科学创新的群体主体的研究方法、思维方式、价值取向等也会受到外部社会环境的影响。因此，要充分发挥群体主体在哲学社会科学创新中的作用，必须营造一个有利于其进行哲学社会科学创新的社会环境。

在当代，随着信息技术的发展与创新频率的加快，哲学社会科学创新的群体主体的构成表现出了一些新的趋势：一是从中心结构到网络结构。中心结构是指哲学社会科学创新的有关知识、信息及决策权集中于处在组织核心或顶端的个别人，而其他人处于结构的边缘或底层，是被动的执行者。中心结构的运行依靠的是一种自上而下的组织推动，它不能有效地调动组织内部所有成员的积极性与主动性。网络结构则以所有成员都共享有关知识和信息、共同决策、协同创新为基本特征。在这种网络结构中，每个成员都在参与创新，都可以对创新作出贡献，网络结构有利于群体主体成员之间的交流与协作，能够有效地调动每个成员的创新积极性，从而能够使创新出现于哲学社会科学研究的各个环节、各个方面。二是从等级关系到互动关系。与中心结构相适应的是严格的等级制，这种等级制规定了哲学社会科学创新的群体主体内各个成员的身份与角色，即把他们区分为创新的策划者与追随者。随着上述从中心结构到网络结构的变化，哲学社会科学创新的群体主体内各个成员之间的关系也发生了变化。在网络结构形成的情况下，虽然群体主体内的等级关系不可能完全消失，但它已不再是各成员间关系的主导形式，各成员间关系的主导形式已由等级关系转变为平等的互动关系。而且，群体主体内依然存在的等级关系现在是为各成员之间的互动关系服务的。三是从人员集合到人才集合。哲学社会科学创新的群体主体是为完成特定任务而形成的，其创新活动是一种高度组织化的行为，其成员之间有着明确的分工与协作关系。与上述中心结构和等级关系相适应，以往哲学社会科学创新的群体主体更多的是一种人员集合，其结构状态往往呈现为"众星捧月"。而随着哲学社会科学研究对象越来越复杂，哲学社会科学创新对研究者素质的要求越来越高，它使哲学社会科学创新的群体主体日益呈现为一种人才集合。在这种情况下，群体主体的结构状态更像是"群英荟萃"。高素质人才在一个群体内聚集，相互之间密切交流与合作，彼此在思想上碰撞和互补，这是现代哲学社会科学创新的基本模式。①

　　哲学社会科学创新的群体主体的最重要形式是学术共同体。"学术共同体"这一概念是由英国科学家和哲学家波兰尼（M. Polanyi）最先提出来的。1942 年，他在《科学的自治》一文中首次使用了这一概念，意指具有共同目标、共同信念、共同价值、共同规范的科学家群体。波兰尼主要是立足于自然科学研究来分析和考察学术共同体的，后来著名的科学社会学家默顿则干脆直接把波兰尼所谓的学术共同体称为"科学共同体"。其实，学术共同体不仅存在于自然科学研究中，也广泛存在于哲学社会科学研究和创新活动中。可以说，法兰克福学派就是实现了哲学社会科学创新的学术共同体的一个典型。考察法兰克福学派的有关情况，我们可以发现作为哲学社会科学创新之群体主体的学术共同体的一些重要特征：第一，具有共同的研究纲领。法兰克福学派社会研究所的前身是韦尔支持的"马克思主义者工作周"，1922 年韦尔提出的研究方针是总体地认识和理解从经济基础到制度的和观念的上层建筑，强调研究工作要独立于任何政党与政治的考虑，并在研究方法上强调多学科之间的交融。1923 年，在

---

　　①　颜晓峰：《论创新主体结构》，《乌鲁木齐职业大学学报》2002 年第 1 期。

德国教育部的支持下，社会研究所成立。1930 年，霍克海默出任所长，提出了以"批判理论"为研究纲领的主张。按照这一研究纲领，批判理论与传统理论是相对立的，它反对当时以自然科学研究方法为指导方法的研究思路，主张在马克思主义研究领域内反对正统的研究，强调对当下社会的批判性反思。正是在这一研究纲领的指导下，法兰克福社会研究所形成了一个学术共同体即法兰克福学派。第二，共同的信念和价值取向。学术共同体的成员可以是各个不同领域的专家，他们可能具有极不相同的专业背景，但他们必定具有共同的信念和价值观念。正是这种共同的信念和价值观念，使不同领域的专家能够超越各自的专业界限而成为同一个学术共同体的成员，并表现出某种共同的理论兴趣。在法兰克福社会研究所成员中，有经济学家波洛克、哲学家阿多诺、精神分析学家赖希和弗洛姆、政治哲学家纽曼，还有大众文化研究的开拓者本雅明等。这些人有着很不相同的学术背景和研究领域，但共同的信念和价值取向把他们结合在一起，并创造了各具特色却又都体现了共同研究纲领的理论成果。如果说法兰克福学派是传统意义上的学术共同体，那么当前异军突起的综合性前沿问题研究机构可谓独领风骚。其中，地处美国新墨西哥州偏远地区的桑塔菲研究院具有突出的代表性。① 一批关注自然和社会领域中复杂系统内在机理同构性的学者聚集在这个人烟稀少的地区，潜心开展学术研究和交流，其影响迅速扩大到国际学术界。在当代，作为哲学社会科学创新的群体主体，学术共同体在推进哲学社会科学发展中的作用越来越重要。

（二）创新主体的特质

哲学社会科学的创新主体承担着特殊的重任，必须具备哲学社会科学创新所需要的特质，如必须具有对对象进行能动探索的能力，必须具有目标导向下的创造性，还必须对创新活动有着高度的自觉性、目的性、自主性等等。具体来说，哲学社会科学的创新主体必须具有以下几个方面的特质。

第一，强烈的创新意识。创新意识就是对创新有一种执着追求的意识，这种意识是建立在对创新的内涵、价值、特点和规律的充分的认识的

---

① Mitchell Waldrop 撰写的 *Complexity* 一书对桑塔菲研究院作了全面而生动的介绍，该书已于 1997 年译为中文并由生活·读书·新知三联书店出版。

基础之上的。创新主体了解什么是创新、怎样去创新，即知道如何通过创造性的劳动，创造出新的理论，生产出新的精神产品，满足社会的需要。创新主体也非常懂得创新的价值和意义，这种认识能够为创新主体的创新活动提供内在的精神动力。创新意识的一个重要功能，就是能够使主体思维保持高度的活跃状态，永不泯灭想象力和好奇心。具有强烈创新意识的创新主体必然具有很强的主动性，即具有很强的创新欲望与需求，这种创新欲望或需求往往是基于社会实践对某种新思想与新的精神产品的需要而产生的。正是这种创新欲望与需求，才促使创新主体执着地进行创新。在这种强烈的创新意识的作用下，创新主体往往有着明确的目的性。创新采取的任何方法，都是为实现的这个目的服务的。马克思曾说："劳动过程结束时得到的结果，在这个过程开始时就已经在劳动者的想象中存在着，即已经观念地存在着。""这个目的是他所知道的，是作为规律决定着他的活动的方式和方法的，他必须使他的意志服从这个目的。"① 哲学社会科学创新是一种创造性的劳动，创新目的在创新活动开始时也已经存在于创新者的想象中。创新目的的确立，必然促使创新主体制订和采取相应的行动方案。不过，作为精神生产活动，哲学社会科学创新的方案往往并不是一开始就十分明晰的，而是在创新过程中通过探索而逐步明确起来的。在哲学社会科学创新过程的开始，人们往往只有一种要回答认识和实践中提出的新问题的意图，至于到底如何具体回答这些问题，一般还是不清楚的。随着探索的深入，创新主体逐渐明确了创新的思路、形成了实现创新目的的方案。有时，最初形成的创新方案不止一个，而是有多个，而创新主体并不能立即在它们之间作出取舍。在这种情况下，创新主体必然会根据创新目的作进一步探索，并对各种不同的创新方案进行比较，从中优选出一种最佳的创新方案，并付诸实施，最终实现创新目的。在这一过程的每一环节上，创新主体都莫不受到创新意识的驱动和导引。

第二，执着的创新精神。创新精神是在创新过程中表现出来的把创新目的转化为创新结果的思维品质，它伴随着哲学社会科学创新活动的始终，决定着创新主体的探索结果。创新精神主要包括以下几个方面：一是追求真理的精神。在这种精神的作用下，创新主体在整个哲学社会科学创新过程中自觉遵守学术规范，实事求是，不弄虚作假，不因循守旧，继承

---

① 《马克思恩格斯选集》第 2 卷，人民出版社 1995 年版，第 178 页。

前人成果而又努力超越前人。具有这种精神的人能够不囿于自己的一己之私，正确地对待研究对象，也能够客观公正地对待他人的研究成果。二是勇于探索的精神。即敢为天下先、敢于探索前人和他人所没有探索的问题、敢于提出前人和他人所没有提出的新思想、新理论或新见解的精神。没有这种精神，哲学社会科学创新是不可想象的。三是不畏艰险的精神。马克思说过，在科学上没有平坦的大道，只有不畏劳苦沿着陡峭山路攀登的人，才有希望达到光辉的顶点。在哲学社会科学领域，创新往往具有很大的风险，有时可能付出艰巨的劳动却一无所获，有时创新可能会受到种种守旧势力的压制和阻挠，创新主体有时甚至面临着生命危险。只有具有不畏艰险、勇往直前的精神，人们才有可能在哲学社会科学领域有所创新。四是批判精神。哲学社会科学创新尤其需要具备批判精神。从某种意义上说，哲学社会科学研究本身就是一种批判的事业，它要求人们对其研究对象即社会事物以及人与世界（包括社会）的关系持分析、批判的态度。哲学社会科学研究也总是既立足于现实又超越现实，用某种理想的尺度和标准来审度现实。这尤其表现在哲学的反思上。哲学思维是一种反思性的思维，而反思一词含有反省、内省之意，是一种批判性思考。作为人类理性的运用和表现，哲学具有突出的批判精神。关于这一点，历史上的许多哲学家都曾强调过。德国古典哲学的奠基人康德把哲学视为一种"清理地基"的工作，认为"哲学家的事业"就是对所谓的"自明性的东西"进行分析。马克思认为，哲学的活动就是一种理论批判，而哲学参与现实的方式也是理论批判的。他说："哲学的实践本身是理论的。正是批判从本质上衡量个别存在，而从观念上衡量特殊的现实。"[1]"哲学并不要求人们信仰它的结论，而只要求检验疑团。"[2] 哲学的批判本性，集中地体现在辩证法的批判本质上。正如马克思所指出的，辩证法"在对现存事物的肯定的理解中同时包含对现存事物的否定的理解，即对现存事物的必然灭亡的理解；辩证法对每一种既成的形式都是从不断的运动中，因而也是从它的暂时性方面去理解；辩证法不崇拜任何东西，按其本质来说，它是批判的和革命的。"[3] 如果不能对研究对象持反思、批判的态度，

---

① 《马克思恩格斯全集》第 40 卷，人民出版社 1982 年版，第 258 页。
② 《马克思恩格斯全集》第 1 卷，人民出版社 1956 年版，第 123 页。
③ 《马克思恩格斯选集》第 2 卷，人民出版社 1995 年版，第 112 页。

哲学社会科学的创新是不可能的。哲学社会科学创新不仅要求创新主体批判地对待研究对象，还要求其批判地对待前人和他人的研究成果以及批判地对待自身。盲目地认同前人和他人的研究成果，没有大胆怀疑和批判的精神，或者不能正视自身在理论、思维方式或方法方面的缺陷，没有自我否定的勇气和决定，也是难于实现哲学社会科学创新的。

第三，良好的创新素质。"素质"最初是一个生理学术语，专指人体生理的解剖特点，即人的大脑、神经系统、感觉器官、运动器官等身体各组成部分的生理状态和功能。后来，这一术语被广泛地运用，成为一个全面地描述和表征人的概念。它不仅包括人的身体、心理特征，而且包括人的知识、能力、智慧、情感、品德、经验等，是由人的各种品质构成的整体。也有人将其概括为良好的智商（IQ）、情商（EQ）和政商（LQ），泛指人的多方面的良好素养和品质。人们要成为哲学社会科学的创新主体，就必须具备良好的创新素质，这种创新素质包括以下几个方面：一是广博的知识储备。古代哲学社会科学创新主体都是上通天文下知地理的"智者"，虽然他们所知道的天文地理并非今天科学意义上的天文地理知识，但也说明他们是知识比较广博的人。在知识爆炸的今天，哲学社会科学的创新更需要运用广泛的、多方面的知识。例如，现代军队兵种日益增多，作战分工日益细密，作战中的相互依赖性日益增强，军事学各领域研究的问题日益复杂化，在这种情况下，人们要在军事学研究中有所突破、有所创新，就既要有丰富的军事专业知识，又要有其他各种哲学社会科学知识和自然科学技术方面的知识。创新主体只有不断积累知识和更新知识，重视知识的调整和再利用，不断提高科技水平和文化素质，成为具有多方面知识的复合型人才，才能在某一方面或某一领域实现哲学社会科学创新。二是良好的思想道德素质。爱因斯坦在谈到科学家应有的道德素质和社会责任感时曾说："在我们这个时代，科学家和工程师担负着特别沉重的道义责任"[1]，"如果你们想使你们一生的工作有益于人类，那末，你们只懂得应用科学本身是不够的。关心人的本身，应当始终成为一切技术上奋斗的主要目标；关心怎样组织人的劳动和产品分配这样一些尚未解决的重大问题，用以保证我们科学思想的成果会造福于人类，而不致成为祸

---

① 《爱因斯坦文集》第 3 卷，商务印书馆 1979 年版，第 287 页。

害。"① 从某种意义上说，爱因斯坦所提出的这种道义要求对于哲学社会科学研究者也是适用的。哲学社会科学研究也应该体现出高度的社会责任感和使命感，哲学社会科学创新必须服务于社会进步和造福于人类，努力促进人的全面发展。特别是在现代社会，哲学社会科学的理论和观点能够得到广泛的传播、产生广泛的社会影响，它要求人们在哲学社会科学研究和创新中谨慎地抉择，充分考虑到自己的行为可能产生的社会后果。如果没有应有的思想道德境界，无视国家、民族的长远利益和人类的福祉，人们不仅不可能实现哲学社会科学创新，其哲学社会科学研究还有可能危害社会的稳定、阻碍社会的发展。三是良好的心理素质。哲学社会科学创新也是非常艰苦的智力劳动，需要研究者作长期的、潜心的探索，没有良好的心理素质是很难胜任的。一方面，哲学社会科学创新过程中会碰到各种无法预测的理论难题和思想障碍，要求研究者具有良好的心境和不屈不挠的意志品质。另一方面，哲学社会科学创新过程还会遇到各种外部因素的干扰，要求研究者始终保持平和的心态和较强的抗干扰能力。特别是在现代社会，面对纷繁复杂的社会现象和外部世界各种各样的诱惑，哲学社会科学研究者必须努力克服各种浮躁心理，养成甘于坐冷板凳的心理素质和献身精神，才有可能实现哲学社会科学创新。

第四，较强的创新能力。哲学社会科学的创新能力是指人们在哲学社会科学研究中通过深入研究而获得创新成果的能力。在哲学社会科学创新能力中，最重要的是创新思维能力。所谓创新思维，是指从新的思维角度、按照新的思维程序和方法来认识对象、解决问题，从而产生新知识、新思想、新观念的思维活动。创新思维并不是一种独立的思维类型，因为人的一切思维活动都不是对对象的被动反映或机械"摄影"，都具有某种程度的创造性。但是，创新思维又确实是人的思维活动的最佳境界，它能从各个方面有效地折射出主体自身各种因素的素质和功能。创新思维渗透在人的各种具体思维活动之中，它是理性思维和非理性思维的综合运用，是人的理性因素和非理性因素共同起作用的结果。因此，哲学社会科学创新主体要形成一定的创新思维能力，首先必须具有较强的逻辑思维能力，特别是对对象进行综合分析和判断、从纷繁复杂的现象中发现事物的本质并在把握事物本质的基础上提出新思想、新观点、新理论的能力。这里所

---

① 《爱因斯坦文集》第 3 卷，商务印书馆 1979 年版，第 73 页。

谓的"逻辑思维"并不仅仅是指形式逻辑的思维，更重要的是指辩证逻辑思维。在哲学社会科学研究中，理性思维强的创新主体善于辩证地思考问题，能够从两极的对立中发现相通的要素，提出新问题，开拓新的研究领域和研究方向。哲学社会科学创新主体要形成一定的创新思维能力，还必须具有较强的非理性思维能力，特别是必须具有良好的直觉，善于捕捉灵感，并富有好奇心和想象力。直觉、灵感、想象是一切创新性思维的三个基本构成要素，它们在自然科学研究和哲学社会科学研究中都是非常重要的。其中，直觉是在认识过程中人们对对象进行直接领悟的思维能力和认识形式，它能够超越一般的认识程序，一下子抓住事物或问题的根本和要害，获得关于对象本质的直接的认识；灵感是人们在外部刺激的诱发下产生的对对象的整体洞察，并由此导向对事物本质或问题答案的瞬间顿悟；而想象则是人们通过对记忆中的表象进行加工改造而形成新的形象的思维活动。在上述三者中，想象尤其重要，无论是直觉的产生还是灵感的触发，都需要张开思维想象力的翅膀。因此，爱因斯坦特别强调说："想象力比知识更重要，因为知识是有限的，而想象力概括着世界上的一切，推动着前进，并且是知识进化的源泉。严格地说，想象力是科学研究中的实在因素。"①

总之，哲学社会科学的创新主体具有多方面的特质。当然，创新主体的这些特质是逐步形成的，因而创新主体也是逐渐生成的。个人也好，群体也好，只有通过不断学习和积累，具备相应的创新意识、创新精神、创新素质和创新能力时，才有可能实际地成为哲学社会科学的创新主体。

（三）创新主体的历史演变

哲学社会科学创新主体并不是从来如此、一成不变的，它在历史上经历了一个演变过程。哲学社会科学创新主体的历史演变，始终受到人类实践发展的水平、特定历史时期社会发展的客观需要、哲学社会科学发展的实际状况等多方面因素的制约。

在古代，哲学社会科学创新是在精神劳动从物质劳动中分离出来、出现脑力劳动者阶层的条件下开始出现的，它以农业社会为历史背景，以少数人脱离物质劳动为前提。当时，农业和手工业是社会的主要产业，自给

---

① 《爱因斯坦文集》第1卷，商务印书馆1976年版，第284页。

自足的自然经济决定了社会生产规模和人们交往范围的狭小。那时，社会实践的主体主要是独立的农民和手工业者。这些独立的农民和手工业者是分散的个体劳动者，他们完全依靠自己在日常生产和生活中积累的经验，使用各种手工性的工具，独立完成产品生产的全过程。"这种小生产是社会生产的技艺养成所，是培养劳动者的手艺、发明技巧和自由个性的学校。"① 小生产的自给自足性表现出"万事不求人"的特点，它使单个人显得比较全面，表现出"原始的丰富"。那时，范围有限的知识和经验是同劳动本身直接联系在一起的，"手和脑还没有相互分离"。但是，小生产条件下个人的这种最初的全面性、独立性，是与个人不可避免的时间、精力的有限性结合在一起的，它们成为人的创新能力发展的巨大束缚与障碍。在这样的社会条件之下，哲学社会科学创新活动更多地还属于黑格尔所说的"私人艺术"行为。那时，哲学社会科学的创新主体往往有着多方面的杰出才能，其中的许多人都是百科全书式的学者，他们几乎通晓当时人类的一切知识部门和所有学科领域。古代哲学社会科学创新主体的这种特点，除了在总体上与农业经济的社会条件有关之外，还与当时人类知识严重不足的总体状况有关。

随着工业经济时代的到来，作为群体主体的各种组织机构逐渐形成。在工业经济时代，企业取代了个体农民与手工业者成为社会生产的主体，组织代替了个人成为知识创新的主体。近代资本主义在其发展过程中，建立了以发达的分工协作为基础的劳动组织——企业。企业是"以人为器官的生产机构"，企业组织内部的分工与协作，消灭了劳动产品的个人性质，使劳动产品变成了许多人共同生产的产品。企业组织作为生产的主体，克服了劳动者的个人局限。在企业生产条件下，劳动的专门化、固定化使劳动者的天赋特性不断强化，形成了片面的专长、技艺，并使这种素质、能力能够得到最经济的使用和最充分的利用。在熊彼特的创新理论中，创新是企业的创新，是企业的管理者企业家的创新，企业家不是作为个人主体，而是作为企业主体的权利行使者而活动的。倡导知识创新理论的美国学者戴布拉·艾米顿认为，正在浮现的知识经济提供了多种机会，也是对企业最迫切的挑战。这种挑战包括在知识管理组织内部获得对知识的可接受性、知识管理过程的制度化、注意分享已有的知识和创造新的知

---

① 《马克思恩格斯全集》第49卷，人民出版社1982年版，第244页。

识并使之商业化等。在这种情况下，哲学社会科学创新主体一方面要钻研专门化知识，另一方面要和其他领域专家合作。正如贝尔纳所说，人们在科学中已经学会自觉地服从一个共同目的，而不丧失他们的成就的个性。每一个人都知道，自己的工作有赖于前人和同道的工作，而且自己的工作只有通过后人的工作才能得到延续和推进。这样，哲学社会科学创新就逐渐转变为一种由政府和社会所支持的集体事业，一种重要的、不可或缺的社会职业。同时，随着哲学社会科学创新与科学技术发展的相关度越来越高，所投入的研究费用越来越昂贵，所要求的周期越来越短，哲学社会科学创新不可能像从前那样仅仅由个体主体来承担了，哲学社会科学创新主体群体化成了社会经济发展的必然要求。

随着知识经济时代的到来，国家成为哲学社会科学创新主体的趋势已渐露端倪。在知识经济时代，以国家创新体系形式出现的主体系统，逐渐成为哲学社会科学创新的主要承担者。这种创新主体系统并没有使各种社会组织丧失自己的主体地位，而是表明它们不再是那种原子式的、单独的创新主体。各种社会组织只是创新主体系统的构成部分，是整个社会创新网络中的节点。在创新主体系统形成条件下，创新是社会各种机构、各个部门之间分工与协作的结果。各种机构、各个部门之间的知识、信息的交流，使它们结成一个有机的创新主体系统。在这一系统中，政府不是一个消极无为的角色，而是国家创新活动的组织者，它为各种创新活动提供政策支持与制度保障。创新主体系统的形成，空前放大了哲学社会科学创新的能力，它通过创新系统内部知识流的有效运转，能够产生一种全新的知识生产和创造能力。

总之，随着人类实践活动不断发展，哲学社会科学创新主体经历了一个由个体到群体、由分散到整体、由简单到复杂的历史演变过程。可以预见，随着现代科学技术的发展和全球化进程的推进，整个人类共同面临的问题会越来越多，哲学社会科学领域里的联合研究和协同攻关现象会越来越经常和普遍，从而会促使哲学社会科学创新主体的形式变得更加复杂。

二　创新对象

人类任何实践活动都是有意识有目的的对象性活动。哲学社会科学创新作为一种创新性实践活动，也是有其明确的对象性的。哲学社会科学的创新对象，是指哲学社会科学创新活动所指向的特定对象，亦即人们在哲学社会科学领域对之形成了创新性认识的对象，它是哲学社会科学创新系统中与创新主体相对应的基本要素。考察创新对象的类型、特点及其生成，有助于我们全面地理解哲学社会科学创新活动，有助于增强哲学社会科学创新活动的自觉性。

（一）创新对象的类型

笼统地说，哲学社会科学创新的对象就是哲学社会科学研究的对象，也可以说是进入哲学社会科学研究领域的客观世界及其事物，当然也包括人们在哲学社会科学研究中把握对象的方式方法。具体而言，哲学社会科学创新的对象可分为以下三类。

第一，事实材料。马克思说："研究必须充分地占有材料，分析它的各种发展形式，探寻这些形式的内在联系。只有这项工作完成以后，现实的活动才能适当地叙述出来。"① 哲学社会科学的创新过程本身就是一种研究过程，而且是一种产生新的认识成果的研究过程，这种新的认识成果往往就是在充分地占有事实材料并在对事实材料进行深入分析和探索中形成的。也正是在这一意义上，我们说事实材料构成了哲学社会科学创新的一类重要对象。作为哲学社会科学创新对象的事实材料又可分为两类，即感性材料和思想材料。感性材料是通过对客观世界的感知而获取的。例如，通过对社会现象的观察和调查研究，我们可以获得关于社会生活各个方面的大量感性材料。思想材料则是通过对前人和他人的思想、理论的研究而获得的。例如，通过研究哲学社会科学各门学科的发展历史，我们就可以获得大量的思想材料。在哲学社会科学创新中，感性材料是最为重要的。我们说哲学社会科学研究要关注现实，也就是强调要特别重视占有丰富的感性材料、要立足于感性材料进行哲学社会科学创新。当然，要通过研究感性材料而实现哲学社会科学创新，必须对感性材料进行加工制作。正如毛泽东所说，"将丰富的感性材料加以去粗取精、去伪存真、由此及彼、由表及里的改造制作工夫，造成概念和理论的系统"②。在哲学社会科学研究中，通过对各种感性材料的深入分析，人们有可能发现原有理论

---

① 《马克思恩格斯选集》第 2 卷，人民出版社 1995 年版，第 111 页。
② 《毛泽东选集》第 1 卷，人民出版社 1991 年版，第 291 页。

所存在的不足和缺陷，完善和丰富原有的理论，也可能提出全新的观点和理论，从而实现各种不同形式的哲学社会科学创新。在哲学社会科学创新中，思想材料也是非常重要的。哲学社会科学研究中的各种创新都是相对于前人和他人的研究而言的，其"新"就新在它们实现了对前人和他人的超越。而要实现这种超越，就必须充分地掌握、理解和消化前人和他人既已形成的哲学社会科学研究成果，并把它们作为进一步前进的基础。正是基于这一原因，任何历史时期的哲学社会科学创新都与以往的哲学社会科学研究成果之间有着这样那样的继承关系。需要指出的是，上述作为哲学社会科学创新对象的两类事实材料，即感性材料和思想材料，往往是结合在一起发挥作用的，就是说，哲学社会科学创新往往同时需要利用感性材料和思想材料。也正因如此，一定历史发展阶段上的哲学社会科学创新，其内容和形式都有两个来源：在内容上，它主要是通过研究各种感性材料而反映该时代社会实践需要所规定的特定对象，但这种反映的广度和深度以历史上已积累的思想材料为转移；在形式上，它继承了以往既有的思维方式和方法，同时又根据新的感性材料的特点和新的内容的要求对其加以改造、补充和发展，并创设某些新的认识形式。

第二，理论问题。问题是一切科学研究的逻辑起点，哲学社会科学研究也不例外。哲学社会科学创新的过程，常常表现为提出问题、解决问题的过程。在哲学社会科学的研究中，当人们把注意力集中于问题上，并通过对问题的探索而实现了理论创新时，问题或理论问题就构成了哲学社会科学创新的对象。爱因斯坦指出："提出一个问题往往比解决一个问题更重要，因为解决一个问题也许仅是一个数学上的或实验上的技能而已。而提出新的问题，新的可能性，从新的角度去看旧的问题，却需要有创造性的想象力，而且标志着科学的真正进步。"① 在哲学社会科学研究中，提出新的理论问题也是极其重要的，可以说它本身就是哲学社会科学创新的表现。对于哲学社会科学创新来说，最重要的理论问题来自现实的社会实践，是那些深刻地反映了特定时代社会发展的需要的问题。马克思曾经指出："一切划时代的体系的真正内容都是由于产生这些体系的那个时期的需要而形成起来的。"② 从哲学社会科学创新的过程看，一定时期的社

① ［德］爱因斯坦等：《物理学的进化》，上海科学技术出版社 1962 年版，第 66 页。
② 《马克思恩格斯全集》第 3 卷，人民出版社 1960 年版，第 544 页。

会发展需要首先是以问题的形式进入哲学社会科学研究者的视野的，就是说，人们往往是首先针对和适应一定时期社会发展的需要提出一定的理论问题，然后深刻地回答了这些问题，实现了哲学社会科学创新，从而形成了那些"划时代的体系的真正的内容"。也正因如此，历史上哲学社会科学的繁荣和大发展常常是与人类社会的大变革遥相呼应的。中国春秋战国时期的百家争鸣、西方近代早期的文艺复兴运动等，都是这方面的典型例证。当然，作为哲学社会科学创新对象的理论问题总是具体的，不同的学科领域有不同的理论问题。就是说，面对同一社会发展的需要，不同学科会提出不同性质的问题；即使是对于同一问题，不同学科也会注意不同的侧度。从这个方面看，哲学社会科学各个学科领域的研究要实现理论创新，首先必须发现和确立那些反映社会发展需要的、属于自己所特有的理论问题。但是，不论是哪个学科领域的研究，一旦发现和确立了问题，都只有对问题作出新的探索，才能实现理论上的创新。在这一过程中，选择恰当的视角是非常重要的。例如，在文学研究中，选择恰当的视角来观照问题，能获得一种全新的视野，能将纷繁复杂的文学现象建构成井然有序的整体。对于西方文学史的研究者们来说，文艺复兴时期欧洲的人文主义文学是个老课题，其反封建、反教会、追求个性解放的思想内涵早已为大家所熟知。但是，近年来有研究者从讽刺这一视角来分析人文主义文学，探讨人文主义精神与讽刺艺术的关系、人文主义文学讽刺的规律、特征等问题，发现了在共同的"爽朗乐观"基调中不同作品之间的差异，如《十日谈》的机智、《坎特伯雷故事集》的含蓄、《巨人传》的辛辣、《堂吉诃德》的深沉等①，从而实现了人文主义文学研究中的创新。

第三，研究方法。当人们对哲学社会科学的研究方法进行反思并得出新的认识时，哲学社会科学的研究方法就成了哲学社会科学创新的对象。在哲学社会科学研究中，人们对研究方法进行反思的目的是实现研究方法的创新，包括确立新的研究视野、新的理论视角、新的思维方式、新的解释原则等。这些研究方法的创新，本身就是哲学社会科学创新的重要表现，同时它们又往往能够带来哲学社会科学理论的创新。例如，唯物史观是哲学发展历史上的伟大变革，而这一伟大变革的实现，首先就在于它的

---

① 黎跃进：《试论欧洲文艺复兴时期文学的讽刺》，载《湖南新时期 10 年优秀文艺作品选》（文艺理论卷），湖南文艺出版社 1990 年版，第 770 页。

研究方法上的创新，即把社会存在和社会意识的关系问题确定为社会历史观的基本问题并对之作了科学的回答。在唯物史观看来，尽管社会生活和人类的社会关系纷繁复杂，但只要从物质生产是社会生活的基础这一点出发进行分析，就会发现，全部复杂的社会关系不外物质关系和思想关系两大类，而思想关系不过是由物质关系决定和派生的。正是由于上述研究方法上的创新，所以唯物史观深刻地把握住了社会生活的根本，并由此揭示了人类历史发展的内在规律。当然，研究方法的创新的具体形式是多种多样的，它可以是发现和确立某种全新的研究方法，也可以是把原有的某种研究方法运用于新的研究对象。例如，以往人们认为哲学社会科学研究难以运用可观察、可重复的经验方法，但近年来人们运用心理学、神经科学的研究成果以可观察、可重复的方式广泛地研究了人的行为、心理和思想，特别是考察了人的道德感和正义感产生的神经机制，得到了许多新的结论。在当代，哲学社会科学的研究对象越来越复杂，对许多问题的研究往往需要诸多学科的合作，需要运用多种不同的研究方法，特别是需要把定量研究方法与定性研究方法结合起来。在这种情况下，研究方法的创新在整个哲学社会科学创新中的作用显得比以往任何历史时期都更加重要。

（二）创新对象的特点

创新对象不仅具有多种类型，而且具有多重特点，主要表现在以下几个方面。

第一，客观性。哲学社会科学创新对象的客观性是指创新对象不依赖于任何个人或群体的承认与否而客观存在的特性。我们可以通过对社会历史和人类精神产品两方面的考察来理解这种客观性。作为哲学社会科学创新对象的一个重要方面，社会历史及其发展是具有客观性的。虽然人们自己创造了自己的历史，但这种创造并不是随心所欲的，人们只能在既定的历史条件下创造历史。马克思说，人们"周围的感性世界决不是某种开天辟地以来就直接存在的、始终如一的东西，而是工业和社会状况的产物，是历史的产物，是世世代代活动的结果，其中每一代都立足于前一代所达到的基础上，继续发展前一代的工业和交往，并随着需要的改变而改变它的社会制度"①。这种物质性的历史前提是任何人都不能随意改变的。

---

①《马克思恩格斯选集》第 1 卷，人民出版社 1995 年版，第 76 页。

并且，人们在创造历史的过程中必然结成一定的生产关系，这种生产关系是人们在社会生产中发生的一定的、必然的、不以他们的意志为转移的关系，即同他们的物质生产力的一定发展阶段相适应的关系，它同样也是一种客观性的存在。精神产品也是哲学社会科学创新对象的重要方面，它同样也是具有客观性的。各类精神产品虽然具有一定的主观形式，但它们的内容不过是客观存在的反映，其内容完全是客观的。同时，各类精神产品总要通过一定的物质手段表现出来，就是说，它们必然要借助于一定的物质载体，而这些物质手段和物质载体都完全是客观的。需要指出的是，用以表现精神产品的物质手段和物质载体对于精神产品来说绝不仅仅是外在的、无关紧要或可有可无的东西。人的思想、观念无论多么正确、深刻，如果仅仅局限于大脑的内部、不通过某种物质手段和物质载体表现出来，就不能成为别人理解和认识的对象，甚至也很难说是真正意义上的精神新产品。总之，作为哲学社会科学创新的对象，无论是社会历史及其发展，还是人类的精神产品，都是不依赖于哲学社会科学创新主体的意识而存在的，都具有客观性。

第二，主体性。哲学社会科学的创新对象是哲学社会科学认识的特殊对象，是主体创造性认识的客体。作为认识客体，哲学社会科学创新对象是相对于一定认识主体而言、与一定认识主体相互规定的。仅仅这一点，就已表明哲学社会科学创新对象具有某种主体性。更为重要的是，某一类事物能否成为哲学社会科学的创新对象，不仅与该类事物的性质和特点有关，而且与哲学社会科学创新主体的目的、需要和能力即与主体的"内在尺度"有关。例如，众所周知，英国的古典政治经济学理论，英、法的空想社会主义理论，德国古典哲学特别是黑格尔的辩证法和费尔巴哈的唯物主义，是马克思主义的三大理论来源。也就是说，这些思想材料是马克思主义理论创新的对象。而这些思想材料之所以能够成为马克思主义理论创新的对象，或者说，之所以是马克思、恩格斯在综合概括这些思想材料的基础上创立了马克思主义，是与马克思、恩格斯作为认识主体的属性密切相关的，特别是与创新者身兼无产阶级革命家和理论家的双重身份密切相关的。再如，在马克思主义哲学产生以前，旧的哲学长期在"环境决定人"和"意见支配世界"这两个命题上兜圈子，长期摆脱不了环境与意见之间的关系问题的困扰。马克思则有效地破解了这一长期困扰旧哲学家的理论问题，并在此基础上创立了唯物主义的历史观。旧哲学家不能解决这一问题，是由于他们没有实践的观点，不懂得"全部社会生活在本质上是实践的"①。而马克思之所以能破解这一难题，或者说，这一理论问题之所以能够成为马克思哲学创新的对象，就在于马克思确立了实践观点的思维方式。正如马克思所说："环境的改变和人的活动或自我改变的一致，只能被看作是并合理地理解为革命的实践。"② 作为哲学社会科学创新的对象，不仅事实材料和理论问题具有主体性，而且研究方法亦然。一切科学研究方法本身都是以往人类认识的成果，是对以往认识成果的一种程序化的运用，哲学社会科学的研究方法也不例外。哲学社会科学研究方法的创新即以研究方法为对象的创新，实质上是对以往人类认识成果的创造性运用。在这里，研究方法作为创新对象的主体性是显而易见的。

第三，意义多样性。哲学社会科学的创新对象往往具有多重意义，人们从不同的角度或运用不同的研究方法往往可以把握其意义的新的方面，从而实现哲学社会科学创新。例如，在历史上，莎士比亚的戏剧文本一再成为文学研究的创新对象，历代的研究者们不断地从其中发现了新的意义。第一代莎学者德莱顿·约翰逊等遵从新古典主义原则以理性标准和悲剧规范评说莎剧，浪漫主义时代的柯尔律治、兰姆、赫士列特、赫尔德等人从个人审美感受的角度探寻莎剧的内涵，而司汤达、别林斯基、托尔斯泰等人则从现实主义角度研究莎剧。20 世纪以后，莎学研究又进一步发展，并形成了各种不同的学派，如历史—现实学派、比较研究派、语义派、意象派、神话象征派、心理分析派、马克思主义学派、存在主义学派等等。有人甚至据此认为，一部莎学研究的历史，就是欧洲近现代的思想发展史。可见，创新对象必定具有多方面的价值性，不具有多方面价值性的产物不能称为创新对象。创新对象的价值性与效用性是两个不同的概念，根本的区别在于创新对象的价值性是固有属性，而创新对象的效用性是附有属性，前者是不变的、永久的和无条件的，而后者是可变的、暂时的和有条件的；两者实现的程度也是不一样的，所有的创新对象都具有价值性，但并不是所有的创新对象都能实现其效用性。

---

① 《马克思恩格斯选集》第 1 卷，人民出版社 1995 年版，第 56 页。
② 同上书，第 55 页。

（三）创新对象的生成

哲学社会科学创新对象有一个生成过程。对于哲学社会科学来说，创新对象与客观事物不能等同。我们可以说创新对象是客观事物，但不能反过来说客观事物就一定是创新对象。创新对象不是已有客观事物的机械位移、复制、拆分和组装，而是原来的客观事物融入了创新主体的知识、经验与价值诉求。哲学社会科学创新对象是在人的实践和认识过程中逐渐生成的，它受到人的实践和认识发展水平的制约。

首先，创新对象的生成受到社会实践及其发展水平的决定。哲学社会科学创新是一种特殊的认识活动，它与其他一切认识活动一样是建立在实践基础上的。哲学社会科学创新对象的生成过程本身也就是哲学社会科学的认识过程，它总要这样那样地受到社会实践及其发展水平的决定。一定的事实材料之所以成为哲学社会科学的创新对象，就是由社会实践及其发展水平决定的。在作为哲学社会科学创新对象的事实材料中，各种感性材料本身就是由一定历史时期的社会实践提供的；而各种思想材料之所以成为哲学社会科学的创新对象，一般也是社会实践的需要使然。例如，英国古典政治经济学对于阶级斗争所作的经济上的分析、英国和法国的空想社会主义对资本主义的批判、法国复辟时期历史学家们对阶级斗争作的历史叙述等，之所以在 19 世纪 40 年代成为马克思、恩格斯创立马克思主义的思想来源，完全是由当时无产阶级阶级斗争实践的需要决定的。一定的理论问题之所以成为哲学社会科学的创新对象，也是由一定时期的社会实践决定的。例如，在把中国马克思主义与当代中国的具体实际相结合的过程中，中国共产党人不断总结实践经验，先后深刻地回答了在中国这样一个经济文化比较落后的国家如何建设社会主义、如何巩固和发展社会主义的问题、建设一个什么样的党和怎样建设党的问题以及什么是发展、为什么发展和怎样发展的问题，并由此形成了并不断丰富和完善着中国特色社会主义的理论体系，实现了当代中国马克思主义的系列理论创新。而在这一系列理论创新中，作为创新对象的理论问题，包括如何建设社会主义、如何巩固和发展社会主义的问题、建设一个什么样的党和怎样建设党的问题以及什么是发展、为什么发展和怎样发展的问题等，都是当代中国社会实践的发展过程中凸显出来的问题。即使是作为哲学社会科学创新对象的研究方法，虽然它实际上是对于以往人类认识成果的程序化的运用，但它的生成仍然受到社会实践的决定，因为哲学社会科学研究方法的创新，往往是基于研究社会实践中新的问题的需要。可以说，正是社会实践及其发展的需要，使得越来越多的事实材料、理论问题和研究方法成为哲学社会科学创新的对象。因此，从最根本的意义上说，社会实践决定着哲学社会科学创新对象的生成。

其次，创新对象的生成受到创新主体认识水平和价值观念的制约。哲学社会科学的创新对象作为一种认识客体，其性质和范围都与认识主体的认识能力相关，它的生成不能不受到创新主体的认识水平的影响。众所周知，认识客体不同于客观事物本身，客观事物在没有进入人的认识过程之前并不成其为认识客体，不具有认识客体的规定性。人们只有通过实践与客观事物相互作用，客观事物的存在才会失去自在的性质，进入人们的认识范围而成为认识客体。从历史上看，以生产工具为主要标志，人类先后经历了旧石器时代、新石器时代、青铜器时代、铁器时代、蒸汽时代、电气时代和当今的计算机时代。而随着人类物质生产实践的发展，人类的认识水平不断提高，人类的认识范围越来越扩大，越来越多的客观事物进入人类认识范围而成为人的认识客体。在这一过程中，也有越来越多的社会现象、精神现象不断进入哲学社会科学创新主体的视野，成为哲学社会科学的创新对象。另外，哲学社会科学的创新对象的生成也受到创新主体的价值观念的制约。在哲学社会科学研究中，由于人们的社会地位、需要、利益不同，不同的研究者会有不同的价值诉求，因而他们会关注不同的研究对象或对象的不同方面和性质，并由此提出不同的理论和观点，使哲学社会科学创新对象的生成打上创新主体价值观念的印记。

再次，创新对象的生成还受到创新主体的思维方式的影响。正如前述，哲学社会科学的创新对象与创新主体是相互规定的。创新对象是创新主体的活动所指向的对象，没有创新主体就没有创新对象；创新对象是逐渐生成的，它和创新主体的生成具有同步性。一方面，创新对象是依赖于创新主体的活动而产生的，创新主体的创新能力、认识水平直接决定着创新对象的性质和范围。另一方面，创新主体也是伴随着各种事实材料、理论总问题和研究方法成为创新对象而生成的，随着创新对象的范围的不断扩大，创新主体也不断地发展。在这一过程中，创新对象的生成突出地受到创新主体思维方式的影响。在一定意义上可以说，创新主体的思维方式规定着创新对象能否生成以及创新对象的类型。例如，古代哲学家们的本体论思维方式，决定着他们把探索的目光对准外在世界，特别是外部自然，其所关心的主要问题是自然的本质和世界的本原，并提出了各种各样的本体论理论；近代哲学家们的认识论思维方式，促使他们把反思的目光转向人的认识，其所关注的主要问题是认识的本质、途径及其可靠性，就此创造了各式各样的认识论理论。当然，创新主体的思维方式对创新对象的生成的影响不是绝对的，就是说，作为创新对象生成的影响因素，创新主体的思维方式本身也要受到别的因素的影响，它不仅是建立在一定的实践基础上的，而且还会随着时代特点或时代主题的变化而变化。从哲学社会科学发展的历史看，往往首先是时代特点或时代主题影响着人们的思维方式，并进而影响着哲学社会科学创新对象的生成。例如，在和平时期，哲学社会科学创新所指向的更多的是经济学问题或哲学问题；而在战争年代，军事学问题则被推到哲学社会科学创新对象的前台。

三　创新资源

所谓资源，最新版《辞海》的解释是："一国或一定地区内拥有的物力、财力、人力等各种物质要素的总称。分为自然资源和社会资源两大类。前者如阳光、空气、水、土地、森林、草原、动物、矿藏等；后者包括人力资源、信息资源以及经过劳动创造的各种物质财富。"[①]可见，资源一词有着丰富的内涵。马克思主义经典作家很早就资源问题有过论述。例如，马克思在《资本论》中说，劳动和土地，是财富两个原始的形成要素。恩格斯则指出："其实，劳动和自然界在一起它才是一切财富的源泉，自然界为劳动提供材料，劳动把材料转变为财富。"[②] 马克思、恩格斯关于资源问题的论述，既指出了自然资源的客观存在，又把人（包括劳动力和技术）的因素视为财富的另一不可或缺的来源。可见，资源不仅是指自然资源，而且还包括社会方面的因素，即还包括人力、人才、智力（信息、知识）等资源。据此，我们认为，所谓资源，是指一切可被人类开发和利用的物质、能量、信息的总和，它广泛地存在于自然界和人类社会中，是一种能够给人类带来财富的财富。也可以说，资源是指自然

---

① 《辞海》（第六版），上海辞书出版社 2009 年版，第 3881 页。
② 《马克思恩格斯选集》第 4 卷，人民出版社 1995 年版，第 373 页。

界和人类社会中存在的、人们可以借以创造出物质财富和精神财富的各种
事物，如土地资源、矿产资源、森林资源、海洋资源、石油资源、人力资
源、信息资源等。

哲学社会科学的创新资源，是指人们借以进行哲学社会科学创新活动
的各种条件的总和。人的任何创新活动都是以支配一定数量的资源为前提
的，都是使用人力、物力、财力等资源以实现创新目的的活动。哲学社会
科学创新主体在创新活动中所占有与支配的资源数量与质量，在很大程度
上决定了其哲学社会科学创新的能力和成效。

（一）创新资源的类型

哲学社会科学的创新资源可以按照不同的标准加以分类，如可以将其
区分为有形资源和无形资源、直接资源和间接资源、物质形态的资源和非
物质形态的资源等。一般来说，哲学社会科学的创新资源主要有以下
几类：

第一，思想资源。哲学社会科学创新不是凭空产生的，而是只有在继
承前人的研究成果的基础上才有可能的。自有人类历史以来，人们的思想
就通过各种载体世代相传。正如美国著名社会学家华勒斯坦在《开放社
会科学》中指出的那样："我们能够对人类的本性、人类彼此之间的关
系、人类与各种精神力量的关系以及他们所创造并生活于其间的社会制度
进行理智的反思，这一想法至少同有记载的历史一样古老。普通的宗教文
献探讨这类问题，我们通常所说的哲学文献同样也探讨这类问题。除此而
外，还有各种世代相沿的口传智慧，它们往往在历史上的某一时期获得书
面定型。这些智慧果实要么以启示的形式呈现出来，要么就是对某些永恒
真理所作的理性演绎。"① 这也就是说，前一代人的思想和理论创新成果
构成了下一代人的思想资源。对于哲学社会科学创新来说，思想资源主要
是指以往人们哲学社会科学各学科的研究中所提出的各种学术思想。在中
国历史上的不同时期，人们都曾提出了极其宏富的学术思想，如先秦子
学、两汉经学、魏晋玄学、隋唐佛学、宋明理学、明清实学等。梁启超曾
说："学术思想之在一国，犹人之有精神也；而政事、法律、风俗及历史

---

① ［美］华勒斯坦：《开放社会科学——重建社会科学报告书》，生活·读书·新知三联书
店1997年版，第3页。

上种种之现象，则其形质也。故欲觇其国文野强弱之程度如何，必于学术思想焉求之。"[1] 王国维也说："无论古今东西，其国民之文化苟达一定程度者，无不有一种之哲学。而所谓哲学家者，亦无不受国民之尊敬，而国民亦以是为轻重。"他还强调说，"提倡最高之学术，国家最大之名誉也。"[2] 陈寅恪也认为，学术的兴替"实系吾民族精神上生死一大事者"[3]。上述三位国学大师都极其推崇学术和学术思想，其重要原因之一就是因为它们是哲学社会科学创新和发展的重要资源。在哲学社会科学创新资源中，思想资源是最不可缺少的。也正因如此，人们要实现哲学社会科学创新，就必须认真学习和研究哲学社会科学各学科的历史和典籍。也正是基于对思想资源的重视，现代情报学在图书馆学、文献学的基础上很快发展起来。

第二，信息资源。由于一切思想资源都可以被信息化，所以从广义上说，思想资源也属于信息资源的一类。不过，我们这里所说的信息资源是狭义的信息资源，是指反映社会历史发展过程中的具体事件、事实、数据、情况的信息。在哲学社会科学创新中，信息资源是极其重要的。只有掌握丰富的信息资源，人们才能弄清有关事实，才能把握问题的来龙去脉，才能判别以往人们提出的学术思想的是非，也才能提出新的理论和学术思想。如果缺少必要的信息，没有可资利用的信息资源，要实现哲学社会科学创新是很困难的。费尔巴哈晚年思想的缺陷就和他对外界社会信息的不敏感和不重视有密切关系。当然，对于哲学社会科学各个学科的研究者来说，他们所需要的信息是不同的。例如，对于同一个社会事件，经济学家感兴趣的是其经济信息，语言学家感兴趣的是语言信息，而历史学家则力图从中发现历史信息。但无论如何，人们要实现哲学社会科学创新，都需要关于研究对象的丰富的信息。在当代，人类已经进入一个信息社会。在这样一个社会中，哲学社会科学研究者每日每时都面对着大量的信息，关键是要从中选择有用的信息，也只有那些有用的信息才能真正构成哲学社会科学创新的资源。美国未来学家约翰·奈斯比特在20世纪80年代初出版了一本轰动世界的著作《大趋势——改变我们生活的十个方

---

① 梁启超：《清代学术概论》，中国人民大学出版社2004年版，第3页。
② 转引自刘梦溪《中国现代学术要略》，生活·读书·新知三联书店2008年版，第11页。
③ 同上。

向》，该书的基本素材来源于他订阅的全美各地的报纸。他收集了 200 万张剪报，从中筛选出世界各地的信息，通过对它们归纳整理、综合分析，预测了社会的发展。奈斯比特的成功表明，要实现哲学社会科学创新，不仅需要大量丰富的信息，更需要对各种信息加以精当的处理。

第三，物质资源。物质资源是指哲学社会科学创新所需的各种物质条件。由于哲学社会科学创新所需要的其他各种物质条件都可以通过付出一定的资金而获得，所以资金成为哲学社会科学创新最重要的物质资源。资金的缺乏，往往导致哲学社会科学创新的延迟甚至严重滞后，这在现代社会表现得非常明显。现代哲学社会科学研究所面对的大多是整体性、综合性的复杂社会问题，需要运用海量数据和多学科的联合攻关，其资金投入远大于传统哲学社会科学研究活动。就我国的情况看，哲学社会科学研究的资助模式和资助强度基本上无法满足哲学社会科学创新的要求。中国企业家调查系统公布的调查结果表明，"创新资金引进渠道不畅"是妨碍企业家创新行为有效开展的重要因素。而清华大学经济管理研究所完成的调查也表明，资金问题是企业技术创新的第一障碍因素。创新资金准备不充分、创新成果转化资金不足、风险投资体系不健全已成为制约我国企业创新活动的重要因素。据国家统计局统计，2001 年我国全年研究与发展（R&D）经费支出为 960 亿元，而美国 1995 年 R&D 总额已高达 1711 亿美元。我国科技创新成果转化资金缺口高达 1000 多亿元，在已转化的科技成果中，转化资金靠自筹的占 56%，国家科技计划拨款占 26.8%，科技贷款占 5.2%，而起重要作用的风险投资仅占 2.3%。由于转化资金不足，我国每年比较重要的科技成果和专利成果 3 万多项中最终只有不足 10% 的成果转化为工业产品，而欧美国家的科技成果转化率为 50% 左右。这说明资金往往成为制约创新成果产生和转化无法超越的瓶颈。① 在这样的大环境下，我国哲学社会科学创新同样也面临着资金不足问题的困扰。

第四，人力资源。人力资源有广义和狭义之分，广义的人力资源是指区域内人口的数量和质量，而狭义的人力资源则是指一个人的知识、阅历及其技能、思维、应变的表现力和潜在力。在哲学社会科学创新中，人力资源是最核心、最重要的资源。并且，这种人力资源有着和其他资源不同

① 转引自张晓敏《哲学社会科学创新要素分析》，《河南师范大学学报》（哲学社会科学版）2005 年第 6 期。

的特点。一是社会性。哲学社会科学创新的人力资源只有在一定的社会环境中才能形成、发展和产生作用，也只有通过社会性的开发、配置、使用和管理才能发挥作用。对于哲学社会科学研究者来说，任何人都无法随意选择历史地形成的经济、政治、文化环境，都要受到既定的社会环境的制约。二是时效性。哲学社会科学研究者在生命过程中的不同阶段有着不同的生理和心理特点，其作为哲学社会科学创新的人力资源的生成和作用有其特定的最佳期。同时，哲学社会科学研究者的知识和经验是实践的产物，具有一定的时间性。在一定的时间内运用这些知识和经验，就能发挥它的最佳效果；超过一定时限，这些知识和经验就可能陈旧、老化和过时。三是有限性和无限性的统一。对某一个人、某一代人来说，其智力开发和创造才能的发挥是不可能超越自身的生理条件和社会环境的限制的，是有限的。但就人类的世代延续来说，智力资源开发和使用的过程永远也不会停止，其哲学社会科学的创新能力是无限的。

（二）创新资源的形成

哲学社会科学的创新资源是在哲学社会科学研究过程中，特别是在哲学社会科学创新主体的能动作用下逐渐形成的。

第一，创新资源因创新主体的开发而形成。在哲学社会科学研究中，有些创新资源往往很早就存在，但只是处于潜在的状态。经过哲学社会科学创新主体的探索和发掘，它们便转化为现实的创新资源。在哲学社会科学发展史上，有些重要的思想、重要的观点也可能是在几百年、上千年前提出来的，但随着时间的流逝以及其他复杂的原因而被埋没了、遗忘了、淡化了。在新的时代条件下，人们发现了这些思想、观点的新的重要意义，于是对它进行发掘，并结合新的时代特点作出新的阐释，这些思想、观点也就转化为哲学社会科学的创新资源。由于以往人们提出的思想、观点一般都是以文献的形式存在的，因此，研究文献，特别是研究经典文献就成为社会科学创新资源形成的重要途径。当然，各种文献的价值对于不同的创新主体而言，是极不相同的。并且，在创新主体没有发现它们的价值之前，相对于特定的创新主体而言，它们最多也只是潜在的创新资源；只有当创新主体从浩如烟海的资料中发现它们并对它们进行研究，它们才有可能成为现实的创新资源。在历史上遗留下来的各种文献中，经典文献最为重要，它们为哲学社会科学各学科的创新提供着不竭的思想资源。例如，孔子、老子的著作以及柏拉图、亚里士多德的著作，历代的研究者们都能反复不断地"发现"它们所包含的新意。创新资源因创新主体的开发而现实地形成也表现在其他方面。例如，创新资源是不断流动的，人力资源可以从甲地流到乙地，新的思想观念可以传播到各个地方，学术思想可以相互交流，精神产品可以贸易等，利用这种流动性，各个国家、民族、地区可以通过采取相应的政策和措施，把其他国家、民族、地区的思想、人才、资金等转化为哲学社会科学的创新资源。

第二，创新资源因创新主体的运用而形成。在哲学社会科学创新中，没有创新主体的实际运用，各种可能的创新资源虽然仍可以某种形式存在，但它们并不能成为创新的构成要素，即不能真正成为创新资源。创新资源的运用有一定的模式，考察这种创新资源的运用模式是理解创新资源形成的关键。在历史上的各个时代，人们都在进行哲学社会科学的创新活动，而特定时代的哲学社会科学创新的成果，对后来的哲学社会科学创新活动来说就是一种创新资源。运用什么样的创新资源以及如何运用，对哲学社会科学创新活动有着重要的影响。受历史继承性的影响，人们对创新资源的运用会出现模式化的特点。一种创新资源的运用模式一经形成，就会对一定时期哲学社会科学的创新活动持续地产生影响。只有与这种运用模式相适应，一定的思想、信息、物质条件或人力才能进入哲学社会科学创新过程中，成为现实的创新资源。在哲学社会科学研究和创新活动发展过程中，只有在原有的创新资源运用模式表现出明显的弊端，或者是不能有效地吸纳各种积极、合理的思想观念或新的有用信息，或者是造成人力、物力和财力的极大浪费，人们才会反省原有创新资源运用模式的缺陷，改进和完善原有的创新资源运用模式或创造新的创新资源运用模式。从这个角度看，改进、完善和创造新的创新资源运用模式，也是创新资源的形成过程。

第三，创新资源因创新主体的整合而形成。在古代和近代，哲学社会科学的创新资源比较稀缺，也显得比较单一。例如，在那时，哲学社会科学的各个学科还没有分化，不同学科的研究所面对的是一些大致相同的思想资源；社会生产的规模比较狭小，人与人之间社会交往的范围相当有限，哲学社会科学研究的信息资源较少，物质资源和人力资源也都不充裕。在这种情况下，哲学社会科学创新主要是由个人实现的，其创新资源往往与创新主体个人的独特条件有关。在现代，研究课题的复杂化，使哲学社会科学创新越来越呈现出跨学科的特点。在这种情况下，对各种创新资源进行整合就是十分必要的了，它直接关系到创新资源的功能的发挥，亦即关系到创新资源能否真正成为创新资源、能否在哲学社会科学创新中发挥必要的作用。这尤其表现在用于哲学社会科学创新的资金的分配和使用上。众所周知，哲学社会科学创新也需要相应的经费支持，是否有足够的研究经费也是影响哲学社会科学创新能否实现的一个重要因素。也正因如此，世界上许多国家都非常重视加大对哲学社会科学研究经费的投入。20 世纪，各国政府资助哲学社会科学研究的经费在其所拨付的科研经费总额中的比例也不断增长：美国 1965 年科研总经费 200 亿美元，其中哲学社会科学研究经费 2.4 亿美元，占 1.2%，1980 年科研总经费 600 亿美元，其中哲学社会科学研究经费 7.82 亿美元，增长了 3 倍，占 1.3%；西德 1962 年科研总经费 44.28 亿马克，1979 年 344.77 亿马克，增长 8 倍，其中哲学社会科学研究经费约占 10%。[①] 不过，从总体上看，各国用于支持哲学社会科学研究和创新的经费是相当有限的。在这种情况下，合理地分配和使用资金就是非常重要的事情。进入 21 世纪以来，发达国家政府对学科交叉和跨学科研究的支持力度越来越大。美国国家科学基金（NSF）和法国研究部都以递增的幅度加大了对相关领域研究工作的支持。在 2004 财政年度 NSF 向国会要求的 41.1 亿美元的研究及相关的活动（RR&RA）的预算中，7.65 亿美元用于学科交叉研究领域，比 2003 年增加了 16.5%，这一比例显著高于基金总量的增长幅度，更是大大高于GDP 增长幅度。这些经费分配在 4 个优先领域，即环境中的生物多样性、信息技术研究、纳米科学与工程以及人类和社会的动力。[②] 当然，合理有效地分配资金或研究经费问题，一直是哲学社会科学创新资源整合中的难点。例如，跨学科研究很容易受到学科研究的挤压，在按照专业申报项目的体制中，跨学科研究项目的中标率普遍较低。美国的经验是确定优先资助的研究领域，而一个研究领域一般包含了若干比较重要的研究方向和问题，这样既可以避免一般资助体系对跨学科研究的挤压，也可以相对减弱跨学科研究与学科研究边界不清带来的操作困难。几年前，中国科学院为

---

① 参见王兴成、秦麟征主编《国外社会科学政策研究》，社会科学文献出版社 1993 年版，第 138 页。

② 罗卫东：《跨学科社会科学研究：理论创新的新路径》，《浙江社会科学》2007 年第 2 期。

自然和社会复杂性建立专项研究资助计划的做法与此大体类似。

（三）创新资源的作用

如果说哲学社会科学创新是一种创新性精神产品的生产活动，那么，哲学社会科学的创新资源就是这种生产活动的生产资料。正如没有生产资料就无法进行任何生产活动一样，没有创新资源也无法进行哲学社会科学创新。在哲学社会科学创新中，创新资源有着不可替代的重要作用。

第一，创新资源为哲学社会科学创新提供基本的物质保障。马克思、恩格斯指出："人们为了能够'创造历史'必须能够生活。但是为了生活，首先就需要吃喝住穿以及其他一些东西。因此第一个历史活动就是生产满足这些需要的资料，即生产物质生活本身，而且这是这样的历史活动，一切历史的一种基本条件，人们单是为了能够生活就必须每日每时去完成它，现在和几千年前都是这样。"① 哲学社会科学创新是人们"创造历史"的活动的一部分，它同样也以人们基本的物质生活需要的满足为前提。更为重要的是，在现代社会，哲学社会科学研究和创新已成为一种高度社会化的活动，它不仅需要丰富的图书资料和可靠的统计数据，需要开展资料收集、数据调研活动和相关的技术设备，而且还需要进行各种形式的学术交流活动。可以说，如果没有基本的物质条件的保障，没有我们上面所述的物质资源，特别是没有必要的资金或研究经费的支持，哲学社会科学创新是寸步难行的。

第二，创新资源为哲学社会科学创新提供智力支持。这主要表现在思想资源对于哲学社会科学创新的作用上。哲学社会科学创新的形式多种多样，它可以表现为对各种事实材料进行了创新性的研究和阐释，可以表现为对一些理论问题作了创造性的理解和解决，也可以表现为改进、完善或新创了某一学科领域的研究方法，但无论表现为哪种形式，它总离不开一定思想资源的智力支持。从历史上看，当社会发展对哲学社会科学创新提出了迫切需要时，人们往往会特别重视探寻这种有利于哲学社会科学创新的思想资源。例如，欧洲近代早期文艺复兴运动时期的情况就是如此。在谈到文艺复兴运动时，恩格斯说："这是人类以往没有经历过的一次最伟大的、进步的变革，是一个需要巨人而且产生了巨人——在思维能力、激

---

① 《马克思恩格斯选集》第1卷，人民出版社1995年版，第79页。

情和性格方面，在多才多艺和学识渊博方面的巨人的时代。"① 而文艺复兴运动时期那些"巨人"们之所以作出了一系列重要的思想理论创造，一个重要原因就是他们受到了西方古典文化的滋养，特别是受到了古希腊罗马思想资源的智力支持，或者说，就是因为他们从某种意义上复兴了古希腊罗马，文艺复兴运动也是因此而得名的。正如恩格斯所指出："拜占庭灭亡时抢救出来的手稿，罗马废墟中发掘出来的古典古代雕像，在惊讶的西方面前展示了一个新的世界——希腊古代；在它的光辉的形象面前，中世纪的幽灵消逝了；意大利出现了出人意料的艺术繁荣，这种艺术繁荣好像是古典古代的反照。"② 在当代中国，为了推进中国特色的社会主义现代化建设事业，我们正在大力推进马克思主义中国化、努力进行中国马克思主义理论创新，而马克思主义中国化就是把马克思主义与中国的具体实际包括中国的传统文化相结合。显然，要实现和不断推进马克思主义中国化和中国马克思主义理论创新，就必须不断地从马克思主义理论宝库和中国传统文化中开掘思想资源。

　　第三，创新资源为哲学社会科学创新提供必要的相关信息。在社会科学研究中，不管是哪个学科、哪种形式的创新，都离不开必要的相关信息。各种相关信息，特别是学术信息在哲学社会科学创新中的作用是极为重要的。一是能够帮助创新主体全面地把握研究对象。正如前述，哲学社会科学的创新对象可能是某种事实材料，可以是某个理论问题，也可以是一定领域的研究方法。只有充分地掌握相关信息，人们才能了解有关事实的过去和现状，弄清有关理论问题的来龙去脉，明确有关研究方法的形成过程和发挥作用的情况，从而也为进一步的研究和创新打下坚实的基础。二是能够帮助创新主体选择正确的研究方向和找到创新的突破口。全面地把握关于研究对象的信息，特别是各个学科、各个领域的前沿学术信息，能够使创新主体站在各个学科、各个领域的制高点上看问题，洞悉各个学科和领域的最新进展和发展趋势，从而能够在学科发展的最前沿开展学术研究，把最有可能取得突破性进展和创新性成果的问题作为自己主攻的课题。三是能够激活创新主体的思维活动、激发创新主体灵感的产生。在哲学社会科学研究中，新的信息能够开阔创新主体的理论视野和思路，促进

---

① 《马克思恩格斯选集》第 4 卷，人民出版社 1995 年版，第 261—262 页。
② 同上书，第 261 页。

创新主体原有知识和经验单元的重组，使创新主体的思维保持活跃状态，并能引发创新主体产生某种思想火花或灵感。也正因如此，哲学社会科学各个学科的研究者都需要经常通过各种形式的学术交流活动来获得新的学术信息。相反，与世隔绝、闭门造车是不可能实现哲学社会科学创新的。

第四，创新资源为哲学社会科学创新提供人才储备。这主要表现在哲学社会科学创新的人力资源的作用上。哲学社会科学创新是由哲学社会科学研究人员来进行和实现的，而这些哲学社会科学研究人员属于哲学社会科学的创新主体。我们所说的哲学社会科学创新的人力资源，不包括哲学社会科学的创新主体，而是指那些将来有可能成为创新主体的哲学社会科学研究人员，特别是哲学社会科学各个学科的青年人才，亦即哲学社会科学创新的后备人才。只有具备丰富的人力资源和充足的人才储备，哲学社会科学研究才能长久繁荣，哲学社会科学创新才能具有可持续性。因此，当今世界上的各个国家都非常注重哲学社会科学青年人才的培养。这在近些年来日本的人才培养战略上表现得最为显著。日本负责全国学术事务的学术会议认为，要想推动学术的发展，最根本的条件是培养出优秀的研究人才，让研究人员充分发挥，拿出优秀的科研成果。为了推动学术事业的发展，日本学术会议 1999 年向政府提交了振兴日本学术研究的计划，其所提出的人才培养的战略措施包括充实、改善大学研究生院的教育和对研究的指导、加大对博士生及博士后的投资力度、鼓励年轻人员参加课题研究、促进人才流动、加强国际合作、让经验丰富的学者充分发挥作用、加强女性研究力量等等。①

总之，作为哲学社会科学创新的一个重要构成要素，创新资源在哲学社会科学创新中起着多方面的重要作用。从某种意义上可以说，一个国家创新资源的状况，决定着其哲学社会科学创新能力的大小，影响着其哲学社会科学创新成果的质量。

---

① 参见李惠国、何培忠主编《面向 21 世纪的国外社会科学》，武汉大学出版社 2003 年版，第 314—317 页。

第三章

哲学社会科学创新的基础、条件和动力

哲学社会科学创新涉及诸多的问题。这些问题，大致上可以划归为两大类：一类问题涉及哲学社会科学创新的具体内涵，即"是什么"的问题，另一类问题涉及哲学社会科学创新何以可能，即"如何是"的问题。关于"是什么"的问题，我们可以探讨哲学社会科学创新的本质、特征、类型、要素等；关于"如何是"的问题，我们则必须探讨哲学社会科学创新的基础、条件和动力。由于任何理论研究的最终目的都是服务并指导现实的实践活动，因此，厘清哲学社会科学创新何以可能这一问题与厘清其他相关问题相比，显然更具有重要的现实意义。"如何是"的问题无疑应该列为哲学社会科学创新诸问题中的核心问题之一。

一 哲学社会科学创新的基础

创新之为创新，就蕴含着"无中生有"，即填补空白或有所增益的意思。但"无中生有"的"无"不是虚无，不是没有任何前提和基础的空白，而仅仅是相对于创新之"有"的"无"。事实上，哲学社会科学的创新活动有其自身的客观现实基础。《大学》有句名言："本立而道生。"哲学社会科学创新的"本"即基础，主要有三个方面，即实践基础、理论基础和主体基础。

（一）哲学社会科学创新的实践基础

哲学社会科学与人类其他的思维、观念、意识形态一样，都是深深地植根于人类的感性实践活动的基础之上的。在马克思主义经典作家看来，感性的生活世界是人的思想、观念和意识的原初"生产者"。就是说，现实的人总是在生产着与其感性生活世界相适应的思想、观念和意识。"意识在任何时候都只能是被意识到了的存在,而人们的存在就是他们的现实生活过程。"① 在胡塞尔看来,"生活世界是永远事先给予的,永远事先存在的世界"②。

仅从社会意识与社会存在的关系来看,哲学社会科学与自然科学的来源是一致的。因为,自然科学的产生正是人类工业活动发展的结果和需要的产物。在马克思看来,"如果没有工业和商业,哪里会有自然科学呢?甚至这个'纯粹的'自然科学也只是由于商业和工业,由于人们的感性活动才达到自己的目的和获得自己的材料的。"③ 然而,仔细分析哲学社会科学与自然科学的创新活动,我们发现,由于研究对象的不同,相对于自然科学创新活动,哲学社会科学创新活动的实践基础有其自身的特点。自然科学的直接对象是自然,哲学社会科学的直接对象是人类社会。虽然简单地把人类社会与自然相割裂是不可取的,但自然与社会的差异或区别是显而易见的。一般而言,尽管自然科学的研究对象即自然也处于变化发展之中,但相对于人类社会的变动,自然的变动基本上可以忽略不计,以至于以往的形而上学的自然观认为自然是永恒不变的。恩格斯在谈到近代自然科学时说:"这个时期的突出特征是形成了某种独特的总观点,这个观点的核心就是自然界绝对不变这样一个见解。不管自然界本身是怎样产生的,只要它一旦存在,那么它在存在的时候就总是这个样子。"④ 所以,自然科学研究中的创新活动与它的研究对象——自然的变动之间并没有紧密的联系,即自然这个研究对象一直"在"那儿,自然科学创新只是发现了过去没有发现的事物的本质和规律而已。哲学社会科学创新与自然科学创新的显著差异在于,哲学社会科学创新无论是对事物本质的认识还是对客观规律的发现都直接依赖于现实的社会实践。从哲学社会科学对事物本质的认识来看,它总是社会生活发展到一定阶段的产物。马克思说过:"人体解剖对于猴体解剖是一把钥匙。反过来说,低等动物身上表露的高等动物的征兆,只有在高等动物本身已被认识之后才能理解。因此,资产

---

① 《马克思恩格斯选集》第 1 卷,人民出版社 1995 年版,第 72 页。
② 倪梁康选编:《胡塞尔选集》下卷,上海三联书店 1997 年版,第 1087 页。
③ 《马克思恩格斯选集》第 1 卷,人民出版社 1995 年版,第 77 页。
④ 《马克思恩格斯选集》第 4 卷,人民出版社 1995 年版,第 264 页。

阶级经济为古代经济等提供了钥匙。"① 马克思以劳动范畴为例，说它似乎是一个古老而简单的范畴，但"在经济学上从这种简单性上来把握的'劳动'，和产生这个简单抽象的那些关系一样，是现代的范畴"②。从哲学社会科学对事物规律的发现来看，哲学社会科学的研究对象即人类社会处于不断变化过程之中。相对于变化极为缓慢的自然，人类社会的变迁简直是太明显了。以中国社会为例，19 世纪 40 年代，当西方国家纷纷进入工业时代的时候，中国还是一个极端封闭的封建王朝，甚至到 1917 年，袁世凯还在北京上演祭天复辟的丑剧，中国社会始终在前进与倒退间徘徊。但历史的转变是惊人的，旋即发生了 1919 年的五四运动。而 30 年后，经过无数先烈的奋斗，新中国成立了。屈指一算，从鸦片战争开始到 1949 年，不过短短百年时间，真是弹指一挥间。特别是在当今全球化时代，世界各国政治、经济、文化的互动频繁，人员往来密切，偶尔一个局部事件就有可能演变成全球性的事件。例如，2011 年 3 月 11 日的日本大地震，由于福岛核电厂的泄漏，立刻升级为全球关注的核危机，直接威胁人类生存及地球生态。在这一时代的大背景下，人类社会实践中的新情况、新问题和新矛盾每时每刻都层出不穷，它们为哲学社会科学创新提供了重要的实践基础。

总的来看，自然科学领域的创新活动基本不受自然变动的影响，而哲学社会科学领域的创新活动却必然是人类社会运动、变迁的结果，而且越是具有深远影响的创新越是诞生在激烈的历史变迁之际。以西方哲学的起源为例。E. 策勒尔在《古希腊哲学史纲》中指出，希腊哲学的兴起源于古希腊完成了一个至为重要的历史过程，即个人的解放。他认为，在诗人赫西俄德以后的两个世纪，希腊人把领土扩张到了可观的程度，"它使希腊人与众多的外邦民族发生联系，看到了前所未知的国土、不同的道德和习俗。正如英雄时代的王国早已崩溃，这时，贵族的权力也开始动摇。物物交换体系逐渐变为货币交换体系，使欣欣向荣而雄心勃勃的资产者取代了占有土地的世袭贵族。冲突是剧烈而严酷的。在平民和贵族的斗争中，一个强者胜利地成为暴君；或者，反对党把争端的裁决托付给才能出众和有正义感的人，这都是常有的事。所有这些暴风骤雨的运动最终都以过渡

---

① 《马克思恩格斯选集》第 2 卷，人民出版社 1995 年版，第 23 页。
② 同上书，第 21 页。

到某种寡头性质的或民主性质政体的确立而告终。这样，一种立宪意义上的希腊城邦产生了，在这些城邦里，公民珍惜他们的自由，并通过热心参加公共生活不断致力于扩大这种自由。"①

在哲学史上占据重要地位、有着重要影响的德国古典哲学的兴起和繁荣也具有其特定的实践基础。该时期的哲学所反映的社会内容正是西欧当时经历着的经济社会的重大变革，是英国工业革命和法国大革命所引起的急剧社会变化和德国资产阶级的革命要求。马克思认为，康德哲学不过是法国革命的德国理论，"德国只是用抽象的思维活动伴随了现代各国的发展，而不肯积极参加这种发展的实际斗争"②。

（二）哲学社会科学创新的理论基础

哲学社会科学创新归根结底是一种理论创新活动，是以现实为中介的理论的自我更新和发展。既有的理论始终是哲学社会科学创新的重要来源和基础。

人类文化总是在承继前人的成果的基础上发展起来的，哲学社会科学的创新当然也不例外。即使是标榜原创性的成果，所谓发前人所未发，也只是相对而言的，世界上不会有绝对的、纯粹的原创。创新意味着新的范式、新的规定的诞生，但规定即是否定，发展总意味着扬弃。创新总是与弃旧相对而言的，否则新何以为新呢？公元 12 世纪法国哲人贝纳尔·夏特勒说过："我们犹如坐在巨人肩上的侏儒，我们比古人看得远，看到的多，但这并不是因为我们的目光锐利，也不因为我们身躯魁伟，而是因为我们诞生并成长在那些巨人之上。"③

哲学社会科学创新所需要和依靠的理论基础包含两个方面：一方面是哲学社会科学自身的既有理论，另一方面则是自然科学所提供的理论借鉴。

哲学社会科学自身既有的理论是哲学社会科学创新最重要的理论来源。前人的理论准备、理论思考和理论成果为后人深入拓新开辟了广阔的

---

① ［德］E. 策勒尔：《古希腊哲学史纲》，翁绍军译，山东人民出版社 1992 年版，第13 页。

② 《马克思恩格斯选集》第 1 卷，人民出版社 1995 年版，第 11 页。

③ ［美］A. 弗里曼特勒：《信仰的年代》，程志民等译，光明日报出版社 1989 年版，第1 页。

领域。哲学社会科学从自身的理论土壤中汲取营养的例子比比皆是。历史告诉我们，没有什么人类曾从事的理论探索是完完全全徒劳无功和白费气力的，即使是理论研究上的失败和挫折，也无不被后人转化成了宝贵的理论经验和财富。我们仅以中世纪哲学对后世哲学的影响为例来加以说明。欧洲的中世纪曾长期被人们称为黑暗时期，一向被人们认为对于哲学的发展没有任何内在的、积极的影响。这十个世纪被描述成为无聊、龌龊、沉闷和毫无生机的世纪。连培根和笛卡尔都认为，如果不与经院人士彻底决裂，将无任何哲学进展可言。有人甚至认为，对中世纪哲学的研究纯粹是浪费时间和精力。这种观点和态度显然是一种历史虚无主义，它实际上将近代哲学置于虚无的根基之上。埃齐厄那·吉尔松在《中世纪哲学精神》中指出："基督教世界改变了哲学史的进程，通过信仰的中介为人类理性开辟了一个人类理性自身尚未发现的领域。"① 卢汶大学高等哲学研究所所长卡洛斯·斯蒂尔则强调，直到 20 世纪，"人们才终于理解了这个长达一千年的时期对于欧洲思想，包括世俗化、理性化的思想的形成，所起到的重大作用。造成这种认识的部分原因是新经院主义运动和更完好的历史知识。人们现在更好地理解了存在于古代、中世纪和近、现代思想之间的连续性。没有一个严肃的哲学家会提出应该撇开中世纪的理由。"②

　　自然科学理论是哲学社会科学创新的另一个重要的理论来源。科学面对和关注的是自然界，它向人们揭示和呈现事物的规律、道理、法则，是人们观念地把握世界的独特方式。各种科学理论，如物理学中的量子力学和相对论、地质学中的板块构造理论、生物学中的基因遗传理论、天文学中的恒星演化理论、数学中的彭加勒猜想及其解决，以及当代具有明显跨域性的信息论、系统论、控制论、耗散结构理论、协同论、突变论、混沌理论等，都在不同方面、不同程度上引起了哲学社会科学家的深思和思想理论创新。

　　恩格斯在回顾唯物主义的历史时曾说："随着自然科学领域中每一个划时代的发现，唯物主义也必然要改变自己的形式。"③ 事实上，历史上

---

① 赵敦华：《基督教哲学 1500 年》，人民出版社 1994 年版，第 2 页。
② 同上书，第 1—2 页。
③ 《马克思恩格斯选集》第 4 卷，人民出版社 1995 年版，第 228 页。

不同时期的唯物主义哲学所采取的形式都是与自然科学的发展水平密切相关的。例如，18 世纪的唯物主义主要是机械唯物主义，它具有两大特点：第一个特点是它仅仅用力学的尺度来衡量化学性质的和有机性质的过程。这是因为当时的自然科学只有力学达到了完善的地步，而化学和生物学还十分幼稚。第二个特点是它不能把世界理解为一种过程，理解为一种处于不断的历史发展中的物质过程。这种情况与当时的自然科学状况也是相适应的。因为康德的太阳系发生学说才刚提出，地质说还无人知晓，关于生物进化的观念还完全没有科学化，"对自然界的非历史观点是不可避免的"①。

在当代哲学中，最能体现自然科学理论对哲学社会科学影响的莫过于逻辑实证主义。该学派产生于奥地利的维也纳，又称"维也纳学派"，由德国哲学家石里克创立，代表人物有卡尔纳普和赖欣巴哈等。该学派认为，哲学就是对科学进行逻辑分析的科学哲学，除此之外的其他哲学都是虚妄的形而上学，是毫无意义的。强调经验实证和反对形而上学是逻辑实证主义的重要特征。按照逻辑实证主义的哲学家们的主张，理论的确证度有多大，就看它能在多大程度上接受直接观察的检验；任何有意义的经验陈述都可以通过逻辑分析归结为一种中立的观察语言。由此我们不难看出，科学精神对逻辑实证主义的影响是何等深刻。

另一个典型的例子是量子力学所引发的哲学探讨。德国物理学家海森堡在 1927 年首次提出了测不准原理，认为如果要测量的是微观粒子的动量和位置的分量，人们原则上不可能以高度的精确性同时测量二者，即要么我们精确地知道粒子所在的位置，其动量分量就变成不准确的量；要么我们精确地知道粒子动量的大小，此时又不可能准确地确定它的位置。换句话说，量子力学对系统的状态量并不提供确定的测量结果，它只提供一种概率的描述。因此，量子力学从根本上就是非决定论的，量子力学对未来仅仅提供概率预言。这一发现让爱因斯坦、玻尔等物理学家都开始了对决定论与非决定论的形而上学的思考，在哲学社会科学领域更是引起了长期的讨论。

在更多的情况下，哲学社会科学创新活动具有双重理论基础，即相关创新既具有哲学社会科学自身的既有理论基础，还具有自然科学理论的基

---

① 《马克思恩格斯选集》第 4 卷，人民出版社 1995 年版，第 229 页。

础。这是因为哲学社会科学与自然科学自古以来就存在着千丝万缕的联系，最早的科学就是自然哲学。即使是在现代学科林立、专业细分的时代，人文学科与自然科学之间的相互渗透、相互作用、相互影响、相互交流不仅从未断绝，反而在不断地强化。没有自然科学理论基础的所谓哲学社会科学创新活动早已声名狼藉。虽然 20 世纪以来哲学社会科学在理论和方法上都已经不再以自然科学为榜样，形成了自身所特有的理论和方法体系，但扬弃科学化并不等于抛弃科学性。黑格尔的《自然哲学》之所以饱受后人诟病，就是因为他企图用哲学取代科学，僭越了科学的领地。恩格斯说："今天，当人们对自然研究的结果只要辩证地即从它们自身的联系进行考察，就可以制成一个在我们这个时代是令人满意的'自然体系'的时候，当这种联系的辩证性质，甚至违背自然研究者的意志，使他们受过形而上学训练的头脑不得不承认的时候，自然哲学就最终被排除了。任何使它复活的企图不仅是多余的，而且是倒退。"①

实际上，自从现代意义的自然科学诞生后，哲学社会科学创新活动不仅实际上没有摆脱自然科学理论的影响，也不可能摆脱自然科学理论的影响。非但如此，哲学社会科学创新活动还必须把自然科学理论作为自己理所当然的理论基础之一来接受、消化和吸收。马克思主义哲学作为现代哲学正具备了这一特点。我们知道，德国的古典哲学、英国的古典政治经济学、英国和法国的空想社会主义理论以及当时自然科学领域的"三大发现"都是马克思主义哲学创新所依据的理论基础。

（三）哲学社会科学创新的主体基础

哲学社会科学创新活动归根结底要由人来完成。人作为创新活动的主体，一般以两种形式出现：个体主体或集体主体。单独的个人作为哲学社会科学创新活动的主体不胜枚举，集体作为创新活动的主体也并不罕见，如马克思主义的创始人是马克思和恩格斯，法兰克福学派由霍克海默、阿多尔诺、马尔库塞等众多学者组成。但是集体形式的创新主体也是由一个个单独的人联合在一起的，他们或是由于共同的学术志愿或是由于共同的专业背景等原因而组合在一起，成为学术伙伴。可见，以集体形式出现的主体也要以独立的个体主体的存在为前提。正因为有若干同类的个体主体

---

① 《马克思恩格斯选集》第 4 卷，人民出版社 1995 年版，第 246 页。

的存在，才有了构成创新活动集体主体的可能性。因此，我们所探讨的主体基础中的"主体"主要是指个体主体。哲学社会科学创新的主体基础主要包括三个方面：主体的学术素养、主体的生活经历、主体的学术环境。

从事哲学社会科学创新活动的主体必须具备一定的专业学术素养。哲学社会科学学科众多，不具有相关的专业功底和知识底蕴的主体连一般性的理论研究都无法进行，更遑论创新性的研究活动了。韦伯曾经指出："个人只有通过最彻底的专业化，才有可能具备信心在知识领域取得一些真正完美的成就。……今天，任何真正明确而有价值的成就，肯定也是一项专业成就。"① 特别在当今信息化的时代，具备专业素质更是创新活动不可或缺的基本素质。黑格尔作为百科全书式学者的代表人物，其著作涉及面之广让人叹为观止，包括哲学、史学、法学、美学、宗教学、自然科学等多个领域。虽然黑格尔早年一直在中学工作，但他的思想触角深入了时代的各个学科领域，正是通过这一时期的学术积淀，才有了他成熟时期厚积薄发的惊人气势。马克思为了写作《资本论》，从青年时代就开始着手相关的学术准备。早在写作《1844 年经济学哲学手稿》时期，马克思就已经摘录了大量政治经济学著作，并表现出了深厚的学术功底，可他从不满足，继续长年如一日地坚持在巴黎、曼彻斯特、伦敦的图书馆里学习、收集、整理文献，直到去世前还在为尚未完成的写作计划孜孜不倦地进行着资料准备。创新主体的学术素养既要靠个人的努力，也要靠学术机构的培养。无论是在东方国家还是在西方社会，人们很早就重视专业素质的培养工作。在中国古代，贵族子弟一般都会接受官学的系统培养。自从孔子提倡"有教无类"的原则、使教育向平民敞开大门之后，更是学派林立、百家争鸣。在春秋战国时期，各学派为了研究、传播、弘扬、发展自己的学术思想，广收门徒，培养出了一大批灿若星辰的人物。在古希腊，柏拉图在雅典城外西北郊的圣城阿卡德米创立了自己的学校——阿卡德米学园，它是西方最早的高等学府之一，成为中世纪时在西方发展起来的大学的前身。著名的逍遥学派则由柏拉图的弟子亚里士多德于公元前 335 年在雅典的吕克昂创立，它同样也致力于对学生专

---

① ［德］马克斯·韦伯：《学术与政治：韦伯的两篇演说》，冯克利译，生活·读书·新知三联书店 1998 年版，第 23 页。

业素质的培养。

哲学社会科学创新活动的主体的生活经历，对其从事相关创新活动往往具有重要的影响，也是哲学社会科学创新活动的重要来源。学术创新活动可遇而不可求，通俗地讲，学术创新是要讲"缘分"的。其中一个重要的"缘分"就是主体的生活经历。

一般来说，主体产生学术理论活动的兴趣、主体从事学术理论活动的动机、情感、动力、意志以及主体的批判怀疑精神、创造能力、思维综合能力、想象力，等等，都是在生活实践中历练、培养、造就的。著名的"孟母三迁"的故事，体现的就是这个道理。明代心学代表人物王阳明，集文学家、哲学家、政治家、军事家、思想家于一身，这与他一生的复杂经历有密切关联，很少有人能够像他那样经历学术研究、政治斗争、军事斗争的多重历练。马克思青年时代就选择以为人类谋福利作为自己的终生事业。他说："如果我们选择了最能为人类而工作的职业，那么，重担就不能把我们压倒，因为这是为大家作出的牺牲；那时我们所享受的就不是可怜的、有限的、自私的乐趣，我们的幸福将属于千百万人，我们的事业将悄然无声地存在下去，但是它会永远发挥作用，而面对我们的骨灰，高尚的人们将洒下热泪。"① 恩格斯中学毕业就被父亲强迫辍学经商，看起来他这辈子似乎与理论研究是无缘了。但恩格斯学习商业的地方恰好在不来梅，这座商业港口城市远比他的家乡乌培河谷开放自由，能够很容易地读到世界各地的报纸、刊物、书籍，结果这段学习经历打开了他的视野，唤起了他对政治的兴趣，深化了他对生活、理想、经济与社会关系的理解。在施特劳斯的《耶稣传》的影响下，他刻苦钻研了黑格尔哲学。后来，他批判谢林主义，推崇费尔巴哈，并最终在尖锐的社会现实斗争的教育下，逐步转向共产主义，开始了与马克思的终身合作。海德格尔曾经回忆自己的中学时光。他说："在1903年到1909年之间，在康斯坦兹和弗来堡（布莱斯高）人文中学，在那些出色的希腊文、拉丁文和德文导师的指导下，我有一段硕果累累的学习经历。除了教科书之外，我还被给予了日后将具有持久意义的一切东西。"② 此外，尼采的意志主义、叔本华的悲观哲学也无不与他们的生活经历有着内在的联系。

① 《马克思恩格斯全集》第1卷，人民出版社1995年版，第459—460页。
② 张祥龙：《海德格尔传》，河北人民出版社1998年版，第19页。

　　主体所处的学术环境也是哲学社会科学创新的重要基础。其中，最重要的学术环境是物质生活的保障，它是人们进行哲学社会科学创新的物质前提。在古代，从事哲学或科学研究，是那些不必为衣食担忧的有闲阶级才能做的事情。在现代社会，基本物质生活需要的满足更是哲学社会科学创新的先决条件。哲学社会科学研究是一项光荣的事业，同时又是艰苦的脑力劳动，这种脑力劳动也伴随着一定的体力消耗。维持研究人员的基本生活需要，包括个人的生活需要、家庭的日常开支、培育后代的必要费用等，构成了研究人员的物质生活条件的主要方面。在西方发达国家，国家基金会和其他各种非营利性机构大力资助哲学社会科学研究，为研究人员提供优越的研究条件和环境，大大促进了哲学社会科学的创新。虽然世界各国情况各有不同，但如果缺少科研项目的资助，哲学社会科学的创新都是很难实现的。随着哲学社会科学的发展和哲学社会科学研究的不断深入，各种后期研究课题也被提了出来，它们对于实现哲学社会科学创新尤为重要，对这类课题予以资助也尤为关键。同时，学术媒介、物质技术设施也是实现哲学社会科学创新的重要物质手段。学术媒介主要指传播学术思想、观点和理论的平台、媒介或中介，是学术交往的重要手段。学术媒介有广义与狭义之分。狭义的学术媒介仅指学术图书、学术刊物、学术网站、学术讲座等，而广义的学术媒介则还包括与上述内容相关的某些物质技术设施。

　　主体所处的学术环境与哲学社会科学创新活动关系密切，前者为后者提供支持和保障。在古代哲学家中，亚里士多德是个典型代表。他本人的收入已经十分可观，婚后又继承了大笔财产。不仅如此，他的学生马其顿国王亚历山大还拨给他购置物理和生物实验设备及从事研究的经费达800泰伦特，并为其配备了大批助手和文书。可以说，亚里士多德所拥有的理论创新环境是空前绝后的。近代思想家伏尔泰信奉人必须活着才能思考，多次投资获利，并屡获贵族资助，晚年的他买下了一座名为"极乐"的庄园，调养身心，尽情写作。对于一般人而言，从事理论创新工作至少要具备最基本的学术环境。如康德在贫穷的境况中，用了15年时间写作《纯粹理性批判》，57岁才为世人所知。但他的贫穷是相对的，因为他毕竟还拥有仆人。马克思之所以能长期从事独立的学术研究，恩格斯的资助无疑起了关键性的作用。

二　哲学社会科学创新的条件

探讨哲学社会科学创新的条件，首先要厘清"条件"这一概念。常识中对"条件"概念的使用是含混模糊的。我们以《现代汉语词典（第5版)》对"条件"一词的解释为例。它认为"条件"一词有三种含义：一是指影响事物发生、存在或发展的因素；二是指为某事而提出的要求或定出的标准；三是指状况。① 按照这一解释，有关哲学社会科学创新的一切因素都可以划入"条件"范围之内。可见，对"条件"的常识性理解无助于我们从哲学的高度探讨哲学社会科学创新的条件问题。这也是以往关于哲学社会科学创新的条件问题的讨论总是与其他问题纠缠不清、陷入泥淖的原因。

那么，什么才是哲学社会科学创新的条件呢？我们发现，哲学社会科学创新活动的完成，意味着新的理论成果的诞生，亦即意味着创新由潜在的可能性转化为现实性。而现实性总是包括两个环节，即可能性和偶然性。只有内在的可能性与外在的偶然性相结合，才能造就某种现实性，否则现实性永远只是一种可能性。所以，"条件"概念的第一重内涵是指偶然性，即条件是一种偶然性。与各种各样否认偶然性存在的学说不同，马克思主义哲学反对否定一切偶然性的决定论，反对一切形形色色的宿命论，承认并强调偶然性的存在及其重要作用。恩格斯说过，必然性通过偶然性来为自己开辟道路。"形而上学所片面坚持的另一对立，是偶然性和必然性的对立。还有什么能比这两个思维规定更相互矛盾呢？认为两者是同一的，偶然的东西是必然的，而必然的东西同样是偶然的，这怎么行得通呢？日常的理智和具有这种理智的大多数自然研究家都把必然性和偶然性看作永远互相排斥的两个规定。"②

同时，在黑格尔看来，现实性当它仅仅作为自身反映、作为一般的也就是抽象的同一性的时候，就仅仅是可能性而已。这样一来，"可能性既只是现实性的单纯的内在性，正因为这样，它又只是外在的现实性或偶然

---

① 中国社会科学院语言研究所词典编辑室编：《现代汉语词典》，商务印书馆 2005 年版，第 1352 页。

② 《马克思恩格斯选集》第 4 卷，人民出版社 1995 年版，第 323 页。

性。"① 由此，我们发现"现实事物如果与单纯的可能性处于同等地位，则它便成为一偶然的东西。反过来说，可能性也就是单纯的偶然性本身。"② 当偶然性成为一种存在的可能性的时候，黑格尔认为"这种作为存在的可能性即是一种条件"③。他随即对条件的具体内涵作出了解释："一个事物的条件，含有两种意义，第一是指一种定在，一种实存，简言之，指一种直接的东西。第二是指此种直接性的东西本身将被扬弃，并促成另一事物得以实现的命运。"④ 这就是"条件"概念的双重内涵，或者说是这一概念的本质规定。

如果我们把哲学视野中"条件"概念运用到哲学社会科学创新问题上，则不难发现，实现哲学社会科学创新的条件，是指偶然的、能够使创新的可能性成为现实的直接存在、成为直接现实性的东西。由此，我们可以将哲学社会科学创新的条件大致分为三类，即社会变革契机、理论矛盾激化、主体偶然际遇。

（一）哲学社会科学创新的时代条件

哲学社会科学创新的时代条件，主要是指一定时代社会生活的变革能够为哲学社会科学创新提供重要的契机。

在社会变革的历史大背景下，突然发生的历史事件，可以极大地促进哲学社会科学创新的发生。马克思曾说过："在这种伟大的发展中，二十年比一天长，虽然以后可能又会有几天等于二十年的时期。"⑤ 时代所发生的突然的剧烈变化，必然会在哲学社会科学理论领域产生巨大的震荡。这一点尤其表现在旧有理论与崭新的现实直接面对面并发生激烈冲突的情况下。此时，创新主体的思想一方面会受到较强的刺激，另一方面也受到现实的直接启迪，由此能够迅速实现相关的理论创新。

我们可以首先以中国革命理论的创立为例来加以说明。1927 年国民党右派叛变革命，标志着第一次国共合作破裂。反动派开始大肆屠杀共产党人。蒋介石在上海实行白色恐怖，下令封闭了上海总工会等革命组织，

---

① ［德］黑格尔：《小逻辑》，贺麟译，商务印书馆 1980 年版，第 301 页。
② 同上书，第 300 页。
③ 同上书，第 304 页。
④ 同上。
⑤ 《马克思恩格斯选集》第 4 卷，人民出版社 1995 年版，第 565 页。

并疯狂地捕杀共产党员和革命群众，仅 4 月 12 日至 15 日，就有 300 多人被杀，500 多人被捕，5000 多人失踪。继上海大屠杀之后，广州、北京等地的反动派，也向人民举起了屠刀。李大钊、萧楚女等一大批优秀的共产主义战士壮烈牺牲，无数革命群众惨遭杀害。惨痛的事实，淋漓的鲜血教育了共产党人。当年在武汉召开的"八七会议"上，毛泽东总结道："湖南这次失败，可说完全由于书生主观的错误，以后要非常注意军事。须知政权是由枪杆子中取得的。"① 由此，中国共产党开始制定并实施了武装斗争和土地革命的总方针。然而，共产党领导的武装起义最初进行得并不顺利，南昌起义、广州起义等先后陷入困境。毛泽东领导的秋收起义也未能摆脱失败的结局，他带领部队被迫转移至井冈山。可这一不得已的决策反而让毛泽东看到了革命的曙光，让他看到了在农村建立革命根据地的可能性、现实性和必要性。井冈山的斗争实践，使毛泽东在险恶的斗争形势下，总结武装革命的经验教训，逐步提出了"农村包围城市，武装夺取政权"的中国革命新道路理论。

马克思恩格斯创立新唯物主义，把无产阶级视为革命的中坚力量和领导阶级。这一结论的得出与 19 世纪 30—40 年代欧洲大陆连续发生的几次激烈的阶级冲突直接相关。1831 年 11 月 21 日，里昂发生了工人大罢工，并发展成武装起义，但在坚守 10 天后失败了。1834 年 4 月 9 日，里昂工人又举行了第二武装起义，明确提出了"建立民主共和国"的口号，但 6 天后再次失败了。19 世纪 30—40 年代，英国工人开展了全国性的争取政治权利的"宪章运动"，还成立了近代第一个工人政党。1844 年 6 月，德国西西里亚工人起义，2 天内即被血腥镇压。但此次起义的伟大意义在于他们把斗争的矛头指向了私有制本身。这一系列突发的革命事件，为马克思恩格斯的理论创新提供了新鲜的养料，使他们深刻认识到了无产阶级在历史发展中的伟大作用。

另外一个典型的例子是欧洲新教的产生。基督教统治欧洲近千年，一贯以残酷手段压制异端思想，但新教思想却在一个偶然的契机下产生和广为传播开来。1517 年，罗马教廷到德国贩卖"赎罪券"，宣称买了后可以使自己的罪行得到赦免，让灵魂死后升入天堂。这种赤裸裸的敲诈和欺骗引起了德国各界的普遍不满。10 月 31 日，马丁·路德勇敢地站出来，在

---

① 《毛泽东文集》第 1 卷，人民出版社 1993 年版，第 47 页。

威登堡教堂当众贴出《九十五条论纲》，公然反抗罗马教廷。宗教改革的序幕从此拉开，并逐渐在欧洲大陆产生了脱离天主教的各派新教。

（二）哲学社会科学创新的理论条件

哲学社会科学创新的另一个重要条件是既有理论矛盾的激化，它往往能够直接引发哲学社会科学创新。一般而言，理论创新总要经历一个从量变到质变的过程，理论的矛盾只有达到尖锐化的程度，才会导致创新的出现。马克思说："两个相互矛盾方面的共存、斗争以及融合成一个新范畴，就是辩证运动。"① 理论创新前的那段时期是理论创新黎明前的黑暗。此时，不同理论间的共同点和差异已经完全暴露，各方争执的焦点也已完全明确，问题的症结业已清晰，解决的途径呼之欲出，创新主体的思想日臻成熟，新思想的分娩只是时间问题了。

笛卡尔被誉为近代哲学之父，在他开始哲学研究之际，哲学正面临前所未有的困境：一方面，经院哲学名誉扫地，对上帝和天使的讨论毫无意义，完全是白费气力；另一方面，哲学与新兴的自然科学相比，进步缓慢，甚至没有进步，因为一切哲学问题都处于争论之中，没有一个问题有明确的答案。如何重建哲学作为一个现实的问题摆在他面前。在这种看起来毫无希望、漫无头绪的局面下，长期的思考和实际游历欧洲诸国的体验，促使笛卡尔另辟蹊径，干脆对既有的理论采取普遍怀疑的态度。他从头做起，寻找不证自明、毋庸置疑的东西，最终把"我思故我在"作为形而上学的第一原理，重树了理性的权威，确立了主体性原则，为近代哲学奠定了基础、指明了方向。

康德的哲学被后人誉为"哥白尼式的革命"。在他开始哲学研究之际，正是近代哲学陷入困境之时。近代哲学最关注的问题是认识论问题，并由此出现了英国经验论和大陆唯理论。两派之间展开了旷日持久的激烈争论，直到休谟的怀疑论让两派都陷入困境之中。休谟证明通过对经验的归纳概括而获得的有关自然法则的知识只能是或然的知识，从而使经验论陷入了困境；同时，他也证明理性所固有的观念仅与自身相关而与外在事物没有关系和试图从理性出发推出人类的全部知识是行不通的，从而也让唯理论走进了死胡同。这样一来，近代哲学崇尚理性、增进知识的理想就

---

① 《马克思恩格斯选集》第 1 卷，人民出版社 1995 年版，第 144 页。

完全落空了，人类理性面临着信任的危机。除此之外，还有更重要的危机，即理性与自由的冲突。近代哲学崇尚理性，认为人与自然没有区别，都服从于共同的法则。然而，当这种决定论的思想贯穿于人类知识的所有领域时，人的自由和价值就成了问题。出于对这种倾向的反动，卢梭挺身而出，不遗余力地褒颂感情，贬低理性，对启蒙运动的消极后果展开了深刻的反思。哲学陷入了矛盾的旋涡，康德此时的思想处于激烈矛盾冲突之中。一方面，他承认休谟把他从独断论的迷梦中惊醒了；另一方面，他放弃了多年保持的每天散步的习惯，将卢梭的《爱弥尔》一口气看完。随着思考的深入，康德日渐清晰地明确了自己的使命：从理性中拯救宗教，从怀疑中拯救哲学。在这种情况下，康德著名的三大批判已是呼之欲出。

黑格尔初登哲学舞台的第一部著作《费希特与谢林哲学体系的差别》，正是诞生于费希特与谢林激烈论战之际。黑格尔通过这一著作指明了谢林的客观唯心主义与费希特的主观唯心主义之间的重大差别，阐明了自己早期的哲学思想，包含了他成熟时期的若干思想萌芽。恩格斯说："有一点是可以肯定的，正是黑格尔使谢林认识到他已经不知不觉地超出费希特有多远。"①

在某些情况下，甚至自然科学领域的理论矛盾的激化也会导致哲学社会科学理论的创新。如欧洲文艺复兴时期，自然科学取得了飞跃式的发展，自然科学与宗教的理论冲突愈演愈烈。这一点突出反映在地心说与日心说之争上。卷入这场争论的人物众多，最著名的是三位：一是日心说的创始人哥白尼，二是因宣扬日心说被烧死的布鲁诺，三是因支持哥白尼而被教廷迫害的伽利略。仅从他们三个人的命运，我们就不难看出当年的冲突是何等惨烈。但正是这些激烈的冲突有力地促进了哲学从新的角度、用新的方式重新思考上帝、人、理性及相关的认识论问题，而这一时期的哲学思想也无疑带有浓厚的科学色彩。

（三）哲学社会科学创新的个人条件

除了一定时代社会生活的变革和理论冲突所带来的哲学社会科学创新的契机以外，主体个人的偶然际遇在创新过程中的独特作用也不容忽视。我们翻看前贤的传记，发现他们理论自觉的那一刻总伴随有偶然事件的发

① 《马克思恩格斯全集》第41卷，人民出版社1982年版，第215页。

生，并且这些偶然事件乃是决定性的条件。在自然科学领域，最著名的例子是牛顿和苹果的故事。在哲学社会科学领域，它也几乎发生在每一位前贤大哲身上。这种极具偶然性色彩的主体际遇正突出反映了哲学社会科学创新条件的偶然性本质。

圣·奥古斯丁是中世纪伟大的哲学家、思想家。他早年信奉摩尼教，后来又醉心于新柏拉图主义和怀疑派的著作，而他最终皈依基督教，成为教父思想的集大成者，被誉为"神学百科全书"，却是源自一个极为偶然的个人际遇——所谓"花园里的奇迹"。当时的奥古斯丁正处于精神崩溃的边缘，内心充满了痛苦。他向天哭喊："还要多少时候？还要多少时候？明天吗？又是明天！为何不是现在？为何不是此时此刻结束我的罪恶史？"① 突然，他听到邻近的一所屋子里传来了一个孩子的声音："拿着，读吧！拿着，读吧！"于是他急忙赶回去，翻开使徒书信集，最先看到的那一节是："不可耽于酒食，不可溺于淫荡，不可趋于竞争嫉妒，应被服主耶稣基督，勿使纵恣于肉体的嗜欲。"这段文字对奥古斯丁思想的冲击是空前的。据他自述："我不想再读下去，也不需要再读下去了。我读完这一节，顿觉有一道恬静的光射到心中，溃散了阴霾笼罩的疑阵。"② 对奥古斯丁而言，此刻，心中的疑问已经一扫而空，对基督的信仰从此坚定，理论创新之门由此打开。

马克思和恩格斯创立新唯物主义的前夜，他们与以鲍威尔为代表的青年黑格尔派论战正酣，但始终没有完成对青年黑格尔派的彻底清算，其根本原因在于他们身上还残存有费尔巴哈人本学的影子。在写作《神圣家族》的时候，他们还盛赞费尔巴哈："只有费尔巴哈才是从黑格尔的观点出发而结束和批判了黑格尔的哲学。费尔巴哈把形而上学的绝对精神归结为'以自然为基础的现实的人'，从而完成了对宗教的批判。同时也巧妙地拟定了对黑格尔的思辨以及一切形而上学的批判的基本要点。"在费尔巴哈那里，虽然"人"被套上了"以自然为基础的现实的人"的光环，可这个"人"却并不是现实的个体存在物，而是类存在物，因此，费尔巴哈不过是用作为类的抽象的人代替了黑格尔的作为自我意识的抽象的人，实质上是"换汤不换药"。但此时马克思和恩格斯还未明确意识到他

① ［古罗马］奥古斯丁：《忏悔录》，周士良译，商务印书馆 1963 年版，第 157—158 页。
② 同上书，第 158 页。

们与费尔巴哈思想的根本差异。1844 年 11 月，他们把《神圣家族》交付给出版社。可就在此时，恩格斯读到了施蒂纳同年 10 月在莱比锡出版的《唯一者及其所有物》一书。在书中，施蒂纳尖锐地指出，费尔巴哈所给予人的解放不过是神学意义上的解放，人成了今天的神，对人的敬畏取代了对神的敬畏，"人的宗教只是基督教宗教的最后的变形"①。施蒂纳还专门针对马克思对"类"的迷恋，刻薄地说："有人发明和提出了要求：我必须成为一个'真正的类存在'。"② 施蒂纳对费尔巴哈的批判给了马克思和恩格斯以极大的震动，以至于马克思随即在 1845 年春写了《关于费尔巴哈的提纲》，从而正式宣告了新唯物主义的诞生。同样是在这个春天，《神圣家族》也出版了。可见出版的速度远远赶不上马克思思想跃进的速度。这也同时充分说明了偶然的际遇在理论创新的关键时刻所起的特殊而重要的作用。

　　胡塞尔创立现象学的时候也曾历经苦闷，理论的矛盾让他既彷徨又绝望。他说："如果我能够称自己为哲学家，那么我首先提到的是我必须为自己解决一个一般的任务。我指的是理性批判，是逻辑理性和实践理性、普遍价值理性的批判。如果我不在大致的轮廓中弄清理性批判的意义、本质、方法、主要观点，如果我还没有设想、计划、确定和阐述它的一般纲领，我就不能真正而又真实地生活。我已经受尽了模糊性、左右摇摆的怀疑的折磨。我必须达到内在的坚定性。我知道，这是事关重要的事情。我知道，伟大的天才们曾在这里失败过，如果我想和他们去比较的话，那么从一开始我就不得不绝望。"③ 青年胡塞尔试图从揭示数的概念的理智起源入手。可当时的胡塞尔还十分认同布伦塔诺的描述心理学，特别是他的"意向性"理论，因此，胡塞尔便自然用描述心理学的方法来探讨数学的基础，写下了《算术基础》一书。结果此书一经出版，即遭到了著名学者弗雷格的严厉批判。弗雷格认为，胡塞尔的理论是心理主义的，因而带有严重的主观主义倾向，从而无法真正回答数的起源问题。弗雷格的批判犹如敲响了一记警钟，使胡塞尔顿时明白地意识到把数学和逻辑还原为心理法则，是不可能真正解决数学与逻辑的思想基础问题的。以此为契机，

---

　　① ［德］麦克斯·施蒂纳：《唯一者及其所有物》，金海民译，商务印书馆 1989 年版，第 199 页。

　　② 同上书，第 188 页。

　　③ ［德］胡塞尔：《现象学的观念》，倪梁康译，人民出版社 2007 年版，第 2 页。

胡塞尔与心理主义划清了界线，他随后写的《逻辑研究》标志着他超越了心理主义，并奠定了现象学的一系列重要原则。他自己曾说过，《逻辑研究》是一部具有突破性意义的著作，所以，它不是一个结束，而是一个开始。

三　哲学社会科学创新的动力

前面我们探讨了哲学社会科学创新的基础与条件，在一定意义上已经回答了哲学社会科学创新何以可能的问题。的确，如果哲学社会科学具备一定的基础要素，再遇到了相关的有利于创新活动实现的条件，两者结合在一起，创新活动应该是水到渠成、自然而然的事情。但是，我们还面临着了一个重要问题，即这两者是如何结合在一起的、结合的动力从何而来。

黑格尔指出，必然性的三个环节是条件、实质和活动。要实现必然性，仅有条件和实质是不够的，还需要活动作为中介。他明确强调："活动是一种将条件转变为实质、将实质转变成条件，亦即转变到实存一边去的运动。或者可以说，活动仅是从各种条件里建立起实质（实质本来是潜在于这些条件里）的运动，并且是通过扬弃诸条件所具有的实存，而给予实质以实存的一种运动。"[①] 显然，研究哲学社会科学创新何以可能，必须回答哲学社会创新的动力问题。

在探讨哲学社会科学创新的动力的时候，我们绝不能形而上学地认为，推动理论创新的力量要么来自外部，要么来自内部。这是典型的非此即彼的思维模式。如果把创新的动力仅仅归结为外部力量，那么我们无论如何也逃离不了亚里士多德曾描述过的无止境的递进。这必然导致我们最终把哲学社会科学创新活动要么视为纯粹外在的、偶然的活动，要么把它之所以可能归结为神旨的感召。与外因说相对立的自因说认为，事物运动的原因不假于外，实源于内。事物自身的运动发展是推动事物演化的唯一真正的原因。显而易见，绝对的自因说当然不能逃脱独断论的指责。因此，推动哲学社会科学创新的动力只能是内与外的结合。

具体来说，哲学社会科学创新的动力大致有三个方面：社会的发展和

---

① ［德］黑格尔：《小逻辑》，贺麟译，商务印书馆1980年版，第311页。

进步、理论自身的矛盾和主体的自我反思。

（一）社会的发展和进步

在马克思主义看来，社会意识的发展与社会存在的运动是密切联系的。从历史上看，意识的产生，最初是直接与人们的物质活动、物质交往以及现实生活中的语言交织在一起的。后来，随着物质生产与精神生产的分工，社会意识才获得了相对独立的外观。但历史和实践表明，意识在任何时候都只能是被意识到了的存在，而人们的存在就是他们的实际生活过程。因此，不是意识决定生活，而是生活决定意识。作为一种理论活动、精神生产活动，哲学社会科学创新最深层、最持续、最巨大的动力是社会自身的运动。人类社会的发展和进步，能够使哲学社会科学的创新活动保持勃勃生机。

但是，在考察人类社会的运动和变化时，并不是所有人都认同历史是不断发展和进步的。由此，导致不少学者否认哲学社会科学创新的可能。对于人类社会历史的运动规律的看法，大致可划分为静止史观和运动史观。如果进一步细分，则可概括为三种主要观点，即循环论、退化论和进化论。其中，前两种历史观都是否认历史进步的。

循环史观东西方皆有，其历史源远流长，它强调历史不过是从起点到终点的周而复始的循环过程，认为人类社会历史的发展只有量的变化，没有质的变化。例如，佛教主张一切众生在天、人、阿修罗、地狱、饿鬼、畜生等三界六道中生死循环，像车轮回旋不已。现代哲学家尼采也主张永恒循环说。他认为，人现在所经历和已经经历过的人生，还必须无数次地经历。这里没有任何新东西，人生的每一次痛苦、每一次欢乐、每一次思想、每一次叹息以及所有极其渺小和极其重大的事情，都必须为你重新来临；而且，所有的都还依照同样的套路和次序。他比喻道，树间的蜘蛛和月光依旧，时刻和我本人依旧。总之，一切都会以先前的模式再数次地循环往复，就连尼采本人也会重来。

退化史观也是自古有之。孔子主张克己复礼，力求复古。孟子说，君子之泽，五世而斩。希腊神话则把人类划分为黄金时代、白银时代、青铜时代、黑铁时代，暗示着人类所处的时代是一代不如一代。现代意义上的退化史观，甚至依托于物理学的发现。这种退化史观根据热力学第二定律，即熵定律，来表述对人类历史发展的悲观看法。所谓熵，是对某一封闭系统中由有效能量转化而成的无效能量的量度，也可以说，熵是热力学系统无序状态的度量单位。熵定律的内容是：在所有过程中，熵的增加是不可逆的。"熵的增加不可逆"表明，在一个封闭系统中，能量只能由有效能量转化为无效能量，系统的整体状态只能由有序变为无序。与熵定律相对应的是赫尔姆霍茨的宇宙观，也就是认为密集能源的大爆炸形成银河系、星体，它们将沿着熵定律的方向，走向永恒的死亡与平衡。在一些人看来，人类社会历史领域也同样存在着熵定律：全部社会活动的真正内容，是有效能量转变为无效能量，是有效能量的不断转化、变换和不可挽回的消失。按照这一看法，人类历史并不是进化、发展、创造、积累财富、走向美好未来的过程；相反，历史将以颓废而终，一切的繁华富足最终不过是虚幻的昙花一现。

在持循环史观和退化史观看来，哲学社会科学创新从本质上说是不可能的。这些历史观反映在理论创新问题上，就是主张没有所谓的创新，认为"天不变道亦不变"。例如，柏拉图就认为所谓认识过程不过是回忆而已。在他看来，理念王国是先在的和永恒的，人在出生以前，其灵魂就已原初具有了理念的知识，只不过在与肉体结合即出生之时忘记了那些知识。出生以后，人通过对一些具体事物的认识，从而受到启发，便回忆起了与这些具体事物相联系的知识。正如看到一个人的肖像或他的用物时回忆起这个人一样，人通过美的花、美的人等具体的美的事物，便回忆起绝对的完全的美的理念。旧形而上学的最后一位集大成者——黑格尔尽管具有伟大的历史感，把哲学社会科学的运动看作一部发展史，但却为精神的发展设置了一个终点——绝对知识，从而最终把发展变成了周而复始的循环，认为历史不过是概念的历史，不过是"被概念式地理解了的历史，就构成绝对精神的回忆和墓地，也构成它的王座的现实性、真理性和确定性，没有这个王座，绝对精神就会是没有生命的、孤寂的东西；唯有从这个精神王国的圣餐杯里，他的无限性给他翻涌起泡沫"①。总之，在黑格尔那里，所谓人类历史的发展，人类知识的进步，不过是绝对精神为了摆脱无聊与孤寂的自娱自乐。

马克思主义哲学无疑是主张进步史观的。青年马克思在谈到地产转化为商品、旧贵族的彻底没落和金钱贵族的最后形成时说："浪漫主义者为

---

① ［德］黑格尔：《精神现象学》下卷，贺麟等译，商务印书馆1979年版，第275页。

此流下的感伤的眼泪，我们可没有。"①

但是，即使是主张进步史观的学者，彼此也存在观点上的分歧。特别是在进步根源问题，即推动社会进步的到底是物质因素还是精神因素的问题上，人与人之间存在着根本分歧。例如，"社会学之父"孔德虽然主张进步史观，但他的社会动力学认为，人类历史从根本上说是一部精神历史，社会进化的原动力是人类理智的进化。在他看来，与人类理智的发展经历了三个阶段相适应，社会的进化也相应地经历了三个阶段，即与神学阶段相对应的军事时期、与形而上学阶段相对应的抽象法权时期以及与实证阶段相对应的工业时期。这种观点显然是本末倒置的唯心史观。

社会意识和社会存在之间存在着相互作用，哲学社会科学的创新与社会自身的进步之间也存在着互动和关联。恩格斯晚年为了反对把唯物史观机械、僵化地理解为经济决定论，专门强调包括政治法律思想、艺术、道德、宗教、哲学等的观点及其相应设施在内的上层建筑并不只是消极地反映经济基础，而是对经济基础有着巨大的反作用。但是，我们在承认社会意识对社会存在的反作用的同时，更要坚持社会存在决定社会意识、经济基础决定上层建筑的观点。只有这样，我们才能坚持彻底的唯物主义的基本原则。

既然社会生活是运动的、发展的、变化的、进步的，那么与之相适应，哲学社会科学创新活动也必然是持续的、不竭的和日新月异的。正如恩格斯回顾西方哲学从笛卡尔到费尔巴哈的历史进程时所说的那样："在从笛卡尔到黑格尔和从霍布斯到费尔巴哈这一长时期内，推动哲学家前进的，决不像他们所想象的那样，只是纯粹思想的力量，恰恰相反，真正推动他们前进的，主要是自然科学和工业的强大而日益迅速的进步，在唯物主义者那里，这已经是一目了然的了。"②

（二）理论自身的矛盾

除了社会自身进步是推动哲学社会科学创新的深层动力外，哲学社会科学理论自身的矛盾运动也是相关创新活动的重要动力之一。哲学社会科学作为社会意识，与社会存在和经济基础相比，具有相对的独立性，有其

---

① ［德］马克思：《1844 年经济学哲学手稿》，人民出版社 2000 年版，第 44 页。
② 《马克思恩格斯选集》第 4 卷，人民出版社 1995 年版，第 226 页。

自身运动发展的规律。而哲学社会科学创新的内在动力即是来自其自身的矛盾。马克思曾经简要地描述过观念自身的矛盾运动的发展过程，"理性一旦把自己设定为正题，这个正题、这个与自己相对立的思想就会分为两个相互矛盾的思想，即肯定和否定，'是'和'否'。这两个包含在反题中的对抗因素的斗争，形成辩证运动。'是'转化为'否'，'否'转化为'是'。'是'同时是'是'和'否'，'否'同时是'否'和'是'，对立面互相均衡，互相中和，互相抵销。这两个彼此矛盾的思想的融合，就形成一个新的思想，即它们的合题。这个新的思想又分为两个彼此矛盾的思想，而这两个思想又融合成新的合题。从这种生育过程中产生出思想群。同简单的范畴一样，思想群也遵循这个辩证运动，它也有一个矛盾的群作为反题。从这两个思想群中产生出新的思想群，即它们的合题。正如从简单范畴的辩证运动中产生出群一样，从群的辩证运动中也产生出系列，从系列的辩证运动中又产生出整个体系。"①

理论自身矛盾大致表现为三个方面：一是个人理论体系自身的矛盾；二是不同派别的理论冲突；三是学科间的理论冲突。

个人理论体系自身的矛盾是最为常见的理论自身的矛盾。个人理论体系自身产生矛盾有其客观必然性。这种客观必然性源自个人所处的时代。黑格尔曾说："就个人来说，每个人都是他那时代的产儿。哲学也是这样，它是被把握在思想中的它的时代。妄想一种哲学可以超出它那个时代，这与妄想个人可以跳出他的时代，跳出罗陀斯岛，是同样愚蠢的。如果它的理论确实超越时代，而建设一个如其所应然的世界，那末这种世界诚然是存在的，但只存在于他的私见中，私见是一种不结实的要素在其中人们可以随意想象任何东西。"② 个人从属于他所处的时代，因而个人必然带有其所处时代所特有的局限性，个人所创造出来的理论体系也必然同样带有时代所特有的局限性，而理论的矛盾归根到底是时代矛盾的反映。恩格斯曾评价培根说："唯物主义在它的第一创始人培根那里，还孕育着全面发展的萌芽。一方面，物质带有一种令人愉悦的、诗意的诱惑力，以迷人的笑靥引人注目。另一方面，格言警句式的学说却充满神学中的不彻

---

① 《马克思恩格斯选集》第 1 卷，人民出版社 1995 年版，第 140—141 页。
② ［德］黑格尔：《法哲学原理》，范扬等译，商务印书馆 1961 年版，第 12 页。

底性。"①

我们可以以德国古典哲学的发展进程为例，来说明个人思想体系自身的矛盾是如何推动哲学的历史发展的。康德哲学是古代哲学和近代哲学的分水岭，是德国古典哲学的发端。但在康德看来，由于人们试图用知性思维去认识绝对的物自体，因而必然陷入矛盾之中，但绝对的物自体本身不可能是矛盾的，或者说物自体的本性不可能是矛盾的，可见人们必然是无法认识物自体的。这样一来，康德就在理论上造成了现象世界与物自体的分离、人的认识的主观性与客观性的分离。康德之后，费希特阐发了自我的能动性，提出了正、反、合的推论方法，主张自我在不断地创造非我时就不断地丰富自己，自我创造过程也是自我的认识过程。但费希特的自我原则仅仅是主观形式，"非我"对他来说始终是一个纯粹的彼岸，是"外来刺激"，因而自我并非是自由、自发地活动的自我，而永远是一个有限的存在，永远有一个"他物"和他相对立，只不过在康德看来是物自体的东西在费希特那里成了外来的刺激。谢林则进一步提出了对立统一的观念，但他所讲的统一性只是一种"无差别的抽象统一性"，对立统一在他那里成了直接的真理，缺乏逻辑的考察和彻底论证。而康德、费希特、谢林没有完成的任务，最后由黑格尔完成了，虽然是以绝对唯心主义的方式完成的。比如，康德那个似乎无法攻克的"堡垒"——物自体，终于在黑格尔这里瓦解了。在黑格尔看来，物自体不过是极端抽象的同一性而已。"从一个对象抽出它对意识的一切联系，一切感觉印象以及一切特定的思想，就得到物自体的概念。……这剩余的渣滓或僵尸，仍不过只是思维的产物，只是空虚的自我或不断趋向纯粹抽象思维的产物。这个空虚自我把它自己本身的空虚的同一性当作对象，因而形成物自体的观念。"②在黑格尔看来，再没有比物自体更容易知道的东西了。

不同派别的理论冲突也是理论自身矛盾的重要表现。"物以类聚，人以群分。"有学术研究就会产生一定的学术观点，而不同的学术观点会形成不同的学术派别，这是哲学社会科学的重要特点之一。从根本上来说，哲学社会科学不同派别的理论矛盾是人类自我理解的非一致性的理论表现。哲学社会科学派别之间的理论矛盾众多，人们所熟知的就有唯物主义

---

① 《马克思恩格斯选集》第 3 卷，人民出版社 1995 年版，第 699 页。
② ［德］黑格尔：《小逻辑》，贺麟译，商务印书馆 1980 年版，第 125 页。

与唯心主义、辩证法与形而上学、经验主义与逻辑主义、绝对主义与相对主义、唯理论与经验论、唯名论与唯实论、理性主义与非理性主义、科学主义与人文主义等的理论矛盾与冲突。正是这些派别间的理论矛盾，不断推动着哲学社会科学实现着一次又一次的创新。

哲学社会科学派别的理论矛盾和冲突不仅表现在不同派别之间，也表现在同一派别内部。以唯物主义为例，列宁就说过："聪明的唯心主义比愚蠢的唯物主义更接近聪明的唯物主义。"① 而马克思、恩格斯创立的新唯物主义更是旗帜鲜明地与旧唯物主义划清了界线，他们也明确地论述过两者间的理论矛盾。马克思曾说："从前的一切唯物主义——包括费尔巴哈的唯物主义——的主要缺点是：对事物、现实、感性，只是从客体的或者直观的形式去理解，而不是把它们当作人的感性活动，当作实践去理解，不是从主观方面去理解。所以，结果竟是这样，和唯物主义相反，唯心主义却发展了能动的方面，但只是抽象地发展了，因为唯心主义当然是不知道真正现实的、感性的活动本身的。"② 在这里，马克思既承认自己是唯物主义者，也指出了旧唯物主义的主要缺点是不从主观方面、人的感性活动或实践去理解事物、现实和感性，由此将新唯物主义第一次展示在世人面前。由此可见，无论是哲学社会科学派别间的理论矛盾还是同一派别内部的理论矛盾，都是推动哲学社会科学创新的重要动力。

另外，学科间的理论冲突也是推动哲学社会科学创新的动力之一。如基于对 18 世纪机械唯物主义及其他思想理论成果的概括和吸收，狄德罗创立了异质元素说和关系美学；迪尔凯姆通过批判、吸收孔德提出的实证社会学的思想和斯宾塞提出的社会学观点，创立了西方社会学理论；费孝通反思西方社会学之不足而创立了中国特色的乡土社会学，等等。

学科间的理论冲突对于哲学社会科学创新的促进作用甚至在哲学社会科学与自然科学之间也表现出来。自然科学一度敌视哲学，如牛顿就曾发出物理学要当心形而上学的呼声。用恩格斯的话说，自然科学家相信只有不理睬或羞辱哲学，才能摆脱哲学。但实际上，科学的发展从来都没有也不可能离开哲学。"问题只在于：他们是愿意受某种蹩脚的时髦哲学的支配，还是愿意受某种以认识思维的历史及其成就为基础的理论思维形式的

---

① 《列宁全集》第 55 卷，人民出版社 1990 年版，第 235 页。
② 《马克思恩格斯选集》第 1 卷，人民出版社 1995 年版，第 54 页。

支配。"① 自然科学敌视哲学是有理由的，因为原有的形而上学已经无法跟上科学日益发展的脚步，"自然研究家由于靠旧形而上学的残渣还能过日子，就使得哲学尚能苟延残喘。只有当自然科学和历史科学本身接受了辩证法的时候，一切哲学的废物——除了纯粹的关于思维的理论以外——才会成为多余的东西，在实证科学中消失掉"②。

与之相反的另一个极端是，哲学也一度敌视自然科学。"哲学对自然科学始终是疏远的，正像自然科学对哲学也始终是疏远的一样。"③ 但是，随着自然科学以工业为中介日益在实践上进入人的生活、改造人的生活，自然科学的人的本质日益显露了出来。"自然科学将失去它的抽象物质的方向或者不如说是唯心主义的方向，并且将成为人的科学的基础。正像它现在已经——尽管以异化的方式——成了真正人的生活基础一样；说生活还有别的什么基础，科学还有别的什么基础——这根本就是谎言。"④ 马克思预言，自然科学与人的科学将成为同一门科学。

可见，学科间的理论冲突，哪怕是看起来泾渭分明的哲学社会科学与自然科学间的理论冲突，也会促进相关学科的发展与创新，并导致各学科间的不断融合和进步。

（三）主体的自我反思

哲学社会科学创新的直接动力是创新主体的自我反思。主体的自我反思与社会自身的进步和理论自身的矛盾不同，它是哲学社会科学创新所固有的、内在的、独特的、不竭的动力。反思这种思维方式是哲学社会科学所独有的思维方式。黑格尔指出："哲学乃是一种特殊的思维方式，——在这种方式中，思维成为认识，成为把握对象的概念式认识。所以哲学思维无论与一般思维如何相同，无论本质上与一般思维同是一个思维，但总是与活动于人类一切行为里的思维，与使人类的一切活动具有人性的思维有了区别。"⑤ 这种对思维的思维，也就是反思，它与人类的其他思维方式如感觉、直观、想象、意志等是不同的。"精神，作为感觉和直观，以

---

① 《马克思恩格斯选集》第 4 卷，人民出版社 1995 年版，第 308 页。
② 同上书，第 308—309 页。
③ ［德］马克思：《1844 年经济学哲学手稿》，人民出版社 2000 年版，第 89 页。
④ 同上。
⑤ ［德］黑格尔：《小逻辑》，贺麟译，商务印书馆 1980 年版，第 38 页。

感性事物为对象；作为想象，以形象为对象；作为意志，以目的为对象。但就精神相反于或仅是相异于它的这些特定存在形式和它的各个对象而言，复要求它自己的最高的内在性——思维——的满足，而以思维为它的对象。"①

　　值得注意的是，哲学意义上的反思与通常人们对反思的理解是不相同的。哲学意义上的反思主要是指对构成思想的根据和原则的反思，而一般意义上的反思则是指思想对自己思想内容的反思，这种反思广泛存在于人类的各种思想活动之中。正是基于这种区别，黑格尔说逻辑学是研究思维、思维的规定和规律的科学。"理念并不是形式的思维，而是思维的特有规定和规律自身发展而成的全体，这些规定和规律，乃是思维自身给予的，决不是已经存在于外面的现成的事物。"②

　　对于哲学意义的反思，黑格尔曾经有过一段详尽的解释："本质的观点一般地讲来即是反思的观点。反映或反思这个词本来是用来讲光的，当光直线式地射出，碰在一个镜面上时，又从这镜面上反射回来，便叫做反映。在这个现象里有两方面，第一方面是一个直接的存在，第二方面同一存在是作为一间接性的或设定起来的东西。当我们反映或（象大家通常说的）反思一个对象时，情形亦复如此。因此，我们所要认识的对象，不是它的直接性，而是它的间接的反映过来的现象。我们常认为哲学的任务或目的在于认识事物的本质，这意思只是说，不应当让停留在它的直接性里，而须指出它是以别的事物为中介或根据的。"③ 后来，贺麟先生根据自己翻译和研读黑格尔著作的体会，将反思的含义概括为六点：一是反思或后思；二是反映；三是返回；四是反射；五是假象；六是映现或表现。

　　主体自身的反思之所以能够成为哲学社会科学创新的动力，与反思的批判性特点是密切相关的。哲学社会科学反思的批判性表现为对思想的否定性的思考方式。哲学社会科学的反思活动是"一种观念形态的精神批判活动，它直接地表现为对'思想'的批判过程。这主要是表现为揭示思想（使含混的思想得以澄明）、辨析思想（使混杂的思想得以分类）、

　　① ［德］黑格尔：《小逻辑》，贺麟译，商务印书馆1980年版，第47页。
　　② 同上书，第63页。
　　③ 同上书，第242页。

鉴别思想（使混淆的思想得以阐释）和选择思想（使有用的思想得以凸显）的过程"①。在哲学社会科学演进过程中，一个时代的思想家的观点、理论总是通过对前一时代思想家的观点、理论的质疑、批判建立起来的。这种质疑、批判，就是反思和扬弃的过程。质疑带有不同意、不赞成的意思。质疑一种观点、一种理论，就是质疑其真理性、可信性、合理性或全面性。同时，质疑还会进一步发展为批判，即通过批判来揭露既有观点、理论的缺陷，进而提出和确立新的观点、新的理论。质疑是批判的前提和导引，而批判是质疑的延伸和深化。

　　哲学社会科学的反思特点在笛卡尔和胡塞尔这两位具有开创性的思想家身上得到了很充分的体现。笛卡尔为了给哲学确立一个无可怀疑的起点，思想上痛苦了很久。既然现有的哲学原则和观念都是不确定的，那么在真假难辨的情况下，最好的办法就是对一切知识和观念都采取怀疑的态度，也就是通过普遍怀疑来寻找无可置疑的真理，确立哲学的基本原理，作为推演科学体系的基石。因此，笛卡尔方法论的第一原则就是："决不把任何我没有明确地认识其为真的东西当做真的加以接受，也就是说，小心避免仓促的判断和偏见，只把那些十分清楚地明白地呈现在我的心智之前，使我根本无法怀疑的东西放进我的判断之中。"② 笛卡尔的普遍怀疑不仅是破坏性的，更是建设性的，他的目标是重建形而上学。笛卡尔认为，当我们以怀疑的方式对待一切的时候，这个怀疑本身却是无可怀疑的。笛卡尔最终发现，"我在思想"是一个无可置疑的事实，因为怀疑意味着必然有一个在怀疑、在思想的"我"存在。于是，笛卡尔通过普遍怀疑的方法确立了形而上学的第一原理："我思故我在。"由此，笛卡尔为近代哲学奠定了基础，成为"近代哲学之父"。

　　几百年后，胡塞尔将"笛卡尔式的反思"又向前推进了一步。他说，在笛卡尔看来，世界对我来说不过是在我思活动中被意识到的、存在着的并对我有效的世界，整个世界的意义以及它存在的有效性都完全是从我思活动中获得的，因此，看起来我们很容易跟着笛卡尔去把握纯粹的自我以及我思活动。但胡塞尔话锋一转，说："实际上我们好像站在陡峭的岩壁

---

　　① 孙正聿：《简明哲学通论》，高等教育出版社2000年版，第52页。
　　② ［法］笛卡尔：《方法谈》，载《十六—十八世纪西欧各国哲学》，商务印书馆1975年版，第144页。

上，在这里，平静而安全的前行决定着哲学的生与死。"① 胡塞尔指出，在笛卡尔那里，自我变成了思维着的实体，"笛卡尔的失误就在于此，而他也因此而在所有发现中最伟大的发现面前止步。"② 于是，胡塞尔展开了比笛卡尔更为彻底的怀疑，这就是著名的现象学的"悬置"："如果我们始终忠实于自身思义的彻底主义并因此而忠实于纯粹直观的原则，也就是说，除了我们在通过悬搁而开启的自我我思领域中现实地并首先是完全直接被给予地所具有的东西以外，我们不把任何其他东西视作有效的，除了我们自己所看到的东西以外，我们不作任何其他的陈述。"③ 由此，胡塞尔开启了现代哲学史上现象学运动的序幕。

如果我们进一步追问，推动创新主体自身反思的动力又是什么？答案只能是人类内心永远存在的对终极性存在的渴求与关怀。人类的实践活动不仅具有现实性，而且具有理想性，人始终处于有限性与无限性、确定性与超越性、历史性与终极性的矛盾之中。人类求真、求善和求美，力图弄清世界到底如何、世界应该怎样，并努力完成"是"与"应当"的统一，其最终目的之一就是要通过反思的不断追问，认识人类自己，实现人类自己。

① ［德］胡塞尔：《笛卡尔沉思与巴黎演讲》，张宪译，人民出版社 2008 年版，第 7 页。
② 同上书，第 8 页。
③ 同上。

第四章

哲学社会科学创新的能力

　　哲学社会科学创新的能力主要是指哲学社会科学创新主体为适应社会需要和理论自身发展的需要，推进和发展哲学社会科学理论与体系的能力，特别是提出新理论、发展新方法、发现新材料和完善既有理论等方面的能力。哲学社会科学创新能力实质上是主体在对象性活动中改变现存事物、创造新的事物的本质力量在发展哲学社会科学上的表现，这种能力是主体的一种系统整合能力而非与某种具体能力并列的一种能力。在当今时代哲学社会科学高度分化与日趋交叉融合的情况下，更要求主体具有运用、组合不同资源，把握或创造社会需求，开拓现存世界新的空间、新的维度，引领时代潮流与舆论导向等各方面的能力。同时，随着全球化、社会化的高度发展，哲学社会科学的发展与创新已经不可能仅凭研究者个人的兴趣而一味闭门造车，即不可能仅由单个人来胜任了，机构（企业和科研单位）和国家（政府）尤其在资源支持和制度保障等方面发挥着重要的作用，故哲学社会科学创新能力实应囊括这三个方面。

一　哲学社会科学创新能力的构成

　　创新能力是人独有的，是主体在对象性活动中改变现存事物、创造新的事物的本质力量。创新能力是主体在长期进化过程中通过不断地主体对象化、客体主体化的塑造与建构而逐步形成与发展起来的，是主体各种能力整合而成的一种能力，是主体的系统能力，而不是与某种具体能力并列的一种能力。作为创造能力的一个子集，它把人的一切创造力包括思维的创造力现实地生产出来并且社会化，要求主体具有运用、组合不同资源的能力，把握或创造社会需求的能力，开拓现存世界新的空间、新的维度的能力等。哲学社会科学创新能力同样也是创新主体的系统能力。由于哲学社会科学创新主要是理论创新，所以哲学社会科学创新能力主要由创新主体的知识转化能力、个性品质、思想意识以及社会机制（这里是指创新主体与社会环境的双向互动过程）构成。

（一）知识转化能力

哲学社会科学创新意味着创新主体对旧有的理论体系、学术观点和科研方法的突破和推进，而创新主体实现这种创新的首要前提是必须具备关于创新对象的全面、广博的知识，并能够把这些知识与各种重大的现实的或理论的课题相结合，即对这些知识进行创造性转化的能力。这里所谓的知识，是从广义上来说的，它不仅包括书本知识或理论知识，也包括丰富的实践经验，还包括深刻独特的人生体悟。只有具备丰富的各类知识，才能积蓄能量，融会贯通，厚积薄发，才能"独上高楼"，达到一个前人没有达到的高度。"望尽天涯路"，创新也就自然水到渠成。

要充分占有创新所需的书本知识或理论知识，要求创新主体善于向今人学习，向前人学习，向国人学习，向洋人学习，向书本学习，总之，要虚心学习与创新相关的一切理论知识，充分占有和消化这些知识，奠定坚实的学术功底。不仅要注重本学科知识积累，也要广泛吸纳其他学科的营养；不仅要注重哲学社会科学知识的学习，也要注重自然科学知识的吸收。只有把科学精神和人文素养紧密结合起来，吐故纳新、博采众长，完成这些所需知识的创造性转化，才能运用综合眼光观察问题、解决问题，才能实现哲学社会科学创新，发展、繁荣哲学社会科学。

要具备丰富的实践经验，则要求创新主体深入实际、深入基层、深入生活。人类的社会实践是理论创新的源泉，脱离实践，闭门造车，"躲进小楼成一统"，就不可能感知时代的脉搏、了解实践的需要。费尔巴哈晚年哲学与时代逐渐脱节，一个重要原因就是由于他不得不在穷乡僻壤中过着农民式的孤陋寡闻的生活①。"实践出真知"，"实践出新知"，实践也是检验哲学社会科学创新的最终标准。关注现实、理论联系实际是哲学社会科学研究应有的学风。理论的源头活水只能是各式各样的社会实践而绝

---

① 恩格斯曾对此作过分析，参见《马克思恩格斯选集》第4卷，人民出版社1995年版，第230页。

非书斋中的冥想和空想，是广大人民群众改造自然的实践、改造社会的实践及其自我改造的实践。就我国来说，要实现哲学社会科学创新，一定要适应社会主义建设的需要，为改革开放和现代化建设服务。哲学社会科学创新的成果，也必须由实践来检验，由实践来修正。总之，如果离开实践，哲学社会科学创新是根本不可能的。

创新主体个人独特的人生体悟为哲学社会科学创新提供特殊的视角。创新主体的独特人生体悟与其自身具有的知识经验相融合，往往能够成就具有个性特色的创新活动。每个创新主体的人生阅历都是不同的，哲学社会科学创新之所以具有创新主体鲜明的个性色彩就与主体这种不同的人生经历和体悟有密切的关系。马克思在自述其研究政治经济学的原委时就曾提到他当初作《莱茵报》的编辑"第一次遇到要对所谓物质利益发表意见的难事"[1]，促使他由最初的法律专业转为哲学、历史，最后到政治经济学研究。马克思 1841 年取得耶拿大学哲学博士学位后，种种原因致使他进入大学任教的愿望破灭，《莱茵报》的编辑工作是他走上社会后的第一份工作，结果就遇到了他仅靠以往学习的理论知识而解决不了的"难事"，促使他去研究经济问题。后来几十年中，马克思的主要精力都投入到了政治经济学研究，其最伟大的成就就是《资本论》这一巨著。在谈到《资本论》的创新成就时，贝尔纳曾公正地指出："在《资本论》的一般结构上，而且几乎在每一页上面，都有着运用一种新方法的例子，这个方法对于各门历史科学和社会科学发展的重要性就和 17 世纪自然科学的实验方法一样。"[2]

（二）个性品质

从事哲学社会科学创新是一项艰苦卓绝的工作，一方面要承担常人难以想象的政治和社会风险，另一方面就理论创新本身而言也不是一件轻而易举的事情。没有坚韧不拔的为科学事业献身的精神，没有挑战权威的勇气和专注如一的恒心毅力，没有虚怀若谷的气度、团结协作的精神和强烈的责任感、使命感是不可能实现的。在创新过程中，需要人们具有自信、毅力、勤奋、胆识、魄力、责任感，不畏艰难、不怕挫折、不怕热嘲冷

---

① 《马克思恩格斯全集》第 31 卷，人民出版社 1998 年版，第 411 页。
② ［英］贝尔纳：《历史上的科学》，科学出版社 1959 年版，第 604—605 页。

讽。忌妒、自卑、盲从、浮躁都与创新无缘。个性品质在创意形成和创新实现过程中起着不可低估的作用。

首先，哲学社会科学创新要求创新主体具有勤奋刻苦的精神和专注如一的恒心和毅力。关于为学求知所必须具备的精神和毅力，中国有许多名言警句，如"文章千古事，甘苦寸心知"、"十年寒窗无人问"、"梅花香自苦寒来，宝剑锋从磨砺出"，等等。这些名言警句，都是意在说明做学问、求创新者应该甘于寂寞、耐得清贫，老老实实地做人，踏踏实实地做事，扎扎实实地做学问，"咬定青山不放松"、"衣带渐宽终不悔，为伊消得人憔悴"，因为在学术创新上来不得半点的虚假。哲学社会科学创新的复杂性和艰巨性，决定了创新主体必须具有执着追求的恒心和毅力。要完成哲学社会科学理论上的突破，往往需要长期不懈的坚持，有些理论的突破甚至需要几代人的努力。思想上的懒汉永远不可能实现任何理论上的突破。只有那些立足现实、不怕困难、矢志不移的探索者，才能在理论创新的道路上不断迈出尝试性的步伐，才有可能最终创造出学术精品，创造出经得起时间考验和实践检验的传世之作、经典之作。在这方面，马克思的政治经济学研究堪为楷模。他说："我的见解，不管人们对它怎样评论，不管它多么不合乎统治阶级的自私的偏见，却是多年诚实研究的结果。"①

其次，哲学社会科学创新要求创新主体具有坚持真理的献身精神和笑对成败的理论勇气。要成功地实现哲学社会科学创新，首先要有理论创新的勇气。理论创新任务的艰巨性决定了创新主体必须具有理论创新的果敢和决绝勇气。突破人们所熟悉的传统理论，有时甚至会触动社会既定的利益格局，因而必定阻力重重。这样的理论突破往往要付出高昂的代价，有时甚至是生命的代价。要超越权威，首先必须解放思想，具有敢于挑战权威、超越权威的胆量和勇气。也正因如此，所以创新多数是由富有勇气的年轻人来进行、开启的。毛泽东1958年在成都会议上讲解放思想时曾列举了古今中外许多成就大业的年轻人。他指出："从古以来，创立新思想、新学派、新教派的人，都是学问不足的青年人，他们一眼看去就抓起新东西，向老古董战斗，博学家老古董总是压迫他们，而他们总是能战而胜之，难道不是吗？"② 凯恩斯也在他的名作《就业、利息和货币通论》

---

① 《马克思恩格斯全集》第31卷，人民出版社1998年版，第415页。
② 《建国以来毛泽东文稿》第7册，中央文献出版社1992年版，第116页。

的收尾处从另一角度颇为感慨地写道："在经济学和政治哲学的领域中，在 25 岁或 30 岁以后还受新理论影响的人是不多的，因此，公职人员、政客甚至煽动者所应用的思想不大可能是最新的。"① 同样，库恩在论述科学研究和科学革命时也指出，"获得新范式、做出这些基本发明的人，几乎总是非常年轻的人"②。缺乏理论上的勇气，就不可能最终实现任何理论上的修正、补充、丰富、发展和突破。可以说，理论上的懦夫永远不敢谈及理论创新。创新主体只有想前人之未想，言前人之未言，具备为创新而献出一切的大无畏精神，才能够不辱时代所赋予的创新使命。要实现哲学社会科学创新，不能急功近利、哗众取宠或随波逐流，更不能把急功近利冒充为与时俱进。所有那些学问大家、大师，他们所具有的伟大人格力量都是通过其作品的思想性、真理性体现出来的，而不是来自时人和自我的吹嘘。因此，要实现哲学社会科学创新，就需要创新主体具备为真理而献身的精神。正如马克思所说，"科学的入口处"就好比是"地狱的入口处"③，只能那些具有"我不下地狱，谁下地狱"、舍我其谁的勇气的人，才会敢于挑战权威，打破条条框框，放飞思想，矢志不移，勇辟蹊径，从而才有可能实现哲学社会科学创新。

再次，哲学社会科学创新要求创新主体具有与他人团结合作的协作精神、虚怀若谷的气度以及强烈的责任感和使命感。一方面，随着时代的进步和社会的发展，科学建制的严密化，现在已经在很大程度上改变了过去人们仅凭一己兴趣和努力就能支撑哲学社会科学研究和创新的局面。另一方面，全球化时代人们面临的问题往往具有极其复杂的形态和效应，时代在召唤对这些新问题予以回答，但仅靠单一学科的知识是远远不够的。在目前学科分化越来越精细、单个人所知非常有限而问题又极其复杂的情况下，只有通过协作和集体攻关，才能避免因个人知识和能力的不足所造成的局限性，才能在一些重大课题的研究上有所突破、有所创新。创新是一个破旧立新的过程，肯定会有阻力和风险，会遇到各种挫折甚至失败。因此，要创新，就应有一种不满足于现状的进取精神，有为求真知、求新知而敢闯、敢试、敢冒风险的大无畏勇气。不断进取的精神和勇气从何而

---

① ［英］凯恩斯：《就业、利息和货币通论》，商务印书馆 1999 年版，第 397 页。

② ［美］库恩：《科学革命的结构》，北京大学出版社 2003 年版，第 83 页。

③ 《马克思恩格斯全集》第 31 卷，人民出版社 1998 年版，第 415 页。

来？来自强烈的事业心和责任感，来自强烈的使命感。邓小平同志曾反复
指出："没有一股气呀、劲呀，就走不出一条好路，走不出一条新路，就
干不出一番新的事业；看准了的，就大胆地试、大胆地闯。"① 这种非凡
的胆略和勇气，是我们推进哲学社会科学创新所不可缺少的。在哲学社会
科学研究中，没有创新的理论勇气，没有创新的使命感和责任感，不可能
产生大家、名家，也不可能创造传世的精品。当然，日出而起汲汲为利者
也可能做出某种创新，这种创新的出发点是为了追逐名利，对于繁荣学术
和文化也是有利的，但与学术事业的本质是格格不入的。学术活动可能会
带来某种荣誉，如果人人都把追名逐利作为学术活动的最终目的，学术事
业就会很难发展起来，或者只能畸形发展。

（三）思想意识

哲学社会科学创新作为一项理论性、学术性、创造性的研究工作，要
求创新主体具有非同寻常的思想意识，尤其是要有创新意识和问题意识。
以创新意识和问题意识为核心内容的思想意识也是哲学社会科学创新能力
的重要构成要素。

作为哲学社会科学创新能力构成要素的思想意识首先是一种创新意
识。创新意识的形成是一个启动创新需求、激发创新兴趣、产生创新动机
和形成创新思维的过程。一个民族要兴旺发达，要屹立于世界民族之林，
不能没有创新的意识；而一旦在全体人民中树立起创新意识，就会对整个
国家的繁荣发展起到极大的推动作用。这是人类文明发展史给我们的重要
启示。党的十一届三中全会实现了工作重心从"以阶级斗争为纲"到
"以经济建设为中心"的历史性转变，改革开放为我国人民的创造性事业
营造了宽松的社会政治环境，社会主义市场经济体制更是释放了以前屡次
的政治运动给人们造成的巨大精神压抑。这一点对哲学社会科学工作者来
说尤为明显。哲学社会科学工作者要有所作为，使自己的研究成果真正成
为人们认识世界、改造世界的工具，成为推动历史发展和社会进步的力
量，就必须首先牢固树立创新的意识，以新的视野和新的方法研究新的情
况和新的问题，也就是要解放思想、实事求是、与时俱进、开拓创新。哲
学社会科学创新是一个追求真理、认识真理、弘扬真理的过程，它意味着

---

① 《邓小平文选》第 3 卷，人民出版社 1993 年版，第 372 页。

对自我、对过去的某种否定。我们必须学会能动地、灵活地认识问题，做到勤于思考、敢于否定、善于创新。没有观念上的思想解放，就不可能有实践上的创新。因循守旧、思想僵化、观念保守，只想吃别人嚼过的饭，只愿走前人走过的路，就不可能取得创新的硕果。只有冲破落后的传统观念和各种成见的束缚，面向时代和社会实践的发展，对前人的基本理论观点进行创造性的丰富和发展，做出符合时代和实践发展要求的新的阐释和说明，才能不断开拓马克思主义的新境界，取得哲学社会科学研究的新成果。就如库恩所说的，但凡取得伟大成就的科学家都是具有创新意识和勇于打破旧有规则的人。他指出："富有成果的科学家也未必是个传统主义者，他很乐于用已有规则玩很复杂的游戏，以使成为一个发现用来玩游戏的新规则和新棋子的成功的革新家。"[①]

作为哲学社会科学创新能力构成要素的思想意识还应该是一种强烈的问题意识。哲学社会科学创新主体必须有一个勤于思考、善于思考的大脑，能够从时代的发展和既有的理论中发现和提升出有重要意义的问题。对于哲学社会科学研究来说，最大的问题就是没有问题。维特根斯坦在剑桥引起罗素的注意并结为忘年交，罗素说就是因为他课前课后总是满脑子的问题；而罗素晚年在哲学上的创造力有所减退，有人问维特根斯坦是什么原因，维氏说那是因为他脑子中已经没有问题了。"机遇总是偏爱有准备的头脑"，头脑中没有长期萦怀的问题意识是不可能有创新的，即便其他条件都具备，创新的机会还是会溜走。纵观哲学社会科学的发展历史，凡是经过时间和实践检验过并流芳后世的创新成果，都无不体现出创新主体的强烈的问题意识。

问题意识是与反思思维紧密联系在一起的。在《论语》中，曾子曾提出"吾日三省吾身"的训诫，其核心思想就在于强调人要勤于反思。黑格尔更是将反思作为把握对象真实本性的必要阶段和途径。只有勤于反思才能发现问题，而在既定的事实和结论中寻找问题、发现问题，这个过程本身就是反思。人类认识史表明，正是通过反思，人们才不断地发现问题，找到现有认识的缺陷，进一步推进人类认识的发展。哲学社会科学要获得发展，哲学社会科学研究者就必须始终关注社会生活，就必须勤于和善于反思，发现问题、分析问题和解决问题。没有问题意识，就没有反

---

① ［美］库恩：《必要的张力》，北京大学出版社 2004 年版，第 233 页。

思；没有反思，就不可能发现问题和提出问题；不善于发现问题和提出问题，就不可能有创新意识。布尔迪厄对此有深切的体会。他指出："社会科学领域的科学家，或更广义一点说，所有科学家的一项重要职责，就是悉心留意一些有待提出的问题。……过去从来不成问题的问题，就是向人民提问题。"① 在哲学社会科学研究中，与问题意识紧密联系在一起的反思，实际上是一种"精思"。这里所说的"精思"，也就是人们通常所说的"三思"，即再三考虑、反复琢磨。"精思"或"三思"在哲学社会科学研究过程中尤为重要，它体现的是一种严谨的治学态度。在这方面，马克思也为我们树立了光辉榜样。恩格斯在谈到马克思的研究和写作过程时说，"正是这种自我批评精神，使他的论述很少能够做到在形式上和内容上都适应他的由于不断进行新的研究而日益扩大的眼界"②，结果马克思对于自己的著作总是一改再改、力臻完美。马克思的这种严谨、认真的态度体现在各个不同的方面，且不说《资本论》手稿、草稿的卷帙浩繁，就连他给查苏利奇的一封复信就曾五易其稿！

（四）社会机制

哲学社会科学创新是在一定的社会机制下实现的，而哲学社会科学创新又直接介入一定的社会机制的塑造、形成和更替过程，强化或分化着一定的社会机制，因此，哲学社会科学创新与一定的社会机制之间实际上是一种双向互动的关系。由于哲学社会科学创新的这种特性，所以一定社会机制对于哲学社会科学创新能力的形成至为重要，可以说它也是哲学社会科学创新能力的一个构成要素。哲学社会科学创新是一种复杂的心智和理论活动，相对于物质条件的支撑而言，它对社会环境或社会机制的要求更高。就一个组织或一个国家而言，营造出一种能够宽容创新、鼓励创新和保护创新的社会机制是其创新能力最为重要的方面。而就哲学社会科学创新的个体主体而言，对一定社会机制的适应并最终将自己的创新成果融会于一定的社会机制之中，也是其创新能力的体现。

哲学社会科学创新实际上是一定社会机制运行的结果。在全社会形成

---

① ［法］布尔迪厄：《科学的社会用途——写给科学场的临床社会学》，南京大学出版社2005年版，第67页。

② 恩格斯：《〈资本论〉第2卷序言》，《资本论》第2卷，人民出版社2004年版，第4页。

"尊重知识、尊重人才、尊重创造"的环境和氛围，有利于创新主体形成和发挥创新能力。在哲学社会科学研究中，创新是一个循序渐进的过程，人们只有立足于前人已经获得的知识才能创造新的知识。从某种意义上说，重视知识、重视人才，就是重视创新，而"创新是一个民族进步的灵魂，是国家兴旺发达的不竭动力"①。要创新，就必须使整个社会形成尊重个性、鼓励冒尖，激励人的求知欲和好奇心的氛围。许多创新思想在刚开始时常被人们认为是"思路怪僻"、"思维独特"的人所提出，为此，不能用常规的思维模式轻易地否定他人的创新性的思想火花。在当今时代，许多哲学社会科学创新需要团队协作来实现，能否使那些看起来"怪僻"、"特立独行"的人在一个组织或机构内与大家一起协调攻关，为共同的创新目标而工作，这也是体现一个组织或机构的创新能力的重要方面。正如布尔迪厄指出，"科学领域其实也是如此，大的进步往往与组织的创造（就像实验室和学术会议）是紧密联系在一起的。在特定的情况下，还涉及到如通过新方式把兴趣爱好大相径庭的研究员全部召集到一起工作"②。

作为哲学社会科学创新能力构成要素的社会机制，还包括鼓励和保护创新者的各种社会措施，如对创新过程中失误和挫折的容忍、避免对创新成果的吹毛求疵和过分苛求。在一些人看来，成功是理所当然的事；而一旦出现错误或遭到失败，就应受到指责。显然，这样的社会氛围往往会扼杀人们的创新精神和创造热情。党的"双百"方针，应该说是一条鼓励理论创新的行之有效的方针。在我们党大力倡导解放思想、开拓创新的今天，尤其要鼓励理论研究中敢想、敢说、敢闯的创新精神，牢记和恪守在学术争鸣、理论创新中的"三不主义"（即"不抓辫子、不戴帽子、不打棍子"），彻底打破那些人为设置的条条框框，真正做到学术探讨无禁区。在当前，我们应该在"双百"方针的指导下加强鼓励和保护哲学社会科学创新的社会机制建设。这种社会机制，既要符合哲学社会科学研究自身的规律，又要适应有中国特色社会主义建设的需要；既要有利于哲学社会科学研究的繁荣和发展，又要能够促进人才的培养和大

---

① 江泽民：《论科学技术》，中央文献出版社 2000 年版，第 55 页。

② ［法］布尔迪厄：《科学的社会用途——写给科学场的临床社会学》，南京大学出版社 2005 年版，第 57 页。

批创新型人才的涌现。特别是鉴于现行的哲学社会科学创新评价机制存在着量化主导的弊端，我们尤其要注意在科研项目设置、课题管理、成果评价、职称晋升和考核等方面继续摸索，尽快建立起一套导向正确、科学规范、符合哲学社会科学研究特点的管理制度。这是提升我国哲学社会科学创新能力、繁荣我国哲学社会科学研究的重要保证。也只有这样，才能真正达到胡锦涛同志在党的十七大报告中对我国哲学社会科学研究提出的要求，使哲学社会科学界为"党和人民事业发挥思想库作用"，使我国哲学社会科学的优秀成果和优秀人才"走向世界"①。

二　哲学社会科学创新能力的影响因素

哲学社会科学创新能力是哲学社会科学创新主体创造力的集中表征，主要体现在精神产品和成果的创造过程之中。影响哲学社会科学创新能力的因素分为主观因素和客观因素，前者包括创新主体的思想观念、精神状态和道德良知等，而后者则包括时代特点、社会条件等。

（一）影响哲学社会科学创新能力的主观因素

影响哲学社会科学创新能力的主观因素主要是指创新主体主观方面的一些制约创新能力形成和发挥的因素，诸如思想观念、精神状态、理论勇气与良知等。这些主观方面的因素对哲学社会科学创新主体产生重要的影响，甚至决定着哲学社会科学研究和创新的发展方向。正如贝尔纳指出的，"……在将来，社会的意识一定要成为社会变革的决定力量，而且这种认识不能不影响到眼前科学发展的方向。"②

1. 思想观念

首先，思想不够解放。实践表明，解放思想是引导社会前进的强大力量，对一个国家、一个民族、一个政党都是如此。哲学社会科学创新，同样也需要大胆解放思想。可以说，作为哲学社会科学创新能力先导的思想解放达到什么程度，创新才能达到什么程度。哲学社会科学发展无止境，

---

① 胡锦涛：《高举中国特色社会主义伟大旗帜 为夺取全面建设小康社会新胜利而奋斗——在中国共产党第十七次全国代表大会上的报告》，人民出版社 2007 年版，第 34 页。
② ［英］贝尔纳：《科学的社会功能》，商务印书馆 1982 年版，第 444 页。

解放思想也无止境。哲学社会科学创新过程中的解放思想，必然要和创新主体头脑中固有的思想观念和旧有的思维框架发生冲突，必然会对既有的学科体系、学术观点和研究方法产生质疑。冲决既有的思想观念和思维框架举步维艰，创建新的思想体系更是充满风险。就一般心理习惯而言，人们总是希望安于现状和守成而逃避风险和不确定。但是，任何事情要想前进和发展就必须打破这种惰性。为此，首先就必须高举解放思想的大旗。事实上，现阶段还存在着许多不利于哲学社会科学创新能力形成和发挥的因素。例如，许多研究往往只是对经典作家（包括马克思主义经典作家）的著作进行注释，许多成果只不过是对领导讲话进行论证，而对当前一些亟待解答的重大现实和理论问题视而不见。之所以出现这种现象，既是以往研究的惯性使然，也有人们害怕承担风险和不思进取方面的原因。这些表明，在哲学社会科学领域还存在着人们的思想不够解放、实事求是精神不足的问题。不过，强调适宜的社会环境是哲学社会科学创新能力形成和发挥的重要条件，并不意味着可以将创新能力不足并导致哲学社会科学发展缓慢的责任完全归咎于社会环境，哲学社会科学创新主体自身也应该承担相应的责任，并切实增强责任感、使命感，继续解放思想，努力大胆创新。

其次，受传统观念制约。在这里，我们主要想说明中国传统的实用理性对我们今天哲学社会科学创新能力的负面影响。中国传统的实用理性造成了我们对社会进步的外在和单线的理解，而单线进化论又反转来强化了我们的实用理性。这种实用理性的危害是多方面的：一是使我们对复杂的社会现象采取简单看法，并以求用取代求真、以经验遮蔽超验，使我们在搞现代化建设时往往侧重有形的物质的方面，甚至在人自身的现代化问题上也缺乏对精神向度、特别是对信念或信仰维度的关注。二是造成我们在哲学社会科学研究中缺少真正的主体意识和批判精神。许多人满足于简单地引进、介绍或诠释西方的理论，实际上处于无思的浮游无据状态，这怎么谈得上"创新"？学界的浮躁、赶时髦、跟风头、抓"热点"与认为自己不如别人发展的程度高又总想尽快赶上大有关系。三是使我们的哲学社会科学研究不注意理论体系的建构。由于我们的理论研究往往是围绕西方理论的话语而展开的，所以中国的哲学社会科学领域几乎成了西方各种思潮的跑马场，这就从根本上制约了我们考虑问题的广度、高度和深度。在当代，中国问题与全球化问题、现代化问题已然不可分割地关联在一起。

今天，我们要提升哲学社会科学创新能力，必须首先在观念上超越传统实用理性的束缚，破除对西方各种思潮亦步亦趋的做法，构建起以中国本土现实问题为关注中心的新的研究范式。

2. 精神状态

这里所说的哲学社会科学创新主体的精神状态，既包括创新主体的价值取向，也包括创新主体的使命感和担当意识。关于前者，可以用人们通常所说的"二为"方向即为人民服务、为社会主义服务来加以概括。当代中国的哲学社会科学创新，就是要创造具有中国气派、中国风格的哲学社会科学理论，为中国特色社会主义建设和实现广大人民群众的利益服务。关于后者，哲学社会科学创新主体尤其要培养和形成为民族和国家的繁荣和发展而追求真理的使命和担当意识。作为学者或知识分子，哲学社会科学研究者在西方有着"社会的良心"之誉，从事的是一份非常特殊的职业。然而，在现代，按照马克斯·韦伯的说法，在科层制的强化下，学者们的职业意识增强了，但其"作为志业"的意识却大为减弱了，特别是少了李大钊所说的那种"铁肩担道义"的担当意识，这是非常不利于哲学社会科学创新的。哲学社会科学研究，客观上要求其承担者将其作为志业看待而不是仅仅将其视为一份养家糊口的职业。哲学社会科学研究者承担着追求真理、塑造人们的精神世界和筹划社会未来的重任，这是社会对学者总要有所"养"的原因所在。但现代社会对学者的"养"已不同于古代，学者也不应一味取悦大众、辩护现实，否则，就背离了哲学社会科学研究应有的怀疑、批判精神，违逆了哲学社会科学研究的求真本性。

但从现状看，情况不容乐观。在哲学社会科学界尤其是在那些从事应用研究的学者中，能够安心治学、潜心于理论创新的人似乎越来越少了。一些人在市场经济的大潮中已经很难守住自己的学术堡垒，急功近利甚至到了不择手段的程度。他们着急兑现市场的回报，完全被金钱、权力所支配，早已迷失了自己的方向。而哲学社会科学类的大学生、研究生虽然越来越多，但选择工作时表现出明显的功利倾向，"志业"意识也非常淡薄。如果任这种状况继续下去，是很难实现哲学社会科学创新的。而要改变这种状况，就必须采取各种有力措施，使哲学社会科学研究者真正以追求真理、促进社会的进步为志业，保持一种高昂进取的精神状态，形成冲决一切网罗的创新精神和创新能力。马克思可以说是这方面的典范，他面对自身生活的困厄以及反动政府的迫害，依然保持着高昂的斗志和创新勇气，他人生最后时期几乎把所有的精力都投入到了"工人阶级的圣经"《资本论》这部创新巨著的写作之中。

3. 理论勇气和学术良知

理论勇气和学术良知也是影响哲学社会科学创新能力的重要因素。哲学社会科学创新往往需要极大的理论勇气。马克思说过："在科学上没有平坦的大道，只有不畏劳苦沿着陡峭山路攀登的人，才有希望达到光辉的顶点。"① 哲学社会科学创新往往是对既有理论的挑战，它本身是一件充满风险的事情。如果说自然科学创新的风险主要来自成本和道德方面，那么，哲学社会科学创新的风险则主要属于政治或社会风险，这是由哲学社会科学本身的性质和作用决定的。哲学社会科学作为属于"第一生产力"的科学的有机组成部分，是知识形态的潜在的生产力，它主要通过提高劳动者的素质、促进资源的合理利用、提高生产过程的组织和管理水平等方面促进生产力和社会物质文明的发展。同时，哲学社会科学研究对象的特殊性，使其在促进社会制度的完善、创建精神文明方面具有重要的导向作用和牵引功能。这也使哲学社会科学创新同社会的经济制度、政治制度和意识形态有着十分密切的关系，往往能够直接介入和引导社会政治和经济的变革。如果真正属于哲学社会科学的创新，就会适应社会的需要，极大地推进社会制度的完善，有效地提高社会的精神文明水平；如果哲学社会科学研究的方向与社会的需要不相吻合，不仅会影响或妨碍社会制度的完善，而且会造成人们的思想混乱，给社会稳定和精神文明建设带来极大隐患。由此可以看出，哲学社会科学创新所要承担的风险，比自然科学创新所承担的风险更大，没有极大的理论勇气是不可能进行的。正因如此，哲学社会科学创新的意义丝毫也不低于自然科学创新。对自然科学史有精深研究的科学史家贝尔纳曾公正指出："现在我们能够从历史的眼光看到马克思和恩格斯由于创立了关于社会的新科学，做出了多么巨大的贡献。它是在知识方面可与伽利略对自然科学的贡献相比，或者可与达尔文对生物学的贡献相比的一个巨大成就……它在实质上比任何自然科学领域里面最伟大的发现还要重要得多。"②

---

① 马克思：《法文版序言和跋》，《资本论》第 1 卷，人民出版社 2004 年版，第 24 页。
② ［英］贝尔纳：《历史上的科学》，科学出版社 1959 年版，第 584 页。

哲学社会科学创新能力也受制于创新主体的学术良知。学术良知一般是指创新主体那种与理论勇气紧密相关的以追求真理为己任、不畏权势的学术品质。没有这种品质，往往是很难进行哲学社会科学创新的。学术良知又尤指相关领域同行专家在评价哲学社会科学创新成果时所应坚守的基本道德原则，它对哲学社会科学创新具有重要的导向作用，是以学术生态环境的方式影响哲学社会科学创新能力的重要因素。在哲学社会科学创新评价中，同行专家的评议意见至关重要。哲学社会科学研究的成果是否属于真正意义上的创新成果，需要同行专家来加以甄别和认定；这种甄别和认定能否名副其实，关键取决于同行专家是否具备学术良知和能否坚守学术良知。从制度安排来说，只有那些真正具有学术良知的人，才有资格承担哲学社会科学创新成果的评价和认定工作，他们必须只为整个哲学社会科学学术繁荣和发展负责，而不能充当局部利益的代表。也只有在这种良好的学术生态环境之下，才能有效地培育哲学社会科学的创新能力，推进哲学社会科学的繁荣和发展。

（二）影响哲学社会科学创新能力的客观因素

影响哲学社会科学创新能力的客观因素，主要包括时代特点和社会条件，它们都从不同的方面影响和制约着哲学社会科学创新主体的创新能力。

1. 时代特点

哲学社会科学创新总是在一定时代条件下进行的，时代在不断发展，哲学社会科学的创新也必须与时俱进。哲学社会科学创新，就是要努力回答时代和实践发展中出现的新问题，适应不断变化着的时代条件，做到"去就有序，变化有时"。创新并非标新立异，也不是头脑中的主观臆想，更不是凭空产生的幻想，它受到时代主题和需要的极大制约，当然也受到哲学社会科学自身性质和特点的制约，并且前者制约着后者。就后者而言，正如贝尔所指出的，"一种理论或一种模型，必然是对现实的一种简化，没有一种理论或模型能够完全表示五花八门的现实的全部多样性及其变化"①。一旦时代主题发生转换，理论就必须或多或少地改变自己的内容和形式，创新也正是在这一过程中实现的。在当代，和平与发展成为时

---

① ［美］丹尼尔·贝尔：《当代西方社会科学》，社会科学文献出版社1988年版，第59页。

代的主题，中国要抓住这一有利时机把自己的事情做好，哲学社会科学创新在这个时代应该大有作为。具体而言，哲学社会科学创新要结合中国的实际，努力对全局性、战略性、前瞻性的重大问题做出科学的理论回答。包括中国社会主义现代化建设在内的当代世界实践，在新世纪翻开了崭新的一页，国内外的现实向我们提出了许多问题，需要我们从哲学社会科学的各个领域去进行探讨，用新的视野、新的范式和新的方法来进行研究，这实际上是哲学社会科学创新的重要契机。改革开放二十多年来，我国已经从一个封闭、僵化的时代进入了一个开放的、充满活力的时代，社会结构与经济结构已经走向复杂化，人们的价值观念与价值取向也日益趋向多元化，各种偏好同时并存，多样性、复杂性已经成为我们这个时代的基本特征。这样的时代给我们提出的许多新问题，已经不可能再用传统的观念、方法和思维方式去理解和看待了。可以说，我们正处于一个伟大的变革与发展时代，这是一个需要哲学社会科学创新并能够实现哲学社会科学创新的时代。在这样一个时代，要实现哲学社会科学创新，我们必须特别做好以下两个方面：

第一，立足国情，坚持理论联系实际的优良学风。学风问题直接关系到哲学社会科学事业的生命，直接关系到马克思主义能否充满生机和活力。马克思主义学风的精髓就是在坚持理论与实践相结合中实现理论的创新。我们一定要以我国改革开放和现代化建设的实践问题、以我们正在做的事情为中心，着眼于马克思主义理论的运用，着眼于对实际问题的理论思考，着眼于新的实践和新的发展，注重研究全局性、前瞻性、战略性的重大课题，不断深化对社会发展规律的研究和认识。创新不是闭门造车，也不是个人或者少数人的异想天开，而必须立足于广大群众的社会实践。江泽民同志提出："理论创新的源泉在实践，实践的主体是人民群众。理论创新，必须尊重人民群众的首创精神，坚持实践标准和'三个有利于'标准。"[①] 哲学社会科学创新的根本动力源于人民群众的实践，哲学社会科学研究者一定要深入改革和社会主义现代化建设的第一线，在实践中学习，在实践中积累，在实践中提高。要倾听群众的呼声，学习群众的首创精神，总结群众在实践中创造的新鲜经验；要始终把人民群众的实践经验作为哲学社会科学创新的基础，把实现和维护人民群众的根本利益作为哲

---

① 江泽民：《论"三个代表"》，中央文献出版社 2001 年版，第 75 页。

学社会科学研究的价值取向。一个不善于从实践中学习和总结经验、不自觉把实现广大群众的利益作为价值诉求的哲学社会科学研究者是不可能真正有所创新的。

第二，放眼世界，不断拓展理论视野。任何有生命力的创新都是时代的产物。哲学社会科学创新必须适应时代变化，顺应历史潮流。我们正处于大变革、大发展的重要时期，必须用宽广的眼界去观察和把握当代世界经济、政治、科技、文化的发展趋势，观察和把握当今中国的巨大变革，善于汲取世界各国文明的精华，紧紧跟上时代潮流，站在国际学术前沿开展哲学社会科学研究。这就要求哲学社会科学研究者认真探讨各相关学科发展的规律，掌握国内外学科发展的动态，适时调整研究方向和研究重点，努力推进研究方法和管理手段的现代化。应当根据社会发展趋势，学习和借鉴世界各国的哲学社会科学研究成果，以世界眼光来研究时代和实践中出现的问题，实现哲学社会科学从内容到形式的超越和突破。应当大胆改革传统的研究方法，借鉴和吸收各种现代研究方法，实现哲学社会科学研究方法的创新。同时，哲学社会科学研究者还应注重不同学科的交叉和综合研究，包括努力学习相关自然科学知识，由此不断提升哲学社会科学创新的能力。

2. 社会条件

影响哲学社会科学创新能力的社会条件有很多方面，既包括经费、设备等方面的物质条件，也包括制度建设、民主氛围等方面的软环境，它们都对哲学社会科学创新能力的形成和发挥有着很大的制约作用。

第一，物质条件的制约。哲学社会科学创新主要属于一种理论创新，依赖于创新主体对真理的执着追求和主观创造能力的发挥，与物质方面的支持力量并不必然成正相关关系，有时物质条件过于优越反倒成为创新的障碍。但是，这方面的条件却是基础和前提，完全不具备的话，哲学社会科学创新就很难实现。要建立创新型国家，没有一定的物质基础是无从谈起的。对于广大的哲学社会科学研究者来说，要创新也必须具备基本的物质条件。一定的物质条件是哲学社会科学研究者保持纯正的知识分子立场的基础，是他们从事学术创新劳动的内在要求。既然是创新，就面临着风险，有成功，也会有失败。要让哲学社会科学研究者能坦然地面对成功与失败，解决他们的后顾之忧，必要的物质条件也是不可缺少的。哈贝马斯在回答"知识分子是普遍利益的捍卫者"的提问时就强调过这一点："自律性的道德乃启蒙之产物，源自卢梭和康德有关人类作为自我决定的自由思想，它迥异于日常生活之现实。我们此处是在对付某种暴力性的东西，假如你愿意那样说的话——带着某种抽象。顺便来说，对于理论科学而言，这也是正在增长的现象。科学与道德，这两者只有在一种中介形式中方可成为真实的和有效的。然而，道德密码深藏于具体的、独特的、相当决断的生活形式之中。"① 哈贝马斯看到了道德自律的可能性与困难之处，为思考科学与道德之间的张力关系提供了思路。科学研究要讲道德，要有责任感、使命感，但必须处理好有关的利益关系。正如库恩所说："维持一种往往难以维持的张力的能力，正是从事一种最好的科学研究所必需的首要条件之一。"② 总之，必要的物质条件和保障是哲学社会科学创新的基本条件之一，它直接影响着哲学社会科学创新能力的形成和发挥。

　　第二，社会软环境的制约。对于哲学社会科学创新而言，社会软环境的支撑可能比物质条件更为重要和必须。与自然科学不同，哲学社会科学的研究对象主要是社会生活和人们的思想行为，哲学社会科学理论对社会生活和人们的思想行为有着直接的影响，因而哲学社会科学创新尤其需要有适宜的社会环境。虽然古今中外有不少在非常恶劣的社会环境条件下实现了哲学社会科学创新的大家名家，其创新的经典之作传颂至今，但从本质上看，良好的社会软环境更能促进哲学社会科学创新，更能塑造和培育创新主体的创新能力。例如，在我国的春秋战国时期，诸侯国林立客观上为诸子百家争鸣留下了极大的空间，结果涌现了一大批原创性思想和创新性成果，深深影响了中华民族的民族精神和文化传统。西方文艺复兴时期也是如此，教权的衰落和民族国家的兴起及商业的大发展，造就了这个巨人辈出的时代，这期间的哲学社会科学方面的创新成果奠定了现代西方资本主义社会的制度和文化基础。哲学社会科学创新也能直接介入社会软环境的改造，二者之间实际上是双向互动的关系。因此，我们既要重视社会软环境对哲学社会科学创新的制约，也要重视哲学社会科学创新对社会软环境的影响。当今中国正处在一个伟大变革的时代、一个中华民族有望实现伟大复兴的时代，有许多新的问题、新的情况需要哲学社会科学进行理

---

① 包亚明：《现代性的地平线——哈贝马斯访谈录》，上海人民出版社1997年版，第119页。

② ［美］库恩：《必要的张力》，北京大学出版社2004年版，第233页。

论上的创新来予以解答。为了实现这种哲学社会科学创新，需要努力营造一种尊重个性、鼓励创新、信任理解、民主宽松的良好社会氛围。为此，不仅需要坚持和贯彻落实党的"百花齐放、百家争鸣"方针，还要进一步完善有关配套制度建设，建立推广创新成果、重用创新人才的有效机制。胡锦涛同志在党的十七大报告中强调指出：要"创新人才工作体制机制，激发各类人才创造活力和创业热情，开创人才辈出、人尽其才的新局面"[①]。2008 年 5 月 3 日，胡锦涛同志在北京大学师生座谈会上的讲话中又强调："要进一步完善科研体制机制，尊重学术自由，营造宽松环境，切实把广大科研人员的积极性、主动性、创造性激发出来。"[②] 胡锦涛同志的这些论述，也充分表明了社会软环境对于哲学社会科学创新的极端重要性。

三　强化哲学社会科学创新能力的基本原则

研究哲学社会科学的创新能力的内在构成要素和外在影响因素，目的在于提升和强化哲学社会科学创新的能力。我们认为，要强化哲学社会科学创新能力，必须坚持以下几个基本原则。

（一）建立切实有效的评价机制

哲学社会科学创新的评价机制不仅制约着哲学社会科学研究的方向，而且也影响着哲学社会科学创新能力。切实有效的评价机制，能够有效甄别出什么是创新、什么不是创新，从而能够避免"劣币驱逐良币"的现象发生，因而对哲学社会科学创新能力具有重要的培育和强化作用。长期以来，在哲学社会科学的评价问题上，许多人注重所谓"数字政绩"，片面追求科研成果的数量和哲学社会科学研究的短期效应，结果导致很难真正认定什么是创新，使哲学社会科学各个领域出现"泡沫"泛滥和虚假繁荣的现象。不仅如此，有些人甚至还以个人的偏好甚至私利等作为哲学社会科学的评价标准，"顺我者昌、逆我者亡"，只要是看不

---

① 胡锦涛：《高举中国特色社会主义伟大旗帜 为夺取全面建设小康社会新胜利而奋斗——在中国共产党第十七次全国代表大会上的报告》，人民出版社 2007 年版，第 53 页。

② 胡锦涛：《在北京大学师生座谈会上的讲话》，《人民日报》2008 年 5 月 4 日第 1 版。

顺眼的，只要是觉得不合自己口味的，统统划入另册，或者不予发表，或者不予认定。这种评价机制的不健全及其甄别功能的失效，严重地损害了我们的哲学社会科学创新能力。

当然，哲学社会科学的评价问题极其复杂，要想一下子就形成一套完善的评价机制是很困难的。为了培育和强化哲学社会科学创新能力，在评价机制的设计安排上，我们要着重考虑以下几个方面：

第一，坚持数量和质量相结合，但应更注重质量。哲学社会科学研究的产出与其他的产出一样，按照经济学的投入—产出理论，需要有一定的规模表征，这是毫无疑问的。我们无论是评价一个研究单位、一个学校还是一个研究者的哲学社会科学创新能力，首先可以作为客观依据的也正是这种规模表征，即按照他们的科研成果的数量多少来进行评价，没有基本的数量就一切无从谈起了。但是，哲学社会科学创新能力本身又不是一个可以简单地按数量来判别的问题，不是成果越多创新能力就越强，创新的能力与成果数量之间不一定是成正比的。现在有不少人编书、撰书，一年可以出数部论著，年纪不大早早就已著作等身了。但是，这类如生产线般批量产出的论著多数皆为"文字垃圾"。评价哲学社会科学创新能力的最根本标准，在于科研成果的质量而绝非数量，也就是应看其是否在理论上、方法上对前人有所发展和推进。在当代中国，哲学社会科学研究对社会的发展影响越来越大，与政府的决策联系越来越紧密，哲学社会科学成果的数量越来越多，涉及的层面越来越广，这是一个可喜的事实。但是，在这种情况下，我们更应强调哲学社会科学研究成果的质量、坚持哲学社会科学评价的质量标准，并由此引导人们大力提升自身的哲学社会科学创新能力。

第二，坚持当下和长远相结合，但应更着眼于长远。哲学社会科学研究的创新成果应该为现实社会服务，应该为经济建设以及社会的全面发展提供必要的智力支持，有时也应该为一定地区和部门的工作提供理论指导，这是哲学社会科学研究的服务、咨政功能的体现。因此，是否在实际上、短期内发挥了这种功能，通常成为哲学社会科学评价的一个标准。但是，如果仅用是否短期内带来了实效来评价哲学社会科学研究成果，那就是非常片面的。一方面，哲学社会科学研究成果的评价本身受到种种不确定因素的影响，对于同一项成果，仅就短期效应看，有人可能认为很有价值，有人也可能认为并无价值。另一方面，哲学社会科学研究成果还有其他重要的功能，如对社会发展的前瞻预测和引导定向功能，而一项哲学社会科学研究成果是否具有这种前瞻预测和引导定向功能，往往需要放到一个比较长的时期或过程中加以考察才能作出判断。拿前瞻预测功能来说，它本身是对社会事物的超前性认识，是对尚未发生或尚未充分展开的社会事物的把握。哲学社会科学研究成果是否具有这种功能，往往只有在事物得到充分发展以后才能下结论，亦即只有在事物得到充分发展以后才能对哲学社会科学研究成果作出公允、恰当的评价。因此，对于哲学社会科学创新成果的评价特别需要有长远的眼光和宽阔的胸怀。

第三，坚持内部和外部相结合，但应以内部为基础。这里的所谓内部和外部的问题是一个非常相对的概念，譬如说，学术共同体内与学术共同体外是一种内部和外部的关系，国内和国外也是一种内部和外部的关系。对于哲学社会科学创新成果的评价当然应以学术共同体内的评价为基础，因为相对而言，只有那些同行专家才有必要的专业知识对一定的哲学社会科学创新成果进行评价，但即使是同行专家也会因为各自具有不同的范式、价值取向、知识结构等原因而对创新的评价出现偏差。这就需要引入一些学术共同体外的因素，设计一些规约参与评价的同行专家的制度，在今天特别是要充分利用网络这种几乎无须成本而又"无缝对接"的参与方式，将创新成果予以公示，让尽可能多的人关注和评价，从中筛选出"真理的颗粒"，才能达致比较合理的评价。另外，在今天这个全球化时代，我们对哲学社会科学创新的评价不能囿于国内这个小圈子，应该逐步走向国际化、全球化，要通过与国际上的同行进行比较，找到自身的合理定位，也就是要以"本土化"为基础整合好"国际化"的问题，这样我们的哲学社会科学创新才能真正与时俱进，真正符合时代发展的需要。这种以内为主、内外结合的评价机制，有利于使对社会科学创新的评价更具客观性、更为全面合理。

（二）形成民主高效的管理体制

在当今时代，社会问题的复杂性及其放大效应，使得哲学社会科学创新已经不可能仅由单个的研究者来完成和实现，它往往需要进行各种研究资源的整合和协调，需要对人、财、物等各个方面进行综合管理。民主、高效的管理，能够充分调动和发挥哲学社会科学研究者的积极性和主动性，对于培育和提升哲学社会科学创新能力至为重要。改革开放以来，我国哲学社会科学管理体制的改革取得了很大的成就，但仍存在着一些制度设计和安排上的缺陷，它们严重地抑制了我国哲学社会科学的创新能力。这主要体现在以下两大方面：

一是行政权力的过度僭越。众所周知，哲学社会科学研究是一种专业性的活动，没有专门性的知识是根本无法问津的。但是，我们现行的管理体制存在着行政权力过度僭越的弊端。其具体表现是：第一，行政权力往往直接干预学术事务。例如，在职称评审、课题审批、论著评奖等学术事务的处理中，随处都可以看到行政权力干预的影响，并且行政权力的干预往往是起决定作用的因素。第二，学术机构衙门化。正因为行政权力在学术事务中起着重要作用，所以一些学术机构逐渐变得像衙门一样，学者们争相角逐其中的行政职位，而行政职位越高就越有发言权和决定权，似乎是谁的官大谁的学问就大一样。这种情况无时不在强化着学术机构的官本位意识，它使一些学者为了某种现实利益而放弃学术追求，不惜通过学术造假等手段去获取职位和荣誉。而他们成功之后，又往往凭借自身的优势去控制学术评价活动，为自己捞取更多的荣誉和职位晋升的资本。

现行学术管理体制中行政权力的过度僭越，造成了时下广受社会各界诟病的一些学术腐败现象。例如，无论是在学科建设方面，诸如博士点、硕士点、博士后科研流动站等的审批，还是在职称评审和学术评奖方面，各类"为学术"的非学术活动极为猖獗，学术已在很大程度上被金钱、权力所侵蚀。在许多高校与科研院所，不论学识高低，只要弄上一官半职，就可以凭借现有的官本位笼罩下的学术体制，轻而易举地获得职称与项目，然后再利用权势找人吹捧，很快就可以成为"学术名流"。凡此种种，其结果是"劣币驱逐良币"，造成了大量的泡沫学术，反而使必须甘于坐冷板凳方可实现的哲学社会科学创新几乎无立足之地。可见，没有民主、高效的管理体制作为支撑，单靠哲学社会科学研究者的良知和自律，是很难实现哲学社会科学创新的。

二是管理体制的投资导向。如前所述，当今哲学社会科学研究的组织化特征日益明显，而在由政府行政权力主导的组织化行为中，哲学社会科学研究的管理体制基本上是一种投资导向的管理体制。这种管理体制的主要特征在于，它实际上是以经费的投入作为哲学社会科学研究管理的核心目标。毫无疑问，哲学社会科学研究需要一定物质条件，但是一定的物质条件仅仅是哲学社会科学研究的必要前提，它既不能保证哲学社会科学的繁荣和发展，也不能标识出哲学社会科学研究的创新能力。这种以投资为导向的管理体制会导致以下两个方面的不利于哲学社会科学创新能力形成和发展的问题：其一，它在客观上将资金的投入、承担项目的数量及经费等作为评价哲学社会科学创新能力的一个非常重要甚至关键的要素和指标，而相对忽视了那些真正体现哲学社会科学创新能力的因素，以至于在今天的中国高校和其他一些学术研究机构里人们最为关心的是争取到了多少经费、获得了什么级别的项目等类问题，甚至还出现了一些令人啼笑皆非的怪现象。例如，在某些高校，有的教师自己出资要求管理部门为自己的课题立项，而其结果则是大家"双赢"：管理部门因此增加了科研经费投入的总额，教师也因为有了项目而取得了科研业绩。其二，这种管理体制只注重定向投入，即有关管理部门首先发布研究课题指南，然后对通过评审或中标的项目进行经费资助，其弊端是十分明显的。即使项目承担者是国内一流的、最适合承担该项目的研究者，也并不能排除其他许多研究者能够在该课题的研究上提出独到的见解和有价值的思想，若他们被排除在投入经费的支持对象之外，那就很可能会影响他们研究该课题的积极性。更为重要的是，在这种投资导向的管理体制下，往往前期招标和评审极为严格，而在项目实施过程中却疏于管理，项目结项、成果鉴定更是流于形式，结果使研究者往往以获得项目和经费为主要目标，至于最后的研究成果有无创新性倒成了次要问题。

要推进哲学社会科学研究的发展，培育哲学社会科学创新的能力，就必须改变目前的这种投资导向的管理体制而建立一种成果导向的管理体制。所谓成果导向的管理体制，是一种以成果的产出决定投资方向为基本原则的管理体制，它将哲学社会科学研究成果的质量和创新性作为基本的追求目标，以此引导、评价哲学社会科学研究。以一些哲学社会科学研究基金组织的工作程序为例，在成果导向的管理体制下，基金会定期或不定期地根据社会需要、学科建设需要发布研究项目，引导哲学社会科学研究者进行研究，经过一个必要的时间段以后，再面向全社会所有的研究机构征集研究成果，并组织有关专家对成果进行评价，根据评价的不同结果、等次以购买的方式获得这些成果。就目前而言，建立以成果导向的管理体制，关键是要对哲学社会科学研究者在创新成果完成并被购买前的研究工作的经费、物质条件等提供强有力的保障。另外，如何保证有关专家对哲学社会科学研究成果作出客观公正的评价也是一个需要认真探索的问题。

（三）合理利用各种创新资源

这里所谓的创新资源，是指哲学社会科学创新活动所需要的各种条件，包括人力、物力、财力等各方面的投入以及相关的制度建设等。即使是在现代社会，相对而言，各种创新资源都是有限的，人们对创新资源的需要与一定社会所能提供的创新资源之间总是处于一种矛盾关系之中，创新活动就是在这种矛盾两极的张力之中进行的。合理地利用各种有限的创新资源、获得最佳的创新效果，是哲学社会科学研究管理所追求的目标。在哲学社会科学的各种创新资源中，人力资源是最重要的一个方面。哲学社会科学创新的人力资源，既包括哲学社会科学的创新人才，也包括有利于这种创新人才成长和发挥其创造才能的环境，它在很大程度上决定着哲学社会科学创新能否实现。

目前，我国的人力资源状况是很不利于哲学社会科学创新的。这主要表现在以下两个方面：

第一，从人口构成中按照一定口径统计的受教育年限、专业技术人员学历、职称和研究与发展（R&D）经费支出等情况看，我国不仅与发达国家有较大差距，甚至与一些发展中国家相比也有所不及。根据每年出版的《教育统计年鉴》、《世界竞争力年鉴》等研究报告和统计资料，目前我国人口平均受教育年限程度仍然很低，全国具有中专及以上学历或专业技术职称的各类人员总数量也偏少，而人均研究与发展（R&D）经费支出更是远低于世界平均水平。所有这些，都严重地制约了我国各方面的创新能力，包括哲学社会科学的创新能力。没有一定数量和质量的人才支撑以及资金的投入，包括哲学社会科学创新在内的各类创新活动必然会受到困扰。尽管党和政府实施科教兴国战略以来，我国的科学技术和教育事业有了极大的发展，取得了举世关注的成就，但我们仍要清醒地认识到我们与发达国家之间的差距。

第二，由于体制方面的原因，目前我国人力资源的配置情况和利用率都不理想，科技成果的转化率很低。目前，我国人才的流动率与社会需要之间仍存在较大的差距，人力资源的市场化程度还很低，人力资源配置仍未彻底摆脱计划经济体制框架的束缚。虽然全国各地区已建立了人才市场，但进入人才市场的劳动力显示出毕业生多而在职人员少的现象，人才的单位、部门、地区和行业分布情况仍然没有从根本上得到改变。人才流动的层次和流动率低，进一步加剧了人力资源需求和供给的矛盾，增加了获得人力资源的成本。同时，由国家和政府统调统配人力资源的刚性配置制度也导致了人力资本利用效率低下，它使得总数有限的人才中的大部分游离于急需的社会部门之外，处于低效率利用甚至闲置状态。而且，现有专业技术人员普遍存在着专业面窄、知识老化、创新意识和自主开发能力薄弱的现象。

由于体制上、观念上的原因，我国的创新资金的投入也严重不足，成为制约创新活动及创新成果转化的瓶颈。虽然哲学社会科学研究不像自然科学研究那样需要大量的实验设备，但它却需要进行大量的调查研究和资料搜集工作，有的还需要进行模型设计。必要的经费投入，也是实现哲学社会科学创新的前提条件。但从实际情况看，我国在哲学社会科学研究方面投入的经费与在自然科学研究方面投入的经费相比，实在少得可怜。国家和各省市在哲学社会科学研究上投入的经费总额，如果平摊到每个项目上，一个项目的经费可能还不足万元。有的项目经费连支付社会调查、资料搜集、成果打印的费用都不够，部分项目开支尚需要研究者自己垫付。这种微薄的经费投入，是很难使研究者取得创造性的研究成果的。

如果说人力、物力、财力的支持是哲学社会科学创新的"硬件"条件，那么，国民的科技文化素养的提高和全社会尊重知识、尊重人才的良好氛围的形成，则是哲学社会科学创新的"软件"保障。只要通过加强相应的制度和体制建设，把上述"软"、"硬"两个方面的创新资源整合起来，使各种创新资源得到合理充分的利用，才能不断强化哲学社会科学的创新能力。

四　哲学社会科学创新能力有效发挥的途径

要实现哲学社会科学创新，不仅需要具备一定的哲学社会科学创新能力，而且还必须使其哲学社会科学创新能力得到有效的发挥。从总体上看，人们要有效地发挥哲学社会科学创新能力、实现哲学社会科学创新，尤其要注意以下几个方面。

（一）强化问题意识

问题意识是哲学社会科学研究者对研究对象调查、思考后的主体叩问，这种以问题为中心的叩问不断激荡着主体，使主体通过发现新的材料、新的方法，不断开拓思路，进而达到解决问题的目的。毛泽东同志在《反对党八股》中曾针对延安时期党内存在的"甲乙丙丁，开中药铺"的不良文风对"问题"和问题意识作过精彩的论述。他说："什么叫问题？问题就是事物的矛盾。哪里有没有解决的矛盾，哪里就有问题。既有问题，你总得赞成一方面，反对另一方面，你就得把问题提出来。提出问题，首先就要对于问题即矛盾的两个基本方面加以大略的调查和研究，才能懂得矛盾的性质是什么，这就是发现问题的过程。大略的调查和研究可以发现问题，提出问题，但是还不能解决问题。要解决问题，还须作系统的周密的调查工作和研究工作，这就是分析的过程。提出问题也要用分析，不然，对着模糊杂乱的一大堆事物的现象，你就不知道问题即矛盾的所在。这里所讲的分析过程，是指系统的周密的分析过程。常常问题是提出来了，但还不能解决，就是因为还没有暴露事物的内部联系，就是因为还没有经过这种系统的周密的分析过程，因而问题的面貌还不明晰，还不能做综合工作，也就不能好好地解决问题。"① 虽然毛泽东在这里所讲的是与党风有关的文风问题，但它对哲学社会科学研究也具有重要的启发意义。发现问题—提出问题—分析问题—解决问题的层层推进，是人们认识事物的一般过程，也是哲学社会科学研究和创新的一般程序。从某种意义上说，哲学社会科学创新就是从新的角度、以新的方式发现问题、提出问题、分析问题和解决问题。要实现哲学社会科学创新，就必须具有强烈的问题意识。

问题意识对于哲学社会科学创新的特殊重要性，是由问题意识的特点决定的。

第一，问题意识具有时代性。不同的时代和不同的社会有着不同的问题，从这个角度看，问题本身往往反映着时代的特点和社会发展的需要。马克思曾经指出，"世界史本身，除了通过提出新问题来解答和处理老问题之外，没有别的办法"；"问题就是公开的、无畏的、左右一切个人的时代声音。问题就是时代的口号，是它表现自己精神状态的最实际呼声"。② 既然如此，问题意识也就是时代意识，换言之，把握了一定时代

① 《毛泽东选集》第3卷，人民出版社1991年版，第839页。
② 《马克思恩格斯全集》第1卷，人民出版社1995年版，第203页。

的问题也就把握了时代的特点和社会发展的需要。无论是对个人还是对一个国家和民族来说，哲学社会科学的创新能力都突出地体现为把握和回答重大理论和现实问题的能力。哲学社会科学研究和创新是从发现问题开始的，而要发现问题，特别是要发现有价值的问题，就必须深入社会生活的实际、把握跳动着的时代脉搏，同时还要有艰苦探索的精神和百折不挠的毅力，要善于在不疑处存疑、在熟知处求异，否则问题即使近在眼前也不一定能捕捉到。鲍曼在谈到全球化时代的弊病时，曾对此作过精彩的阐释。他说："我们现代文明的当代状况所存在的问题是它已停止了拷问自己。不提出某些问题充满了危险，这比无法回答已进入官方议事日程的问题更加危险；而问错了问题往往有助于将人们的视线从真正重大的议程中转移开来。沉默的代价是以人类受苦受难来偿付的。毕竟，问对了问题就使命运与明标、漂荡与旅行成了天壤之别。对表面上无可非议的我们的生活方式的前提提出质疑，这可以说是我们对人类同胞和我们自己的当务之急应尽的义务。"① 确实，脱离时代而无病呻吟地"为赋新词强说愁"，是不可能产生真正具有创新性的成果的。

第二，问题意识具有建构性。所谓问题意识的建构性，是指哲学社会科学研究者通过把握和探索问题，亦即通过对问题的叩问，能够提出新的见解、新的思想和新的理论。要使问题意识的建构性成为现实，关键在于找准问题、以合理的方式提出问题。康德曾说："知道应该以合理的方式提出什么问题，这已经是明智与洞见的一个重要的和必要的证明。因为，如果问题本身是荒谬的，并且所要求的回答又是不必要的，那么这问题除了使提问者感到羞耻之外，有时还会有害处，即诱使不小心的听众做出荒谬的回答，并呈现出这种可笑的景象，即一个人（如古人所说过的）在挤公山羊的奶，另一个人拿筛子去接。"② 当然，除了找准问题和以合理的方式提出问题外，分析问题和解决问题也都非常重要，它们同样也直接关系到人们能否在哲学社会科学研究中提出新的见解、新的思想和新的理论，关系到能否实现哲学社会科学创新。

当前，在我国哲学社会科学研究中强化问题意识，我们尤其要注意立足于当代中国社会现实，努力发现、提出、分析和解决那些对当代中国社

---

① ［英］齐格蒙特·鲍曼：《全球化——人类的后果》，商务印书馆2001年版，第5页。
② ［德］康德：《纯粹理性批判》，人民出版社2004年版，第56页。

会发展具有本质重要性的问题。当代中国正在进行中国特色社会主义现代化建设的伟大实践，社会生活的各个领域、各个方面都在不断涌现着各种新的问题，迫切需要哲学社会科学各个学科予以研究和解答，也为哲学社会科学创新提供了前所未有的机遇。只要我们大力强化问题意识，高度重视和深入探索当代中国社会发展中的各种重大问题，就一定能实现哲学社会科学创新，取得一批又一批的创新性成果。

（二）优化思维方式

思维方式是主体认识和改造客观世界的一种总体观念图式。当人们思维活跃、思想解放时，就能够打破一些传统的思想束缚和思维模式的禁锢，以新的范式、新的眼光来看待事物，从而能够促使人们在认识和改造客观世界时采取新的思路、新的方法。反之，若人们始终挣脱不了旧有思维方式的束缚，就不能在对客观世界的认识和改造上达到新的境界。同样，优化思维方式对于哲学社会科学创新来说也是极其重要的。在哲学社会科学研究中，优化思维方式往往能够产生科学哲学家库恩所说的科学革命过程中转换范式的那种效果："范式一改变，这世界本身也随之改变了。科学家由一个新范式指引，去采用新工具，注意新领域。甚至更为重要的是，在革命过程中科学家用熟悉的工具去注意以前注意过的地方时，他们会看到新的不同的东西。"①

根据我国哲学社会科学研究的现状，我们认为，要强化和有效发挥哲学社会科学的创新能力，我们在优化思维方式方面要特别注意以下几个方面：

首先，改变工科思维的考量模式。这种考量模式的根本特点就是"以数字论英雄"，标准齐一，用数量多少、转载多少、引用多少等指标来衡量哲学社会科学研究成果的价值。在这里，我们想主要论析一下对哲学社会科学创新能力的发挥有明显导向和指挥棒作用的各级各类社科基金和科研项目"工程化"的趋势。这种趋势驱动着哲学社会科学各学科的学者尽量外出承揽各种"工程"，最好是"国家重点工程"。一旦承揽到了这样的"工程"，不仅能够为学者本人带来经费和名气，而且也有利于有关管理部门。因为既然是搞工程、做课题，就必须有评审、检查、验收

---

① ［美］库恩：《科学革命的结构》，北京大学出版社2003年版，第101页。

等各个环节，就能充分体现管理部门的权威性。这对于工科或某些实证性强的学科来说或许很自然，但对于哲学社会科学的大多数学科而言却不一定很合适，因为哲学社会科学研究尤重个性化差异。强调项目管理、步步为营的"工程化"效果，必定压抑各种"奇思妙想"；而力主规模效应，追求所谓"标志性成果"，势必要求大团队、跨学科甚至国际化的合作和联合攻关。照常理推断，工程越大，受重视程度越高，国家拨款也就越多，但经费多、场面大并不一定能够产出高质量、创新性的成果。更为重要的是，由国家拨款，众多科研院所组成攻关队伍，在限定的时间内拿出"创新成果"，然后经过专家评定结项和出版相关论著，这种运作模式本身就是有重大缺陷的。一方面，众多哲学社会科学学者争相承揽的国家重点或重大项目，事实上往往存在着向权威学者和知名专家倾斜的"马太效应"，年轻人或新秀根本没有竞争的优势。同时，这种运作模式要求学者们在限定的时间内拿出"创新成果"也是违背哲学社会科学研究规律的，其结果可能是人们遵守了所限定的时间，但成果是否属于"创新成果"就不得而知了。另一方面，这种运作模式还强加给广大哲学社会科学研究者一种似是而非的"共识"：假如一个人单枪匹马地干，没有"学术团队"和"学科际整合"，而且不在东西方、南北极之间无数次来回奔波，是注定不可能取得重大的"标志性"的科研成果的。于是，大家都为了争得项目和经费而互相迁就，弄成一种"捆绑式销售"。在实际操作中，人们还必须面临如何协调各方利益以及赶工程进度等难题，好题目能否做出好文章也委实难说。总之，强调独立思考、沉潜把玩的哲学社会科学研究与这种工科思维的考量模式是格格不入的。不破除这种工科思维的考量模式，是很难有真正的哲学社会科学创新的。

其次，不迷信学术权威。这里所说的学术权威，主要是指那些提出了代表着国内外前沿水平的学术观点和理论的专家学者。整个人类认识的发展过程就是一个在尊重权威的基础上而不断挑战权威、超越权威的过程，哲学社会科学的发展也不例外。在哲学社会科学的发展过程中，有许多学者曾经取得了重要的创新性成果，并因此而成为学术权威。尊重哲学社会科学方面的学术权威，其实也就是尊重哲学社会科学创新。但是，为了不断推进哲学社会科学创新，我们又绝不能迷信权威，而要敢于挑战权威并不断超越权威。如果唯权威是从、亦步亦趋，哲学社会科学就不会有新的发展了。任何权威都是与具体的社会历史条件相联系的，必然带有时代的局限性和个人认识能力的局限性。哲学社会科学方面的学术权威的生命力是与其所取得的创造性成果的深刻和全面程度密切相关的。真理总是具体的。任何正确的认识都是与一定的时间、地点、条件相联系的，都有它适用的范围。脱离一定的具体条件、超出了其适用范围，真理可能就不成其为真理，甚至会变成谬误。对任何正确认识和科学结论都不能不考察它形成的客观条件和适用范围。这样做，是对真理负责，对科学负责，也是对权威的真正尊重。恩格斯就指出："世界体系的每一个思想映象，总是在客观上被历史状况所限制，在主观上被得出该思想映象的人的肉体状况和精神状况的限制。"[①] 所以每一时代人们的认识"所包含的需要改善的东西，无例外地总是要比不需要改善的或正确的东西多得多"[②]。因此，我们要尊重权威，但完全没有必要迷信权威、神化权威。一切有志于在学术上大有作为的学者，都从不迷信权威，都敢于挑战权威。科学发展史上一切成就卓著、创立了新学说、新理论的大家巨擘，莫不如是。哥白尼如果没有挑战权威的勇气，不敢于超越托勒密的"地心说"，就不可能提出"日心说"；康德如果没有挑战权威的勇气，不敢于超越机械论的世界观，就不可能分别提出关于宇宙起源的"星云学说"和在哲学上实现"哥白尼式的革命"；马克思和恩格斯如果没有挑战权威的勇气，不敢于超越德国古典哲学、英国古典政治经济学和法国空想社会主义理论及其代表人物，就不可能创立马克思主义。在探索中国革命道路的过程中，如果毛泽东一味信守俄国革命模式，不敢突破城市中心论，就很难提出农村包围城市的理论；在探索中国社会主义建设道路的过程中，如果中国共产党人不敢于突破马克思主义经典作家的个别论断，也不可能提出中国特色社会主义理论体系。总之，要实现和不断推进哲学社会科学创新，我们在思维方式上就应该既尊重权威而又敢于挑战和超越权威。

再次，打破学科壁垒及其所造成的思维定式。要充分发挥哲学社会科学研究者的创造才能、推进我国的哲学社会科学创新，在思维方式上还必须打破以往长期存在的学科壁垒，打破这种学科壁垒使人们所形成的囿于各自学科的小圈子坐井观天、老死不相往来的思维定式。这种思维定式与现代哲学社会科学发展的综合性、交叉性特点是完全相悖的。当然，不同

---

① 《马克思恩格斯选集》第 3 卷，人民出版社 1995 年版，第 376 页。

② 同上书，第 427 页。

学科之间的合理划界还会存在，每个学者也必然会有其所擅长的专业领域，正所谓"术业有专攻"的专业意识。但是，人们不能把学科的界限变成了彼此相互隔离的壁垒，不能固守本学科的界限而不管研究对象本身的综合性与整体性。现代哲学社会科学的研究对象极其复杂，要对它们进行全面的考察并作出透彻的理解，往往需要运用多学科的理论和方法。在现代哲学社会科学发展过程中，人们所提出的新的学说或理论，事实上也往往融合了许多学科的知识；而不同学科的互相渗透与交叉，还是一些新的学科的产生机制。就此而言，固守学科的"楚河汉界"，无异于拒绝哲学社会科学创新。无论是自然科学与哲学社会科学的相互渗透，还是哲学社会科学内部诸学科之间的相互交叉，都能成为哲学社会科学创新的生长点。其实，不同学科之间的交叉融合早已成为科学创新的重要条件。恩格斯早在一百多年前总结当时自然科学发展规律时就指出："在分子科学和原子科学的接触点上……但是恰恰就在这一点上可望取得最大的成果。"①在当代，学科的综合性、交叉性的趋势越来越明显，我们已经很难把人们对于当代社会一些重大问题的研究简单地划归于某个单一学科。以诺贝尔奖为例，现在已经很难从单一的传统学科产生诺贝尔奖，特别是最近一二十年来，获得诺贝尔奖的经济学成果明显地表现出文理综合的新趋势。有人对《自然》和《科学》这两份著名的自然科学杂志上发表的文章进行了统计，发现 2000 年以来它们发表了近百篇研究人类社会和人文问题的文章。总之，当代哲学社会科学的发展趋势迫切要求人们打破原有的学科壁垒及其造成的使人们固守某一学科的思维定式，要求人们以问题为中心展开跨学科、跨领域的研究；也只有这样，才能在哲学社会科学研究中有所创新。

（三）健全创新体制

所谓健全创新体制，主要是指克服目前哲学社会科学研究管理体制中存在的一些阻碍哲学社会科学创新能力发挥的问题，使哲学社会科学研究的管理体制更加完善、更有利于哲学社会科学创新。我们认为，在目前的情况下，健全哲学社会科学研究的管理体制，应该着重做好以下几个方面的工作。

---

① 《马克思恩格斯全集》第 20 卷，人民出版社 1971 年版，第 635—636 页。

1. 摒弃量化崇拜

这里所讲的量化，是指目前我国哲学社会科学研究管理和评价体系中盛行的定量化操作模式，这种模式被一些西方学者谑称为"麦当劳化"的东西，其所专注的是"形式理性或工具价值"，其所推崇的是可计算性、可预测性、效率至上性、技术取胜性等。① 这种模式实践的结果，是把对哲学社会科学的评价变成了经费、学位点、院士数、成果发表刊物的级别等要素的相应数字的换算工作，而对于繁荣和发展哲学社会科学最为关键的东西即哲学社会科学研究成果的质量和创新性却无暇顾及。当然，哲学社会科学研究成果的质量和创新性也必须通过某些量化指标体现出来，甚至有时采取一些定量技术就能够大致测算出哲学社会科学研究成果的质量和创新性。有鉴于此，我们首先还是承认这种量化操作模式有其值得肯定的地方，按照这种量化操作模式而构建的非常系统、精密的评价体系，相较于以前根本没有一套真正的哲学社会科学评价体系而言无疑是一个很大的进步。而且，这种量化操作模式能够比较有效地排除一些明显的人为因素的干扰而做到相对"客观"，用数据说话也易使人信服。由于在量化的指标面前人人平等，所以，这种量化操作模式构成了当代中国哲学社会科学繁荣和发展的自由竞争的民主机制。

但是，若将这种量化操作模式普遍推广甚至强化为一种制度安排，就会极大地损害哲学社会科学的创新能力，因为制度性的因素永远是比人性的因素更重要的首位因素。所谓"制度不好，好人也会干坏事"，说的就是这个道理。哲学社会科学研究成果的质量和创新性是不能完全按照充分量化的标准来评价的，更不能够通过电脑操作、分值换算之类的简单方法来加以判断。用论著出版机构和发表刊物的级别、转摘情况、引用次数等量化指标来评价哲学社会科学研究成果，实际上已受到学界的广泛诟病。虽然在一般情况下论著出版机构和发表刊物的级别越高、转摘和引用的次数越多，其质量相应地也会越高，但是，论著出版机构和发表刊物的级别、论著被转载和引用的次数等并不能直接与论著本身的质量画等号。这些道理本应是最基本的常识，但上述量化操作模式却根本无视这些基本常识，其实践上的消极后果已日渐得到充分暴露。近些年来，我国哲学社会

---

① 参见［美］乔治·里茨尔《社会的麦当劳化》，上海译文出版社 1999 年版，第 42—44 页、第 70—72 页、第 107—113 页、第 141—142 页。

科学类的论著数量确实实现了大跃进，但其质量却着实令人担忧。据教育部统计，仅 2003 年，全国高校教师就共发表人文学科方面的论文 19 万篇、著作 9000 部，但在国际上产生了一定影响的却极不成比例，其中多数都属于"速朽"之作。国内外一些有识之士对其消极后果已有清醒认识："平庸学识的过度产生是当代学术生活最夸大其词的做法；它会因单纯的篇幅而隐匿了真正重要的著作；它浪费了时间和宝贵资源。"① 总之，要真正促进哲学社会科学创新、有利于哲学社会科学创新能力的发挥，就必须摒弃这种量化操作模式及其背后的量化崇拜，而将哲学社会科学研究成果的质量和创新性作为首要因素加以考量，在评价体系上为推动哲学社会科学创新确立正确的导向。

2. 杜绝近亲繁殖

"近亲繁殖"这一概念，是借用生物学中的术语，用以指称目前我们学术机构中普遍存在的人才队伍建设上的一种自产自销、师徒相承的现象。改革开放之初，我国哲学社会科学各学科百废待兴、人才匮乏，各学术机构培养出来的人才多数被留在本单位工作。因此，"近亲繁殖"现象的出现最初是有其历史原因的。然而，这一现象却延续至今。目前，如果我们在国内各著名高校作一关于教师和研究人员的学习经历的背景调查，就会发现由本单位培养的人员占全员总数的比例十分惊人。这其实是有悖于人才流动和学术创新的规律的。人们习惯上总是认为，本单位培养的人才知根知底、信得过。但是，对于实现哲学社会科学创新来说，"近亲繁殖"却有着极大的弊端。首先，从学源上讲，由于在专业知识的结构和背景方面趋同，师出同门者组成的学术队伍缺少创新所需的差异性和多样性。其次，从学术氛围上讲，师徒在一起必然有一个"论资排辈"和"长幼有序"问题，因而不利于提出学术上创新性的异见。

要杜绝"近亲繁殖"现象，不仅需要深刻地认识"近亲繁殖"现象的弊端，而且还必须建立人才合理配置与流动的机制。为此，需要采取一系列有效的措施。譬如，国家和有关管理部门应尽快出台有关法律或规章，严格规定各个学术机构培养出来的人才不得留在本单位从事学术研究工作，至少必须在有了在外单位学习和科研的经历后方可返回原单位。无论是高校还是其他的学术研究机构，其人才构成越多样化，越易形成民

---

① ［美］乔治·里茨尔：《社会的麦当劳化》，上海译文出版社 1999 年版，第 112 页。

主、自由、创新的气氛。这是一条已为国内外一些著名学术机构的成功经验所证明了的人才队伍建设和学术创新的规律。因此，要实现哲学社会科学创新，杜绝"近亲繁殖"现象是十分必要的。

3. 建立和完善有关的保障制度

建立和完善哲学社会科学创新及创新能力的有效发挥的保障制度是一项系统工程，涉及方方面面。在这里，我们拟着重论述一下对于哲学社会科学创新有重要导向和激励作用的同行专家评价中的实名制及代表作制问题。建立和完善同行专家评价中的实名制和代表作制，是对现行的《高等学校哲学社会科学研究学术规范（试行）》中明确提出的对学术评价要"采取同行专家评审制，实行回避制度、民主表决制度，建立结果公示和意见反馈机制"这一要求的具体化。

首先，我们来看实名制。在目前国内的同行专家评价中，比较普遍地实现了回避制和匿名制。回避制强调了程序正义，无论是单位回避还是个人回避都是十分必要的。然而，匿名制却不然。匿名制就评审专家和评审对象实行双向匿名，同样也是为了保证程序正义，即也是为了尽可能地排除上述回避制所要避免的那种消极影响。但是，匿名制有一个天生的制度上的弊端，即不公开，尤其是评审专家资料和评审意见的不公开，这就给"暗箱操作"、不负责任和徇私留下了空间。所以，在确有必要实行匿名制的前提下应该尽可能地补充实行实名制，以便遏制可能因程序疏漏而造成的评价不公、不实。有关部门在组织学术评价时，可以从专家库随机抽取专家同行作为评委，评审也完全可以实现双向匿名，但在结果公示时则应该将专家的评审意见、打分情况、评审人姓名等信息都在媒体上公开，接受社会公众的监督和批评。

其次，我们再来看代表作制。代表作制所强调的是在评价哲学社会科学研究者的学术水平时应该着眼于其学术成果的质量而不是数量，对评价对象的基本判断可以从代表其学术水平的作品得出。代表作应该是哲学社会科学研究者影响最大、学术含金量最高和创新力度最大的成果。从历史上看，古今中外哲学社会科学方面的大家巨擘，其众多成果和作品的质量和水平也是参差不齐的，而体现他们最高成就和奠定他们学术地位的还是他们的代表作。康德的"三大批判"、马克思的《资本论》等皆是如此。我们在这里强调建立和完善代表作制，是对目前哲学社会科学研究管理中那种重量不重质的考核评价体系的一种匡正，试图营造一种宽松的学术研究环境，鼓励多出精品和传世之作。例如，我们在对哲学社会科学研究者的学术水平进行评价时，可以采取由研究者自行申报代表自己学术水平与成就的著作与同行专家组成的委员会评议相结合的办法，若专家同行委员会认定其代表作达到了晋升高一级职称的水平，就可以免去目前在职称晋升方面所规定的各种硬性量化指标。这样，可以鼓励研究者沉下心来潜心研究，创造出真正的学术精品。

建立和完善上述两种保障制度，有利于使哲学社会科学评价真正回归学术质量本位，为哲学社会科学创新及创新能力的发挥营造一种宽松的学术环境，从而推动哲学社会科学的繁荣和发展。

（四）尊重学术规律

要使哲学社会科学创新能力得到有效发挥，除了上述几个方面以外，还必须充分地尊重学术活动自身特有的一些规律，特别是营造一种自由、宽松的学术环境和坚持学术自治。

1. 营造自由、宽松的学术环境

哲学社会科学研究是一种精神生产活动，要使哲学社会科学研究者的创造能力得到充分的发挥，必须有一种鼓励自由思考和大胆创新的社会环境和文化氛围。从历史上看，社会转型和社会变革时期往往是人们的思想最为活跃的时期，也是哲学社会科学创新成果迭出的时期。这不仅是因为社会转型和社会变革一般都为哲学社会科学研究提出了众多需要深入研究的问题、从而为哲学社会科学创新提供了极好的机遇，而且也是因为在社会转型和社会变革时期原来束缚人们思想观念的一些教条往往既已失效，从而出现了一种有利于人们自由思考和大胆创新的社会文化环境。密尔在《论自由》一书中曾详细地论述了思想自由对于推进思想繁荣和社会进步的意义，提出了"有多少个自由中心就有多少个进步中心"的重要命题。在他看来，思想自由的环境能够激发人们积极地思考和创新，使真理在与谬误的不断斗争中真正得到确立，并使谬误逐步地被淘汰。密尔还进一步论证说，通常所谓的异端恰恰包含了创新的种子，如果我们用压制自由的方式去抑制异端，其最终的结果并不能真正地抑制异端，而是会抑制许许多多的进步思想，因为很多本来并不想制造异端的人担心自己的思想被视为异端而会放弃思想和创新；更为严重的是，用压制自由的方式去抑制异端，可能会导致整个民族丧失思想的源泉和创新的动力，造成一种"万

马齐暗究可哀"的局面。

陈寅恪先生也曾特别强调学术自由的重要性。他说："士之读书治学，盖将以脱心志于俗谛之桎梏，真理因得以发扬。思想而不自由，毋宁死耳。斯古今仁圣所同殉之精义，夫岂庸鄙之敢望。"① 若是人为设置一些条条框框套在哲学社会科学研究者身上，是很难实现哲学社会科学创新的。以往我们有许多所谓的哲学社会科学研究成果，往往要么只是对经典作家的著作进行注释，要么只是为现实生活中个别政治事件进行论证。造成这种局面的一个原因，就是没有真正贯彻好党的"百花齐放、百家争鸣"的正确方针和政策，没有营造出一种鼓励自由探讨和大胆创新的社会文化环境。老一辈理论家吴江同志曾提出了一个需要我们深思的问题。他说："我们早已注意到，并不止一次议论到一种现象：无论是已经'消逝'了的社会主义国家或现存的社会主义国家，除了少数领导人有文集问世以外，鲜有大学问家、大思想家、大科学家出现；即使在旧时代卓有成就的学问家和艺术家，当他们一旦进入了社会主义时代，也少有成功之作产生，这种现象是如何产生的很值得研究。毕竟思想贫困不能算是社会主义的标志！"② 显然，在社会主义思想文化建设中，广大哲学社会科学研究者是不应"缺位"的。今天，时代在呼唤广大哲学社会科学工作者取得大批能够深刻读解中国现实、引领中国发展的创新成果。而要使这一点变成现实，我们必须特别注意对于自由、宽松的学术环境的建设。

2. 坚持学术自治

这里所谓的坚持学术自治，是指应该让哲学社会科学研究者享有一定的学术自主权，亦即要由哲学社会科学研究者自己决定研究什么和如何研究。哲学社会科学研究有其自身的规律，其选题和研究方式必须由人们根据这种规律来决定。如果用行政命令的方式规定哲学社会科学研究者研究什么和如何研究，哲学社会科学创新就无从谈起。而如果有了学术自主，哲学社会科学研究者就能排除各方面不必要的干扰而专注于学术本身，专注于揭示客观事物的规律和发现客观真理，真正做到陈云同志所说的"不唯上、不唯书、只唯实"。当然，我们说应该让哲学社会科学研究者享有一定的学术自主权，并不是鼓励人们脱离现实社会生活而闭门造车。

---

① 陈寅恪：《金明馆丛稿二编》，生活·读书·新知三联书店 2001 年版，第 246 页。
② 吴江：《冷石斋沉思录》，兰州大学出版社 2003 年版，第 18 页。

作为一种学术活动，哲学社会科学研究的最根本的目的是服务于人们变革现实的社会实践，要求研究者们既立足于现实生活又超越现实生活；只有那种源于现实生活而又高于现实生活的哲学社会科学理论，才有可能为人们变革现实的社会实践提供理论指导。另外，也只有让哲学社会科学研究者享有学术自主权，才能使他们养成实事求是、追求真理、不畏强权的独立人格，而这也是知识分子的良知和风骨的内核。

当然，在哲学社会科学研究中，人们要正确地运用学术自主权，必须加强自身的内在修养。哲学社会科学研究是一项艰苦的工作，没有始终如一的专注以及长期的钻研和积累就奢言创新，无异于痴人说梦。黑格尔曾经指出，人们只有矢志如一、专注精研，方才能有所成就。他说："一个志在有大成就的人，他必须如歌德所说，知道限制自己。反之，那些什么事都想做的人，其实什么事都不能做，而终归于失败。世界上有趣味的东西异常之多……但一个人在特定的环境内，如欲有所成就，他必须专注于一事，而不可分散他的精力于多方面。"① 恩格斯则曾语重心长地告诫那些动辄就想创造出"新体系"的年轻人："即使只是在一个单独的历史事例上发展唯物主义的观点，也是一项要求多年冷静钻研的科学工作。"② 人们经常说"板凳要坐十年冷，文章不写一句空"、"十年磨一剑"等，也都是要求人们专心于学问、扎扎实实地从事研究。大凡古今中外的学术大师，都有一个明显的共同之处，那就是对于学术事业的执着追求和献身精神。没有这种执着追求的精神，就难以在哲学社会科学研究中做出重要成就，更不可能成为实现哲学社会科学重大创新的学术大师。

---

① ［德］黑格尔：《小逻辑》，贺麟译，商务印书馆 1980 年版，第 174 页。
② 《马克思恩格斯选集》第 2 卷，人民出版社 1995 年版，第 39 页。

第五章

哲学社会科学创新的类型

  与哲学社会科学创新的本质、特点等问题相比较，哲学社会科学创新的类型问题似乎是一个衍生问题，是依附于先前我们已经探讨过的诸问题的。其实，这是一种认识上的错觉。实际情况与人们的直觉正好相反，研究哲学社会科学创新类型恰恰是思考哲学社会科学创新的本质、特点等问题的前提和基础。得出这一结论是以哲学社会科学创新类型在哲学社会科学创新诸问题中所处的中介地位及其所发挥的中介作用为根据的。众所周知，在形式逻辑中，对于一个推论而言，虽然中介（中项）在结论中隐而不显，但并不能由此抹杀中介的实际存在和中介存在的必要性。人们要达到对事物本质的认识，就必须以扬弃事物呈现出的现象、形式为中介。试图不通过任何中介而达到对于事物本身的直接认识，其结果只能是事与愿违。黑格尔指出："知识的直接性不但不排斥间接性，而且两者是这样结合着的：即直接知识实际上就是间接知识的产物和成果。"① 哲学社会科学创新类型作为表现形式、现象，与哲学社会科学创新的本质、特点等有着密切的联系，它体现着哲学社会科学创新的本质和特点，是人们认识哲学社会科学创新的本质、特点的中介和桥梁。因此，探讨哲学社会科学创新的类型问题，有利于我们更深入地理解和把握哲学社会科学创新的本质、特点等问题。

  研究哲学社会科学创新类型问题面临着三个方面的困难：首先，哲学社会科学创新的表现形式纷繁多样；其次，在哲学社会科学创新类型问题上人们众说纷纭；最后，对于哲学社会科学创新类型的划分标准问题人们莫衷一是。这三个困难归根结底又主要涉及两个方面：哲学社会科学创新

---

  ① ［德］黑格尔：《小逻辑》，贺麟译，商务印书馆 1980 年版，第 160 页。

类型划分的标准和哲学社会科学创新的基本类型的确定。

一　哲学社会科学创新类型问题的复杂性

哲学社会科学创新类型问题的复杂性主要体现在两个方面：首先，哲学社会科学创新的表现形式纷繁多样；其次，在哲学社会科学创新类型问题上人们众说纷纭。这两者之间有着内在的联系。可以说，正是由于哲学社会科学创新的表现形式纷繁多样，使得人们在哲学社会科学创新类型的划分问题上持有各种不同的看法。

（一）哲学社会科学创新表现形式的多样性

对哲学社会科学创新类型的研究是从哲学社会科学创新形式呈现于人们感性直观中的多样性开始的。歌德说过，理论是灰色的，而生活之树常青。现象世界的丰富多彩和纷繁复杂总是让人惊叹。哲学社会科学创新的表现形式呈现出非单一性的特点：它或者表现在宏观方面，或者表现在微观方面；或者表现为单一学科的个别创新，或者表现为交叉学科的综合创新；或者表现为研究方法上的革命，或者表现为理论上的突破；或者表现为提出了崭新的观点，或者表现为对原有观点的深化；或者表现为原创性的，或者表现为增添性的；或者表现为辩证的否定、推陈出新，或者表现为重新的梳理、阐隐发微；或者表现为立足时代的创见，或者表现为超越时代的前瞻；等等，不一而足。

虽然哲学社会科学创新的表现形式多种多样、纷繁复杂，但总的来看，大致可以归纳为以下 13 种形式：

第一，表现为渗透和影响哲学社会科学所有相关学科的创新性理论。

第二，表现为关于哲学社会科学相关学科某一方面或某一部分的创新性理论。

第三，表现为就某一具体事实或个别问题提出了与前人不同的见解或看法，开辟了某一新的研究方向。

第四，表现为以现有的学科领域为基础，实现了不同领域或学科的交叉、渗透和互动，从而形成了新的学科或学科群，提出了有重要意义的新课题，取得了有创见的新成果。

第五，表现为大胆改革传统的研究方法，借鉴和吸收各学科的研究方法，实现了研究方法的创新。方法性创新的侧重点是对研究和解释的原则与模式的创新，它必然拓展人们的视野和思路。

第六，表现为提出了前人所未曾提出的新观点、新概念，特别是形成了新的学说、新的理论体系。这类创新往往会引起相关学科领域的连锁式的反应，甚至变革。

第七，表现为依据社会实践的检验结果，在充分肯定和继承前人理论的基础上对其作了补充、丰富和发挥，纠正了其中错误的成分，舍弃了其中过时的内容，从而赋予前人理论以更高的理论价值和实践价值。

第八，表现为从实际出发，依据真实可靠的资料，纠正了人们对前人理论的误读，恢复和重现了前人理论的原貌，特别是那些具有当代价值的内容。

第九，表现为当原有的理论范式不能解释和解决现实实践，特别是学科发展中出现的新情况、新问题时，以新的范式来取代旧的范式，提出与旧理论不可通约的全新理论。

第十，表现为对前人理论中简约不详的内容加以展开，或根据时代的新情况对前人理论作进一步的拓展和充实，只是它并没有改变前人理论的基本框架和内核。

第十一，表现为既看到前人理论肯定中的否定，也看到其否定中所蕴含的新的肯定的契机和方向，从而对前人理论进行辩证的否定，实现理论上的新突破。

第十二，表现为对新的实践经验作出理论上的总结，并适应社会发展的需要提出新的理论假说，同时还不断地开辟使理论假说变成社会实践的途径。

第十三，表现为立足于世界文明发展的最前沿，积极吸收包括自然科学在内的一切人类文明成果的营养，实现哲学社会科学的自我超越和突破。

以上十三个方面还只是对哲学社会科学创新的表现形式的概括性的描述，其中的每一种表现形式实际上都有着多种多样的形态和外观。所有这些，都充分地表明了哲学社会科学创新的表现形式的纷繁多样性。

（二）哲学社会科学创新表现形式多样性的原因

哲学社会科学创新形式之所以呈现出多样性的特点，究其原因，主要有以下四个方面：

第一，事物自身的具体性是哲学社会科学创新表现形式多样性的现实基础。马克思认为："具体之所以具体，因为它是许多规定的综合，因而是多样性的统一。"① 实际上，现实的事物总表现为具体的存在，它必然在人们的直观和意识中呈现出多样性的特点。现代系统论就致力于把事物、对象作为一个具体的、多样的整体来研究，把对象看作是按一定规则相互作用、相互依存的诸多要素的集合体。

正是其研究对象的具体性，使哲学社会科学涵盖的子学科范围宽广、种类繁多。联合国教科文组织在 1997 年 11 月修订的《教育分类国际标准》中，将现有的哲学社会科学学科大体划分为 15 个类别，即哲学、文学、史学、经济学、经济史学、政治学、社会学、人口学、人类学（体质人类学除外）、民族学、未来学、心理学、地理学（自然地理学除外）、和平与冲突研究以及人权研究。② 作为哲学社会科学较为发达的国家，美国的哲学社会科学学科分类是将其划分为包含多个子学科的六个大类和相关分支：

第一，人类学：包括人种学、考古学、文化与个性学、社会与民族学、应用人类学等。

第二，经济学：包括经济数学与经济统计学、经济思想史、工业经济学、劳动经济、农业经济、宏观经济学、微观经济学、财政和财政政策、经济理论、经济体系与发展等。

第三，历史学：包括文化、政治、社会、科学的历史与哲学。

第四，语言学：包括古人类学的语言学、计算机语言学、心理语言学、社会语言学等。

第五，政治学：包括地区研究、政府比较、政治思想史、国际关系与国际法、国家政治与国家体制、政治理论、公共管理等。

第六，社会学：包括比较与历史社会学、复杂组织、文化与社会结构、人口统计、人群相互关系、社会问题与社会福利、社会学理论等。

此外，哲学社会科学还包括不能纳入上述分支学科的部分，如社会经

---

① 《马克思恩格斯选集》第 2 卷，人民出版社 1995 年版，第 18 页。
② 李惠国等主编：《面向 21 世纪的国外社会科学》，武汉大学出版社 2003 年版，第 3 页。

济地理以及不能包括在以上各学科中的多学科和跨学科领域。①

可见，哲学社会科学包含众多可以分类和难以分类的相关学科，而这些学科包含的分支领域及相互间的跨学科现象更加复杂，由此产生了哲学社会科学创新表现形式在整体上必然具有复杂性、多样性的样态。

第二，研究对象的主体性是哲学社会科学创新表现形式多样性的内在根源。一般说来，自然科学的研究对象往往具有客观性、确定性、普遍性和可量化性等基本特征，其研究成果也可以加以客观地证实、再现和说明。但这些特征恰恰是哲学社会科学所不具备的。哲学社会科学研究的对象既包括社会现象和人的主观精神世界，也包括人们在人化自然中所观察到的人通过其对象化的活动体现在自然中的人的本质，即体现在自然中的人性。因此，哲学社会科学研究和探讨的范围较之自然科学更为宽泛，它涵盖了人与自然、人与人、人与社会、人与自身等多层面的关系。而以上这些研究领域，因为都有人的或多或少的参与，所以，哲学社会科学的研究对象相对自然科学的研究对象来说，就带有较为强烈的主体性特点。狄尔泰曾指出，同把自然界当作外在的东西来研究相比，人们是把社会生活和历史当作内在的东西来研究的。马克斯·韦伯则强调说："社会科学所涉及的是精神事件的参与，而以神入的方式'理解'这些事件当然是一种不同于想要或能够解答精密自然科学的公式的任务。"② 正是研究对象具有主体性这一特点使哲学社会科学研究对象的内在规律更难于把握，使哲学社会科学研究的结论更难于检验和证实，甚至哲学社会科学本身能否彻底地科学化直到现在都存在争议。因此，哲学社会科学创新的表现形式也必然呈现出非单一性的特点。

第三，研究范式的主观性是哲学社会科学创新表现形式多样性的直接原因。哲学社会科学的研究范式与自然科学的研究范式有着显著的不同。自然科学从古代的萌芽状态发展到近代的自觉阶段，培根及其著作《新工具》曾发挥了重要作用。由培根所确立的实验定性和分类归纳的科学方法观奠定了近现代科学的理论基础。随着近现代自然科学的长足发展并取得巨大理论成就，自然科学日渐成为衡量其他学科的学科性的标准。在

---

① 中国社会科学院外事局编：《美国人文社会科学现状与发展》，社会科学文献出版社 2001 年版，第 380 页。

② ［德］马克斯·韦伯：《社会科学方法论》，韩水法、莫茜译，中央编译出版社 2005 年版，第 24—25 页。

许多人看来，判断一门学科有无存在的必要和价值，唯一的标准是它是否科学；而判断一门学科是否科学的一个重要标准，则是该学科是否具有精确化的、统一的范式和检验标准。然而，哲学社会科学的研究范式却带有强烈的主观性、解释性、多元性等特点，这一点在西方哲学社会科学界已是共识。与科学主义在当代中国大行其道不同，在西方，哲学社会科学早已实现了方法论上的自觉。休谟对于普遍规律可靠性的怀疑至今仍震撼着人类的理性，康德提出了自然科学何以可能的诘问，黑格尔集辩证法思想之大成，贬科学方法为对现象"没有精神"的罗列，指责科学"象骨架之没有血肉和香料店的罐子所盛的东西之没有生命那样，也把事情的活生生的本质抛弃掉或掩藏了起来"①。胡塞尔认为科学陷入了危机之中，遂亲自创立现象学，企图建立真正意义上的"严格的科学"，海德格尔则为哲学社会科学开创了解释学的新局面，马克思的"天才发现"——唯物史观为人们考察人类社会和历史提供了崭新的方法和视域。所有这些，都说明哲学社会科学有其独立的研究方法和范式。现代西方学者已能对哲学社会科学方法与自然科学方法进行客观的比较和考察，自然科学的方法不再能独霸话语权。让·皮亚杰经过对两类不同方法的比较后发现，实验科学其实是在"推理科学"即人文科学之后很久才建立起来的。他认为，导致这一现象的原因有三个方面：首先，精神的自然倾向是对实在的直觉和推理而不是实验；其次，相对实验对象的复杂性，推理领域中最基本的运算同时也是最简单的运算；最后，不言自明，在能够实验之前和为了能够实验，必须掌握某些推理框架。② 哲学社会科学研究范式的自觉，使得从事哲学社会科学研究的学者不再拘泥于自然科学的客观性、统一性和精确化标准，哲学社会科学的研究工作越来越趋向自由和多元，这也直接导致了哲学社会科学创新表现形式的多样化。

第四，评价主体的特殊性和评价标准的模糊性是哲学社会科学创新表现形式多样性的间接原因。首先，哲学社会科学创新评价的主体呈现出特殊性。我们可以美国的哲学社会科学评价体系为例来加以说明。美国哲学社会科学创新的评价主体由三个方面组成：一是联邦政府。联邦政府一方

① ［德］黑格尔：《精神现象学》上卷，商务印书馆1979年版，第24页。
② 参见［瑞士］让·皮亚杰《人文科学认识论》，郑文彬译，中央编译出版社2002年版，第19—20页。

面是哲学社会科学研究的资助者，另一方面又是相关成果的应用者和受益者，自然成为评价的主体之一。二是哲学社会科学研究者。哲学社会科学研究者，特别是那些同行专家，他们也是哲学社会科学研究成果的评价主体；三是普通公众。普通公众作为社会舆论的主体，可以直接或间接地影响联邦政府对哲学社会科学的态度，所以也能成为评价主体之一。由此可见，评价主体既复杂又特殊，彼此有着不同的立场、观点和社会背景，相互的专业知识和关注角度也大相径庭，表达方式和评价意向更是多种多样，而不同评价主体作出的关于哲学社会科学创新类型的判断必然是多种多样的。其次，哲学社会科学创新的评价标准具有模糊性。仍以美国哲学社会科学评价体系为例来加以说明。在美国，哲学社会科学研究成果的评价标准大致包括六个方面：一是经济价值标准；二是政治价值标准；三是理论价值标准；四是道德标准；五是环境价值标准；六是审美价值标准。① 由此可见，哲学社会科学创新的评价标准并不像自然科学那样有着公认的客观、统一、确定、定量的尺度，而是带有较强的主观性、模糊性。而与评价标准的模糊性相对应，哲学社会科学的创新形式也不会像流水线上生产出来的产品那样全都出自一个模子，而是呈现出复杂性、多样性的特点。

（三）关于哲学社会科学创新类型的观点分歧

在哲学社会科学创新类型的划分问题上，国内学界可谓仁者见仁，智者见智，观点迭出，众说纷纭。如果忽略不同学者在表达方式上的差异，那么，通过对主要观点的梳理、归纳，我们可以把人们在这一问题上的观点分为三种倾向：从总体性上把握、从特殊性上把握和从普遍性上把握。

第一，从总体性上把握哲学社会科学创新类型。把哲学社会科学创新类型作为一个独立的、自为存在的总体来加以把握的只有少数学者。比如，有的学者开宗明义地把哲学社会科学创新规定为包含诸多部分的综合创新，认为哲学社会科学的功能涉及三大层面：（1）观念层面，即世界观、人生观、价值观；（2）认识和思维层面，即理论认识和科学思维；（3）规律层面，即社会发展和社会管理规律。这三大层面之间存在着内

---

① 参见中国社会科学院外事局编《美国人文社会科学现状与发展》，社会科学文献出版社 2001 年版，第 373—380 页。

在联系，它们相互作用、构成一个有机的整体。因此，创新必须是"整体的"、"全方位"的。同时，"综合创新"作为一个复杂的系统，它涉及不同的领域与内容：（1）哲学社会科学相关子学科如何适应当今全球化、市场化的发展，形成学科创新发展的规划与方案；（2）哲学社会科学研究的价值取向、研究的途径、方法与技术手段以及评价研究成果的标准等方面的创新；（3）哲学社会科学研究机构的创新；（4）哲学社会科学的人才结构、人才评价、人才资源的开发与有效利用的创新；（5）哲学社会科学的政策和投入机制的创新。不仅如此，"综合创新"还是一个开放的、动态的过程。一方面，哲学社会科学需要经历较长的时间和过程来扬弃原有的弊端，形成新的运作和发展模式；另一方面，哲学社会科学各个领域、各个方面在"综合创新"中存在着互动、互补关系。

第二，从特殊性上把握哲学社会科学创新类型。持此类观点的学者较多，其共同特点是尽可能穷举创新类型的细节表现。主要观点如下：

有学者认为，哲学社会科学创新既是一个独创性的理性认识过程，也是一个将理性认识的成果转化为社会实践的过程。因此，哲学社会科学创新包括理论创新、方法创新、制度创新、管理创新。其中，基础理论研究创新、应用对策研究创新是哲学社会科学创新的主导方面。

有学者认为，创新是哲学社会科学研究永恒的主题，而以马克思主义为指导、以推动社会进步为己任的哲学社会科学研究创新包含着五个方面的内容：（1）结合新的时代特点和社会实践的需要，对前人的基本理论观点进行创造性的丰富和发展，作出符合时代和实践要求的新的阐释和说明。（2）运用马克思主义特别是中国化的马克思主义的最新成果深入地总结新的实践经验，回答新的实际问题，探索新的发展规律。（3）根据社会实践规律，适应社会发展趋势，提出具有实践意义的理论假说，并不断地开辟将理论假说变成社会实践的道路。（4）积极吸纳自然科学以及其他学科的丰富营养，积极借鉴世界各国的哲学社会科学成果，真正站在世界科学技术革命的前列，以宽广的世界眼界实现传统社会科学从内容到形式的自我超越和突破。（5）大胆改革传统的研究方法，借鉴和吸收现代各学科的研究方法，实现哲学社会科学研究方法论的创新。

有学者认为，哲学社会科学创新应包括四个层面：一是对社会实践中不断出现的新情况、新问题作出理性分析和理论解答；二是对认识对象、实践对象的本质、规律作出新的发现和新的揭示；三是对重大历史事件、重要历史人物作出新的、合乎史实的认定和评价；四是对社会实践经验作出新的理论总结。

有学者认为，哲学社会科学的创新类型可分五个层次：（1）新的研究方法和技术；（2）新的研究方向和思路；（3）学科领域和研究视野的扩大与交叉；（4）创建新领域、新学科和提出有重要意义的新课题、有创见的学术成果；（5）重大思想创新，即丰富和更新已有理论或提出新理论对社会发展产生重要影响。其中，第五个层次的创新是最高层次的创新，而前四个层次的创新是第五个层次的创新的基础。

有学者认为，哲学社会科学的创新主要包括基础理论创新、管理制度创新、应用对策创新、社会技术创新等。其中，理论创新具有基础地位和先导作用，是哲学社会科学创新的本质要求。

第三，从普遍性上把握哲学社会科学创新类型。一些学者不满足于穷举创新类型的细节，而是试图从对微观细节的反思，上升到对创新类型宏观整体的把握。主要观点如下：

有学者认为，哲学社会科学创新应包含理论创新、观点创新和方法创新三大类。理论创新是以马克思主义为指导，构建适合研究和分析中国社会与文化的新的理论体系。观点创新即提出与前人不同的观点。所谓新观点也就是在某一具体事实或个别问题上提出新的见解或看法。方法创新即提出与前人不同的研究方法，并运用于自己的研究中。在三类创新中，理论创新最为重要。

有学者把哲学社会科学创新类型概括为五个方面：（1）方法性层面的创新。其侧重点是对新情况、新问题的解释原则、模式和视野的创新，它对新的理论观点、理论原则、理论体系的形成具有某种决定性的作用。（2）原创性理论层面的创新。其侧重点是在深刻把握事物发展规律及人的思维规律、有效探索社会实践新领域的基础上，提出前所未有的新观点、新范畴，特别是形成新原理、新的理论体系。（3）对原来理论作补充、丰富、论证和发挥层面的创新。其侧重点是依据社会实践并以此为检验标准，对前人创立的理论，在充分肯定和继承的基础上作补充、丰富和发挥以及进行新的论证，对其中错误的成分加以纠正，对其中陈旧的成分加以舍弃。（4）对前人理论观点进行重新梳理层面的创新。其侧重点是根据实践需要，对前人的思想资料和理论观点进行重新梳理，清除由于后人的错误理解而混杂其中的不正确的或随意附加的东西，重提或凸显前人提出的某些能够反映当今时代精神的理论原则和观点，并赋予其当代的意义。（5）辩证否定、批判性层面的创新，其侧重点是批判前人理论中的过时的、不合理的内容，肯定并进一步阐发其中蕴含的积极的因素。

有学者认为，哲学社会科学创新的基本类型可分为四种：（1）原创性的理论创新，即首创性地或第一次提出新的观点、新的理论。这种创新的难度最大，因为它没有相关的理论作参照。这种创新往往不仅具有超前性，而且富有战略的预见性。（2）更替性的理论创新，即以一种新的理论代替原来的理论。这种创新以原有的理论为参照，经过对客观事物的研究而提出了与原有理论不同的理论。在这里，原有理论往往是因时代条件和社会生活的巨大变化而被实践证明是已经过时的理论。（3）增添性的理论创新。这种创新是在原有理论的基础上增添了新的内容、补充了新的内涵，使之更加科学、更加完善。这种创新的特点在于，通过实践的反复验证，在充分肯定原有理论的基本内容的同时，根据新的时代条件和新的实践经验对之作了补充和完善，从而赋予这一理论以更高的理论价值和实践价值。（4）具体化的理论创新。这一创新是对既有理论作了具体化，使之具有实践上的可操作性。这种创新的前提是既有的理论本身是被实践证明为正确的理论，创新的出发点是为了使理论能够更好地指导实践。

在哲学社会科学创新类型划分问题上，上述各种不同的倾向和观点各有一定的根据和道理，但也都存在着一定的片面性。要解决哲学社会科学创新类型划分问题，显然不能仅仅停留在这些众说纷纭的观点上，而应该追根溯源，深入地探索哲学社会科学创新类型的划分标准，并依据正确标准对哲学社会科学创新类型进行合理划分。

二　哲学社会科学创新类型的划分

要对哲学社会科学创新类型进行合理划分，首先必须解决两个前提问题：一是现有的划分类型和方法存在什么问题？二是合理划分的方法是什么？

（一）现有哲学社会科学创新类型划分的主要缺陷

认真审视前面所论述的关于哲学社会科学创新类型划分的不同观点，仔细推敲他们的划分标准和表达方式，我们不难发现它们主要存在四个方面的缺陷：

1. 习惯于归纳分类的方法

显然，大多数学者在思考哲学社会科学创新类型的划分问题时，几乎没有对划分的原则和标准进行缜密的思考，而是习惯于从科学理性出发，习惯于归纳方法，习惯于从特殊形式中提炼出一般类型。恩格斯曾针对这种推崇归纳法的思维惯性提醒道："**对于全归纳派**。我们用世界上的一切归纳法都永远做不到把归纳**过程**弄清楚。只有对这个过程的**分析**才能做到这一点。"① 他还指出："按照归纳派的意见，归纳法是不会出错的方法。但是并非如此，它的似乎是最可靠的成果，每天都被新的发现所推翻。"② 由于大多数学者采取了从哲学社会科学创新的多样表现形式出发、从中归纳出若干普遍类型的思路，从而犯了根本性的、方向性的错误，自然不可能触及哲学社会科学创新类型划分的实质，也无法对哲学社会科学创新类型作出正确合理的划分。

2. 穷举不能真正穷尽概念

倾向于从特殊性上来把握哲学社会科学创新类型的学者，力求从细节上穷举哲学社会科学创新的各种情形。应该承认，分类的目的就在于穷尽概念。但是，穷尽概念的真正意思是指穷尽概念的自身规定性，而绝不是穷尽概念在经验领域中的各种特殊表现。黑格尔指出："在种的经验的，自身无规定的繁多那里，这样繁多的发现或多或少，都丝毫无助于概念之穷尽；例如对于 67 种鹦鹉，还更又找到一打，这与类的穷尽是毫不相干的。"③穷尽特殊性的做法，还往往使分类陷入一种循环：一方面，它把某种类型当作一类，把各种特殊形式归入其下，或排斥于其外；另一方面，它又把某种特殊的表现形式作为一种类型，把它与其他类型区分开来。这就使得类型的划分与特殊表现形式之间存在着一种相互决定的循环。因此，试图通过穷尽特殊类型的办法来达到合理划分哲学社会科学创新类型的目的，是注定无法实现的。

3. 反思的判断达不到必然性

那些倾向于从反思的普遍性上来把握哲学社会科学创新类型的学者们

---

① 《马克思恩格斯选集》第 4 卷，人民出版社 1995 年版，第 335 页。
② 同上。
③ ［德］黑格尔：《逻辑学》下卷，杨一之译，商务印书馆 1976 年版，第 507 页。

不懂得或忽视了一个重要问题，即反思的判断是达不到创新类型划分的必然性的。恩格斯在谈论判断的形式时曾以摩擦生热为例来说明判断形式的逐步发展。他指出，对于摩擦生热这一现象，人类思维经过几千年才实现了从"摩擦是热的一个源泉"这样一个肯定的实有判断，到"一切机械运动都能借助摩擦而转化为热"的反思的全称判断，最终达到"在每一场合的各自的特定条件下，每一运动形式都能够并且必然直接或间接地转变为每一其他运动形式"这样一个判断的最高形式，即确然的概念判断。认为哲学社会科学创新类型包括理论创新、观点创新、方法创新、原创性创新、更替性创新、辩证否定性创新等观点，从本质上看，都属于反思的判断。其共同特点是，谓词超越了直接的抽象的质的规定，如将主词表达为对社会现象进行新的总结、提出与前人不同的观点等，从而达到对主词的一种普遍性的规定。这种反思判断的缺点在于，其谓词表述的普遍性规定与主词之间并无必然的联系，它只是一种表面的普遍性，也就是将特殊事物的共同点归纳在一起。例如，"中药是可以治病的"就是一个反思判断。实际上，可以治病并非中药所独有的属性，西药也可以治病，甚至不用药而通过心理疏导、体育锻炼也可以治病。可见，用反思的方法来划分哲学社会科学创新类型，最多也只能依据一些外在的规定性来对哲学社会科学创新类型进行划分。

4. 语言逻辑表达不够严密

由于我国还处于现代化的发展时期，科学理性在人们的思维习惯中依然占据主导地位，因而人们在思考哲学社会科学创新类型问题时，习惯于使用知性思维去表述。例如，倾向于从总体性上把握哲学社会科学创新类型的学者，虽然意识到了哲学社会科学创新是一个有机的整体，但在表述上却知性地将这一整体拆解为观念、认识和思维、规律三个层面和五项具体内容，然后再论述它们之间的相互关系。之所以说这是典型的知性思维，是因为它倾向于把整体分割为若干组成部分，并满足于阐明这些部分之间的相互关系、相互作用，在很大程度上忽视了整体各部分之间的有机的、必然的联系。进行反思判断的学者则存在着另一个缺陷，即在语言表述上还混杂着感性表象。例如，理论创新、方法创新、原创性、更替性等提法虽然达到了普遍性的层次，但依然带有表象和偶然的性质。至于对创新作宏观与微观的划分，更是不折不扣的表象思维概念。此外，反思判断的某些观点还存在着逻辑不严密的问题。例如，将创新划分为理论创新、观点创新和方法创新，在逻辑上就是很不严密的，因为任何哲学社会科学创新都可以归之于理论创新，而理论总是包含着一定观点的理论，方法又总是一定理论的方法。如果说理论是根本性的观点，那么，观点也可以说是个别性的理论。至于将创新划分为内容创新与形式创新，乍看起来似乎对问题作了一种哲学的思考，但这类范畴在哲学上属于本质反思范围内的范畴，并未达到概念思维的范畴层面，因为哲学概念不仅应表现为对立面的对立，还应表现为对立面的统一。

（二）哲学社会科学创新类型划分的方法

到底应该按照什么方法来对哲学社会科学创新类型进行划分的问题，实际上也就是如何对哲学社会科学进行合理分类的问题。在这里，首当其冲的问题是：分类是从特殊到一般还是从一般到特殊？也就是说，分类是应该从哲学社会科学创新的多样的表现形式出发，从中归纳出若干种普遍形式，还是应该直接从哲学社会科学创新类型这一概念本身出发，将其划分为若干种特殊类型。当然，在这两者之外也可能还存在着第三条路径？如果有，那是什么呢？

依照人们的直觉和习惯，分类似乎应该从特殊到一般，这符合人们通常的认识程序。这也是近代科学理性自觉以来由培根开创的传统。培根对亚里士多德的逻辑学一概予以排斥，否定演绎推理的作用，提出了科学归纳法。科学归纳法由三个环节组成：收集材料、运用"三表法"（具有表、接近中的缺乏表、程度表）来整理材料、进行真正的归纳。自培根以来，归纳法一直是科学理性的主流，对人们的思维方式的形成产生了重大影响。正如前述，恩格斯曾对这种归纳法进行了批判。

那么，分类应该从一般到特殊吗？回答也是否定的。正如不能把归纳法奉为金科玉律一样，把演绎法捧到天上去也是偏颇的做法。

与以上截然对立的两派观点不同，我们认为，合理的分类恰恰应该走第三条道，即从概念的一般开始到特殊，再从特殊返回到具体的概念整体。也就是说，分类应该是归纳与演绎的结合。如黑格尔所言，哲学方法应该既是分析的又是综合的。

第一，分类首先是分析的，起点应该是一般。黑格尔专门指出："假如在现实中，不论是自然或精神的现实，具体的个别性，对于主观的，天然的认识说来，是作为最初的东西而给予的，那末，在认识中，在至少是概念理解的认识中，那就恰恰相反，必须以概念的形式为基础，即单纯的、脱离了具体物的东西是最初的东西。"①马克思在写作《资本论》时也曾为起点问题苦苦思索，最后确定以资本主义世界最抽象、最普遍、最一般的商品概念作为理论的出发点。

第二，分类进一步发展为特殊。按照黑格尔的讲法，分类"表现为普遍的东西的、最初的东西的判分"②。也就是说，分类实质上是普遍概念的特殊化，是从概念进到判断，而分类合理与否取决于判断的合理性。恩格斯在其《自然辩证法》手稿里曾高度评价黑格尔对判断的分类，并称为"天才阐述"，认为这种"分类法的内在真理性和内在必然性是明明白白的"③，它既以思维规律为根据，也以自然规律为根据。在赞赏之余，恩格斯还对黑格尔所说的从低级到高级发展、表现为序列的判断形式即实有判断、反思判断、必然性判断、概念判断逐一进行了解释并举例论证。这从另一个侧面也说明，对于一个判断来说，谓词对主词的规定是有一系列层次的，我们应努力从表象规定达到本质规定，进而达到概念规定的水平。

第三，分类又是综合的。在经历普遍概念的特殊化以后，人们的思维还要从特殊回到普遍，达到具体。判断发展到确然的概念判断，实际上已经不仅仅意味着普遍概念的特殊化，而且也预示着特殊概念的返回，它使得普遍概念成为具体的、统一的、整体性的概念。黑格尔举例说明了确然概念判断的这一特点："这一所（直接的个体性）房子（类或普遍性），具有一些什么样的性质（特殊性），是好的或坏的。"④ 这表明，一切事物都是在一个具有特殊性的个别现实性中的类，也就是普遍性、特殊性和个体性的统一。马克思在《〈政治经济学批判〉导言》中专门论述了政治经济学的方法。他指出，在研究任何历史科学、社会科学时"应当时刻把握住，无论在现实中或在头脑中，主体……都是既定的"⑤。主体并不是当你开始谈论它时它才存在，它本身就是前提。在确定这一前提后，如何开展对于主体的研究呢？马克思指出，研究存在着两条相反的路径：一条

---

① ［德］黑格尔：《逻辑学》下卷，杨一之译，商务印书馆1976年版，第503页。
② 同上。
③ 《马克思恩格斯选集》第4卷，人民出版社1995年版，第333页。
④ ［德］黑格尔：《小逻辑》，贺麟译，商务印书馆1980年版，第354—355页。
⑤ 《马克思恩格斯选集》第2卷，人民出版社1995年版，第24页。

是从具体到抽象，另一条是从抽象到具体。在第一条路径上，完整的表象蒸发为抽象的规定；在第二条路径上，则是抽象的规定在思维行程中导致具体的再现。马克思明确地说："后一种方法显然是科学上正确的方法。"① 马克思的这种方法，显然是从一般到特殊、从特殊到具体整体的再现的方法。

综上所述，要实现对哲学社会科学创新类型的合理划分，必须从概念的判断着手。而在黑格尔看来，对事物作概念的把握的最高层次就是辩证法。对事物作概念的把握，也就意味着对事物作辩证的理解与分析。

对辩证法作详细的论述不是我们在这里的任务。简而言之，辩证法包含三个环节：首先是开始，即存在或直接性，但这种存在只是自在的直接的特定概念，也就是普遍的东西。其次是进展，即对最初者予以规定，也就是从普遍发展到特殊。最后是目的。普遍与特殊在目的里达到了具体的个体性，成为全体、总体，从而使概念得以实现。② 这种方法，黑格尔在他的绝大多数著作如《自然哲学》、《精神哲学》、《宗教哲学》、《法哲学原理》、《美学》、《历史哲学》等中都作了说明和运用，而这些著作基本上都有专门的一节来阐述"某某哲学的划分"。

例如，在《宗教哲学》中，在谈到章节分类的时候，黑格尔指出，在名副其实的科学中，只存在一种方法，也就是自我阐释的概念。他说，依据概念的诸环节，宗教的阐述可划分为三个部分，"首先，我们在其普遍性中探考宗教概念，继而在其特殊性中予以探考，视之为将自身分离以及将自身区分的概念，……最终是将自身置于自身的概念、推理，即概念自其规定性之复归于自身。"③

马克思无疑深受黑格尔辩证法的影响，这在《资本论》得到了充分的表现。据马克思自述，他在写作《资本论》前重读了黑格尔的《逻辑学》，而这在方法和章节划分上给了他许多帮助。在《〈政治经济学批判〉导言》中，马克思在谈到分篇时说，应当这样分："（1）一般的抽象的规定，因此它们或多或少属于一切社会形式……（2）形成资产阶级社会内部结构并且成为基本阶级的依据的范畴。……（3）资产阶级社会在国家

---

① 《马克思恩格斯选集》第 2 卷，人民出版社 1995 年版，第 18 页。
② ［德］黑格尔：《小逻辑》，贺麟译，商务印书馆 1980 年版，第 424—427 页。
③ ［德］黑格尔：《宗教哲学》，魏庆征译，中国社会出版社 2005 年版，第 36 页。

形式上的概括。……（4）生产的国际关系、国际分工。……（5）世界市场和危机。"① 这一分类显然遵循的是从一般到特殊再到有机的总体，也就是从抽象到具体的过程和方法。

在确立了划分哲学社会科学创新类型的方法以后，哲学社会科学创新基本类型的划分问题就比较容易解决了。

（三）哲学社会科学创新的基本类型

对哲学社会科学创新类型作合理的划分应实现概念的判断，运用辩证的方法，其结果就是将哲学社会科学创新划分为三种基本类型：普遍创新、特殊创新、综合创新。

1. 普遍创新

所谓哲学社会科学的普遍创新，是指哲学社会科学各相关子学科在其领域内取得了具有全局性的、革命性的、历史性的、质变性质的创新成果。

首先，普遍创新具有全局性。这是普遍创新给人的最为直接的印象。普遍创新主要体现为对学科的主要规律、核心观点、根本方法、基本范式的创新。普遍创新一经产生，就同时对学科内部和学科外部产生双重影响。一方面，随着普遍创新的出现，整个学科的面貌立即为之一变，按照托马斯·库恩的说法，不同范式之间具有不可通约性，"范式一改变，这世界本身也随之改变了"②。普遍创新触及的不单单是学科的细枝末节，而是包含各部分在内的整体上的质变。例如，在西方经济学的发展过程中，相继而起的新古典主义、凯恩斯主义、新自由主义等都在经济学领域里引起了全局性的改变。另一方面，普遍创新也会对学科外部的相关学科产生重要的影响。例如，休谟的怀疑论不仅对当时的哲学产生了深远影响，甚至还动摇了近代以来人们对自然科学的绝对信赖。

其次，普遍创新具有革命性。这是普遍创新给人的最为强烈的印象。普遍创新的革命性主要体现在两个方面。首先，普遍创新的革命性突出地体现在其原创性上。所谓原创性，从现象上看，即在前人的理论成就的基

---

① 《马克思恩格斯选集》第2卷，人民出版社1995年版，第26页。
② ［美］托马斯·库恩：《科学革命的结构》，金吾伦、胡新和译，北京大学出版社2003年版，第101页。

础上，想前人所未想，言前人所未言，具有"首发"的特点。从本质上看，普遍创新是对前人理论成就的辩证否定，是一种扬弃，是把所属学科推进到更高水平。例如，在西方法学领域，19世纪以前长期居于统治地位的是古典自然法学派和新自然法学派，19世纪上半期则崛起了分析实证主义法学派，而20世纪后占统治地位的则是社会法学派。其次，普遍创新的革命性还体现在其对旧的思想观念的批判和否定上。革命是"历史的火车头"，革命总要否定陈规旧律，总要不顾一切地"冲决罗网"。因此，革命性的普遍创新有时还意味着需要巨大的理论勇气，甚至需要付出生命的代价。文艺复兴时期，一批启蒙思想家的普遍创新由于触犯了当时社会的宗教信仰，因而受到残酷打击和迫害。

最后，普遍创新具有历史性。普遍创新的历史性表现在两个方面。一方面，普遍创新的产生具有历史必然性。哲学社会科学的对象是属人的，而人不能脱离他的时代，人总是历史性的存在，因此，哲学社会科学必然具有历史性。哲学是时代精神的精华，其他社会科学学科同样是时代精神的反映。时代是不断变化着的，随着时代的发展，作为时代精神之精华和反映的哲学社会科学也必然会作出新的理论创造。因此，哲学社会科学的普遍创新是有其历史必然性的。例如，黑格尔之所以成为西方古典哲学的集大成者，内因是德国古典哲学自康德开始经费希特到谢林奠定的基础，外因是德国资本主义生产关系的萌动以及欧洲大陆资产阶级革命的兴起。另一方面，普遍创新产生后一般具有长久的历史影响。哲学社会科学普遍创新的历史影响是多方面的，它或者改变一个学科领域的发展态势，或者改变一个甚至一些民族或国家的思维模式和发展道路。如孔子开创的儒学传统、老子创立的道家思想、马克思和恩格斯创立的科学社会主义理论等。`

2. 特殊创新

所谓特殊创新，是指哲学社会科学各相关子学科在其领域内取得了具有局部性、革新性、当下性、量变性质的创新成果。

首先，特殊创新具有局部性。特殊创新是普遍创新的分化和具体规定。因此，与普遍创新不同，特殊创新是在遵循学科的主要规律、核心观点、根本方法和基本范式的前提下实现的局部创新，体现为对学科体系的完善和补充。特殊创新的局部性使得该类型创新不会对学科整体产生决定性影响，不会左右学科的基本态势和发展方向。例如，列宁在资本主义进入垄断时期后提出的帝国主义理论，就是对马克思主义理论体系的特殊创新。又如，在胡塞尔创立了现象学之后，西方现象学运动随之风起云涌，出现了诸多的特殊创新，极大地丰富了原有的现象学体系。当然，局部性也意味着局限性，特殊创新往往只在其创新的狭小领域里产生影响、发挥作用，而对领域外没有影响和作用，或影响与作用极小。例如，西方马克思主义的各个派别，如存在主义的马克思主义、结构主义的马克思主义、新实证主义的马克思主义、法兰克福学派等，它们虽然各自都实现了一些特殊创新，从而从不同方面丰富了人们对于传统马克思主义的理解，但这些不同的派别在立场、旨趣方面差异甚远，其理论影响都相当有限。

其次，特殊创新具有革新性。革新与革命不同，革命是在质上的飞跃，革新只是在量上的突破；革命是突变式的，革新是常规式的。因此，革新性的哲学社会科学创新类型与革命性的类型相比，具有两个方面的不同特点：一方面，革新性的哲学社会科学创新仅表现为对学科领域内的个别规律、个别观点、个别方法的辩证否定性的创新。也就是说，这种创新只触及部分，并不变革整体，不影响学科质的规定性。例如，荣格对弗洛伊德的某些观点作了修正，认为人格结构由意识（自我）、个人无意识（情结）和集体无意识（原型）三个层面组成，有别于弗洛伊德的原有分析，但荣格的整个理论依旧没有超越弗洛伊德的传统精神分析框架。另一方面，革新性的哲学社会科学创新类型不会像革命性的类型那样需要巨大的理论勇气。由于它是在既有框架内进行的个别创新，并没有从根本上否定原有理论，所以虽会引起争议，但不至于有巨大的风险。例如，黑格尔提出的绝对精神概念虽有冒犯上帝的嫌疑，但并不影响他被普鲁士政府授予三级红鹰勋章。与他相比，斯宾诺莎就悲惨得多，他的实体思想受到了泛神论的指控，他本人为此而付出了巨大的代价。

最后，特殊创新具有当下性。与普遍创新类型一样，特殊创新类型也必然表现在时间中，但它在时间中的表现具有极强的当下性。它有两个方面的特征：一方面，特殊创新的出现更多地体现为一种历史机缘。特殊创新的实现在很大程度上缘于当下的偶然因素。任何事物的出现固然有其内在的必然性，但它何时出现、以何种形式出现等却带有偶然性。例如，在我国马克思主义哲学研究中，20 世纪 80 年代曾一度兴起人道主义的马克思主义思潮，人们展开了关于马克思主义人学的热烈讨论；进入 90 年代以后，人们的注意焦点又转向了实践唯物主义问题；21 世纪以来，许多人又重点关注生存论和辩证法问题。这一情形，与学界相继出现的思想解放运动、西方马克思主义研究的深入以及海德格尔研究热等是密切相关的。另一方面，特殊创新也不会产生长久的历史影响。与普遍创新能产生深远的历史影响不同，特殊创新是在个别规律、个别观点、个别方法上的突破，而且它的出现带有很大的偶然性，因而它的影响也往往局限于当下。例如，改革开放以来，我国西方哲学研究过程中曾先后涌动过萨特热、弗洛伊德热、叔本华和尼采热、胡塞尔热、海德格尔热等，但"风流总被雨打风吹去"，回过头来，大家发现，其实即使是已传入中国近百年的康德、黑格尔哲学也还有许多尚未厘清之处。

3. 综合创新

所谓综合创新，是指哲学社会科学各相关子学科在其领域内取得了全局性与局部性统一、革命性与革新性统一、历史性与当下性统一的、具有质变与量变相结合性质的创新成果。

哲学社会科学的综合创新，是上述普遍创新与特殊创新这两个对立面的统一和融合。统一不是对立面的简单相加，不是用麻袋装马铃薯，不是"一方面……另一方面……"、"既……又……"式的折中。统一是对立面的运动。黑格尔曾为"统一"这个用词而烦恼，认为它是个"不幸的字眼"，因为统一往往被人们理解为两个外在事物由于具有某种共性而有了联合，从而成为一种抽象的统一。真正的统一是什么呢？黑格尔指出，"联合只能表现为两个互不相容的东西之间的非静止，即运动。"① 黑格尔以有、无、变这个"三一体"为例具体说明了这种运动："变用这种方式，便在一个双重规定之中了；在一重规定里，无是直接的，即规定从无开始，而无自己与有相关，就是说过渡到有之中；在另一重规定里，有是直接的，即规定从有开始，有过渡到无之中，——即发生和消灭。"② 马克思在《哲学的贫困》中，曾对蒲鲁东用外在的辩证法分析竞争与垄断的统一作了严厉的批驳："在实际生活中，我们不仅可以找到竞争、垄断和它们的对抗，而且可以找到它们的合题，这个合题并不是公式，而是运动。垄断产生着竞争，竞争产生着垄断。"③

---

① ［德］黑格尔：《逻辑学》上卷，杨一之译，商务印书馆 1976 年版，第 80 页。

② 同上书，第 97 页。

③ 《马克思恩格斯选集》第 1 卷，人民出版社 1995 年版，第 176 页。

根据黑格尔和马克思的上述论述，哲学社会科学综合创新所体现出来的全局与局部的统一、革命与革新的统一、历史与当下的统一，并非外在的联合或简单的并列，而是全局与局部之间、革命与革新之间、历史与当下之间的相互对立、相互渗透、相互转化、相互交织、相互依存、有机共生的关系。在这种关系之中，全局性体现在具体的局部性之中，革命性体现在具体的革新性之中，历史性体现在具体的当下性之中；与此同时，局部性自在地即是全局性，革新性自在地即是革命性，当下性自在地即是历史性。正是凭借这种关系，哲学社会科学的综合创新才呈现为具体、丰富、有机的整体。

三　哲学社会科学创新类型的个案分析

要深化对于哲学社会科学创新基本类型的认识，我们有必要对一些相关的典型案例进行分析。在每一基本类型的个案分析中，我们仅举两个典型案例。

（一）普遍创新的个案分析

为了深入理解哲学社会科学的普遍创新，我们着重分析两个案例：一个是康德在近代哲学中掀起的"哥白尼式革命"；另一个是胡塞尔在现代哲学中开创的现象学传统。

案例一：康德在近代哲学中掀起的"哥白尼式革命"

关于这场西方近代哲学范围内的"哥白尼式革命"，康德自己是这样表述的："人们一向假定我们的知识必须符合于对象，可是使用概念，在验前建立关于对象的某种东西以扩大我们关于对象的知识，这一切企图，按照上述的假定，都终归失败了。因此，我们必须尝试一下，如果我们认定对象必须符合于我们的知识，看看在形而上学中这样做，我们会不会有更多的成就。……这样，我们就恰恰在哥白尼最初的想法这条路线上前进。"① 康德掀起的这场哲学变革具有哲学社会科学普遍创新的典型特征。

首先，由康德掀起的这场"哥白尼式革命"具有全局性。康德哲学

---

① ［德］康德：《纯粹理性批判》，韦卓民译，华中师范大学出版社 2000 年版，第 17 页。

是西方哲学史上的一个转折点，有人将其形容为西方哲学崇山峻岭间的一座大关，只有穿关而过，才能继续前行。也有学者指康德哲学开启了西方哲学的古典形态，它上承古代希腊的传统，使哲学从中世纪处于神学的"婢女"的境况中解脱了出来，就像古代从神话的笼罩下解脱出来一样，形成了自己的相对成熟的形态，并由此开创了近代哲学的先河。康德哲学在近代哲学的枢纽地位和影响由此可见一斑。

其次，由康德掀起的这场"哥白尼式革命"具有革命性。康德在知识论上为解决主体与客体的关系问题开辟了一条他自称在欧洲哲学上具有革命性的道路。具体而言，即颠倒了经验主义关于主体—客体关系的定位，将中心由客体转移到主体。传统的经验主义知识论让主体围绕着客体旋转，而康德的知识论则使客体围绕着主体旋转。卢卡奇对此总结道："近代哲学向自己提出了这样的问题：不再把世界视为独立于认识主体而产生的（例如由上帝创造的）什么东西，而主要地把它把握为自己的产物。"①

再次，由康德掀起的这场"哥白尼式革命"具有历史性。首先，这场革命具有历史必然性。康德哲学的产生不是偶然的。就外因来说，18世纪下半叶到19世纪上半叶，德国资本主义经济开始萌芽和发展，政治上众多小邦逐渐统一，资产阶级革命的条件逐渐成熟，为德国古典哲学的产生创造了政治经济前提。就内因来说，西方哲学从古希腊发端，经中世纪，到启蒙时期，理性终于取得了统治地位。但自培根发端的近代经验主义一直为感性偶然经验如何能上升到逻辑必然这一问题所困惑。休谟彻底的怀疑论终于使这一内在矛盾集中凸显出来，并由此使人类理性面临着严重的信任危机，这是康德哲学产生的思想前提。其次，这场革命具有深远的历史意义。有学者指出，康德以后的西方近代哲学虽然在思想方式和理论形态上有一些变化，但是从总体上看基本上都没有超出古典哲学的框架，甚至西方现代哲学的某些新思潮、新流派也不过是古典哲学的分枝、变种。特别是康德围绕"我能知道什么"、"我应该做什么"、"我可以希望什么"、"人是什么"等四大问题，充分伸张了人的理性，肯定了人的自由，提高了人在自然面前的尊严，试图全面解决人类有史以来所面对的

---

① ［匈］卢卡奇：《历史与阶级意识》，杜章智等译，商务印书馆1992年版，第178页。

各种重大而根本问题，这些正是康德哲学不朽的历史意义所在。①

案例二：胡塞尔开创的现象学

现代现象学起源于 20 世纪的德国，胡塞尔是现象学运动的创始人，也是这一运动的中心人物。胡塞尔开创的现象学是哲学社会科学普遍创新的另一个典型案例。

首先，胡塞尔开创的现象学具有全局性。联合国教科文组织部门主任 H. W. 施奈德曾评价说，胡塞尔的哲学彻底改变了欧洲大陆哲学，这不是因为他的哲学获得了支配地位，而是因为任何哲学现在都企图运用现象学方法，并且用这种方法表达自己，它现在是高雅批评的绝对必要条件。人们普遍认为，胡塞尔为西方哲学开辟了一个崭新的视域，现象学代表着对现代科学中这样一种倾向的反抗，即科学研究要从简化的抽象开始而以最低限度的科学概念的词汇结束。现象学与之相反，其功能既是扫除异物，又是刷新真正现象，而无须将现象连根拔除。也就是说，要真正认知事物，需要的是宽宏的精神而不是经济的精神，是尊重而不是征服，是透镜而不是锤子。

其次，胡塞尔开创的现象学具有革命性。胡塞尔开创的现象学一反西方的逻各斯传统，从一向被人们轻视的、易逝的、表现为偶然存在的、被视为靠不住的现象着手，不凭借概念而达到事物的本质。为了追求"严格的科学"，胡塞尔对一切自然科学采取了"悬搁"的态度，舍弃了概念、判断、推理的传统认识道路，开辟出了一条崭新的认识途径——现象学的方法。有学者将之归纳为七个步骤：研究特殊现象、研究一般本质、理解诸本质间的本质关系、观察显现的方式、观察现象在意识中的构成、将对于现象存在的信念"悬搁"起来、解释现象的意义。无疑，胡塞尔的道路是革命性的。

再次，胡塞尔开创的现象学具有历史性。第一，现象学的产生不是偶然的，而有其历史的必然。西方哲学原本就有现象学的传统。同时，在胡塞尔所处的时代，实证主义盛行，后者推崇思维经济原则，以奥卡姆剃刀的名义，极力缩小经验范围，简化经验材料。此外，科学也陷入了理论自

---

① 参见叶秀山、王树人《西方哲学史》第 1 卷，凤凰出版社 2004 年版；苗力田、李毓章主编《西方哲学史新编》，人民出版社 1990 年版。

身的困惑之中：科学一方面使人扩大了对自然的控制，另一方面却降低了科学的可理解性。科学局限于纯粹实在的事实，不能也不愿意面对价值与意义问题。科学本身转而大声疾呼一门哲学，以使它能恢复与人所深切关怀的事情的联系。第二，现象学具有深远的历史影响。胡塞尔之后，现象学运动风起云涌，有学者甚至认为，20 世纪的欧洲哲学大体都在它的影响和笼罩之下。①

（二）特殊创新的个案分析

针对哲学社会科学特殊创新类型，我们也拟分析两个案例：一个是列宁提出的社会主义革命可以首先在一国或数国取得胜利的理论，另一个是毛泽东提出的中国新民主主义革命道路理论。

案例一：列宁提出的社会主义革命可以首先在一国或数国取得胜利的理论

1915 年，列宁在《论欧洲联邦口号》一文中批判了"欧洲联邦"的口号，第一次提出并阐释了社会主义革命可以在一国或数国首先取得胜利的理论。它包括两个方面：一是社会主义革命可以首先在一国或数国取得胜利；二是社会主义革命的彻底胜利有待于世界革命的完成。列宁的这一理论是典型的特殊创新类型。

首先，这一理论具有局部性。列宁提出的社会主义革命可以首先在一国或数国取得胜利的理论只是对马克思主义无产阶级革命理论的补充、完善和发展，它坚持了马克思主义的立场、观点和方法，而不是像考茨基、伯恩斯坦等第二国际的代表人物那样放弃无产阶级革命、背叛马克思主义。同时，这一理论所探讨的只是无产阶级革命的具体途径与方法，并不涉及马克思主义的其他组成部分，如唯物史观、政治经济学等方面的内容。

其次，这一理论具有革新性。列宁突破了马克思、恩格斯关于无产阶级革命和社会主义胜利的原有设想，这体现在三个方面：一是第一次一般地表述了社会主义革命可以首先在一国或数国取得胜利，而不可能在世界各国同时取得胜利；二是第一次从资本主义经济政治发展不平衡的规律性

---

① 参见［美］施皮格伯格《现象学运动》，王炳文、张金言译，商务印书馆 1995 年版。

上阐述了这一理论；三是与马克思、恩格斯所预言的社会主义革命将首先在英、法、德等工业发达国家取得胜利不同，列宁认为在经济上落后的俄国有可能首先取得社会主义革命的胜利。

最后，这一理论具有明显的当下性。列宁关于社会主义革命可以首先在一国或数国取得胜利的理论的提出具有其特定的时代背景。19 世纪末，资本已变成国际垄断资本，世界已被少数资本主义大国瓜分完毕，资本主义已进入帝国主义阶段，主要资本主义列强武装到了牙齿。而俄国是当时欧洲经济最落后的国家，民主改革尚未完成，在农村中甚至连农奴制还没有消灭，这就为俄国革命创造了难得的客观条件。但是，俄国革命在1915 年后陷入了低潮。在此情况下，为动员人民参与革命，列宁主要强调社会主义革命首先在一国或数国取得胜利的可能性。而十月革命胜利后，为了向全体苏维埃人民说明巩固胜利的艰巨性和支持世界其他国家无产阶级革命的重要意义，列宁则在不同场合转而强调要取得社会主义的彻底胜利，需要全世界工人阶级的联合行动。

案例二：毛泽东提出的中国新民主主义革命道路理论

毛泽东提出的中国新民主主义革命道路理论，简而言之，就是农村包围城市、武装夺取政权的理论。这一理论属于典型的哲学社会科学特殊创新类型。

首先，这一理论具有局部性。毛泽东提出的中国新民主主义革命道路理论不仅是对马克思主义关于无产阶级革命理论的补充和完善，而且也只是毛泽东思想理论体系的一个组成部分。这一理论坚持了马克思列宁主义，坚持了毛泽东一贯倡导的实事求是的思想路线。毛泽东强调没有调查就没有发言权，并反对"洋八股"和教条主义。他是在土地革命的实践中，在总结失败的经验的基础上，创造性地发展了马克思主义的革命道路理论。与此相反，同时期以瞿秋白为代表的"左"倾盲动主义、以李立三为代表的"左"倾冒险主义和以王明为代表的"左"倾教条主义则背离了马克思主义的基本立场和原则。

其次，这一理论具有革新性。在国际共产主义运动史上，从巴黎公社革命到俄国十月革命，各国共产党人走的都是以城市为中心的武装夺取政权的革命道路。第一次国内革命战争时期，中国共产党人通过国共合作发动和领导的北伐战争，也是以城市为中心，组织革命军队攻占大中城市。

大革命失败后，时任中央领导人依然梦想靠工人在城市暴动和武装起义取得胜利。毛泽东提出的中国新民主主义革命道路理论则突破了传统观点，认为应该依靠长期的武装斗争，建立农村革命根据地，长期蓄积革命力量，逐步打碎旧国家机器，再从农村到城市，直到夺取政权。根据这一理论，革命的重心在农村，主力军是农民，革命的中心问题是农民问题。所有这些，都是对马克思主义无产阶级革命理论的新发展和新贡献。

最后，这一理论具有明显的当下性。毛泽东提出的中国新民主主义革命道路理论的当下性表现在两个方面：一方面，该理论的提出有其特殊的历史背景。在井冈山时期，毛泽东在《中国的红色政权为什么能够存在?》、《井冈山的斗争》、《星星之火，可以燎原》等文章中，就提出了工农武装割据的思想。1931年后，以王明为代表的"左"倾教条主义者仍要求红军在城市进行武装起义，导致红军战争失利。1933年，临时中央被迫离开上海迁入中央苏区，这标志着城市中心论的彻底破产。1935年，在王明"左"倾路线的领导下，中国革命再次陷入困境，中央苏区也丢失了。同年举行的遵义会议，确立了毛泽东在党中央和红军中的领导地位。直到这时，在全党确立农村包围城市道路的思想的指导地位才有了保证。另一方面，中国新民主主义革命道路理论指导中国革命走向了胜利，而在新中国成立以后，这一理论也就完成了它的历史使命。

（三）综合创新的个案分析

我们拟同样也通过两个例子来具体说明哲学社会科学的综合创新：一是马克思、恩格斯创立的马克思主义理论体系；二是邓小平创立的邓小平理论。

案例一：马克思、恩格斯创立的马克思主义理论体系

马克思主义理论体系是全世界无产阶级的世界观和方法论，是指导无产阶级和人民群众认识世界和改造世界的思想武器，是以实践为基础的博大精深的思想体系，充分体现了综合创新这一哲学社会科学创新类型的特点。

首先，马克思主义理论体系的创立是全局性与局部性的统一。从全局性上讲，马克思主义理论体系创立以来，其在人类思想观念上所引起的深刻革命、在人类社会生活各个领域所引发的巨大变革、在人们的社会关系

上导致的重大变化以及在学术思想上引起的热烈讨论都是前所未有的。与此同时，马克思主义的基本理论应用于各个学科领域，如哲学、政治学、经济学、历史学、文学、社会学、教育学、人类学等，均取得了重要成果，形成了一系列马克思主义理论的分支学科，它们构成了马克思主义理论体系的有机组成部分。

其次，马克思主义理论体系的创立是革命性与革新性的统一。马克思、恩格斯创立的唯物史观、唯物辩证法是人类哲学社会科学发展史上的划时代成就。在马克思主义创立以前，在社会历史领域里长期占支配地位的是历史唯心主义，其突出特点是把社会意识看作是对社会历史发展起决定作用的因素。历史唯心主义至多只是考察了人们历史活动的思想动机，而没有研究产生这些动机的原因，没有探索社会关系发展的客观规律性，没有把物质生产的发展看作是这些关系的根源，因而无法正确地说明历史。唯物史观的创立，从根本上结束了唯心主义在社会历史领域里的统治地位。在唯物史观看来，不是人的意识决定人的存在，相反，是人的社会存在决定人的意识；一切社会现象和人类社会各种冲突的根源不是存在于人们的思想或观念领域，而是存在于经济事实之中。这样，便将社会历史理论建立于客观的经济事实的基础上，从而使它具有了如同自然科学一样的精确性。同时，马克思把辩证法从黑格尔的唯心主义理论体系中拯救了出来，使辩证法立足于人类的实践，成为新唯物主义的思想利器和科学的方法论。不仅如此，马克思、恩格斯还把唯物史观和唯物辩证法的一般理论和方法应用于诸多学科领域中，取得了一系列理论创新成果，如剩余价值理论、科学社会主义和共产主义理论、无产阶级革命与无产阶级专政理论等。

最后，马克思主义理论体系的创立是历史性与当下性的统一。一方面，马克思主义理论体系的创立有其深刻的历史原因。19 世纪 40 年代中期，资本主义社会矛盾日益激化，无产阶级同资产阶级的冲突日趋尖锐，这构成了马克思主义理论体系产生的社会基础和阶级条件。同时，19 世纪自然科学理论的大发展，特别是细胞学说、能量守恒和转化定律、生物进化论等自然科学的三大发现，为马克思主义理论体系的创立提供了自然科学前提；而德国古典哲学、英国的古典政治经济学以及英、法的空想社会主义思想，为马克思主义理论体系的创立提供了思想来源。另一方面，马克思主义理论体系的创立又具有明显的当下性。马克思青年时的生活经历、马克思办《莱茵报》的工作体验、恩格斯亲身从事资本主义的生产经营、马克思和恩格斯与一些人的多次论战、巴黎公社革命、1844 年欧洲的革命运动、俄国革命的理论探索等，甚至马克思和恩格斯两人的性格差异、个性爱好等，都对马克思主义理论体系的创立产生了这样或那样的影响。虽然马克思主义理论体系的个别观点因为其当下性特征已经过时，但整个马克思主义理论体系却是被一个半世纪以来的人类历史反复证明了的真理。

案例二：邓小平创立的邓小平理论

邓小平理论是马克思列宁主义的基本原理同当代中国实践和时代特征相结合的产物，是毛泽东思想在新的历史条件下的继承和发展，是当代中国的马克思主义，是中国共产党集体智慧的结晶。这一理论体系充分体现了哲学社会科学综合创新的基本特点。

首先，邓小平理论体现了全局性与局部性的统一。邓小平理论是当代中国的马克思主义，是马克思主义在中国发展的新阶段。邓小平理论坚持解放思想、实事求是，在新的实践基础上继承前人又突破成规，开拓了马克思主义的新境界。邓小平理论坚持科学社会主义理论和实践的基本成果，抓住"什么是社会主义，怎样建设社会主义"这个根本问题，深刻地揭示了社会主义的本质，把对社会主义的认识提高到新的科学水平。邓小平理论坚持用马克思主义的宽广眼界观察世界，对当今时代特征和总体国际形势、世界上其他社会主义国家的成败、发展中国家谋求发展的得失、发达国家发展的态势和矛盾进行了正确分析，作出了新的科学判断。邓小平理论第一次比较系统地初步回答了中国社会主义的发展道路、发展阶段、根本任务、发展动力、外部条件、政治保证、战略步骤、党的领导和依靠力量以及祖国统一等一系列基本问题，指导我们党制定了在社会主义初级阶段的基本路线。它是贯通哲学、政治经济学、科学社会主义等领域，涵盖经济、政治、科技、教育、文化、民族、军事、外交、统一战线、党的建设等方面比较完备的科学体系。

其次，邓小平理论体现了革命性与革新性的统一。邓小平理论第一次比较系统地初步回答了在中国这样一个经济文化比较落后的国家如何建设社会主义、如何巩固和发展社会主义的一系列基本问题。马克思主义创始人创立的科学社会主义理论，从原则上回答了社会主义革命和建设的根本问题，科学地揭示了从资本主义社会发展到社会主义社会和共产主义社会的客观规律，但并没有为像中国这样的国家如何建设社会主义提供具体答案。事实上，我国的社会主义建设曾走过不少弯路，有过不少曲折与失误。直到党的十一届三中全会以后，经过二十年的实践，我们党才正确地总结了我国和其他社会主义国家正反两方面的经验教训，才逐步形成了邓小平理论。

邓小平理论的创新还表现在其创造性地解决了一系列涉及社会生活各个领域的重大问题。这主要体现在以下九大方面：一是在社会主义的发展道路问题上，强调走自己的路，不把书本当教条，不照搬外国模式，以马克思主义为指导，以实践作为检验真理的唯一标准，解放思想，实事求是，尊重群众的创造精神，建设有中国特色的社会主义。二是在社会主义的发展阶段问题上，作出了我国还处在社会主义初级阶段的科学论断，强调这是一个至少上百年的历史阶段，强调制定一切方针政策都必须以这个基本国情为依据，不能脱离实际，超越这个阶段。三是在社会主义的根本任务问题上，指出社会主义的本质是解放生产力，发展生产力，消灭剥削，消除两极分化，最终达到共同富裕。根据邓小平理论，现阶段我国社会的主要矛盾是人民群众日益增长的物质文化需要同落后的社会生产力之间的矛盾，必须把发展生产力摆在首要位置，以经济建设为中心，推动社会全面进步；判断改革和各方面工作的是非得失，归根到底要以是否有利于发展社会主义社会的生产力、是否有利于增强社会主义国家的综合国力、是否有利于提高人民的生活水平为标准；科学技术是第一生产力，经济建设必须依靠科技进步和劳动者素质的提高。四是在社会主义的发展动力问题上，强调改革也是一场革命，也是解放生产力，是中国现代化的必由之路，而僵化停滞是没有出路的。邓小平指出，经济体制改革的目标，是在坚持和完善社会主义公有制为主体、多种所有制经济共同发展的基本经济制度，坚持和完善以按劳分配为主体、多种分配方式并存的制度的基础上，建立和完善社会主义市场经济体制；政治体制改革的目标，是完善人民代表大会制度、共产党领导的多党合作和政治协商制度，进一步扩大社会主义民主，健全社会主义法制，依法治国，建设社会主义法治国家；同经济、政治的改革和发展相适应，必须着力提高全民族的思想道德素质和科学文化素质，以培育"有理想、有道德、有文化、有纪律"的公民为目标，建设社会主义精神文明。五是在社会主义建设的外部条件问题上，指出和平与发展是当今世界两大主题，必须坚持独立自主的和平外交政策，为我国现代化建设争取有利的国际环境。邓小平强调，实行对外开放是改革和建设必不可少的，应当吸收和利用世界各国包括资本主义发达国家所创造的一切先进文明成果来发展社会主义，封闭只能导致落后。六是在社会主义建设的政治保证问题上，强调坚持社会主义道路、坚持人民民主专政、坚持中国共产党的领导、坚持马克思列宁主义和毛泽东思想。这四项基本原则是立国之本，是改革开放和现代化建设健康发展的保证，又从改革开放和现代化建设获得新的时代内容。七是在社会主义建设的战略步骤问题上，提出基本实现现代化分三步走。邓小平提出，在现代化建设的过程中要抓住时机，争取出现若干个发展速度比较快、效益又比较好的阶段，每隔几年上一个台阶；贫穷不是社会主义，可是同步富裕又是不可能的，必须允许和鼓励一部分地区，一部分人先富起来，以带动越来越多的地区和人们逐步达到共同富裕。八是在社会主义的领导力量和依靠力量问题上，强调作为工人阶级先锋队的共产党是社会主义事业的领导核心，党必须适应改革开放和现代化建设的需要，不断改善和加强对各方面工作的领导，改善和加强自身建设。邓小平认为，执政党的党风，党同人民群众的联系，是关系党生死存亡的问题；必须依靠广大工人、农民、知识分子，必须依靠各民族人民的团结，必须依靠全体社会主义劳动者、拥护社会主义的爱国者和拥护祖国统一的爱国者的最广泛的统一战线；党领导的人民军队是社会主义祖国的保卫者和建设社会主义的重要力量。九是在祖国统一的问题上，提出"一国两制"的创造性构想。根据这一构想，在一个中国的前提下，国家的主体坚持社会主义制度，香港、澳门、台湾保持原有的资本主义制度长期不变，按照这个原则来推进祖国和平统一大业的完成。

再次，邓小平理论是历史性与当下性的统一。和平与发展已经成为当今时代的两大主题。现在，发生世界大战的可能性越来越小，而发展问题则越来越突出。世界上所有的国家，不论是发展中国家还是发达国家，不论是社会主义国家还是资本主义国家，都在谋求更快的发展。这是社会主义与资本主义两种制度的竞赛，也是关系到一个国家能否在世界上站稳脚跟、处于有利地位的竞赛。在这种历史条件下，我们这样一个经济文化都比较落后的社会主义大国，必须尽快发展起来。这就要求有一种能够指引我们更快更好地发展、不断走向胜利的理论。党的十一届三中全会以后，在改革开放和社会主义现代化建设的实践中，涌现出了许多新的事物，我们党也积累了许多新的经验。这就是邓小平理论产生的时代大背景。同时，邓小平理论也是我国新时期社会主义建设实践的产物。邓小平理论从形成到发展，大体上经历了四个阶段：从党的十一届三中全会到党的十二大前夕，是这一理论的准备和初步提出阶段。在这一时期，党领导和支持了关于实践是检验真理唯一标准的讨论，使我们党从"两个凡是"的束缚中摆脱出来。党的十二大到党的十三大，是这一理论初步形成的阶段。1987年党的十三大报告系统阐述了邓小平理论的基本内容，明确提出我国处于社会主义初级阶段，概括和全面阐述了党的"一个中心、两个基本点"的基本路线，确定了建设有中国特色社会主义的六条具有长远意义的指导方针，并明确提出了我国现代化建设分三步走的战略目标。党的十三大到党的十四大，是这一理论进一步发展的阶段。特别是邓小平同志1992年初视察南方时的重要谈话，科学地总结了十一届三中全会以后党的实践经验，鲜明地回答了经常困扰和束缚人们思想的许多重大思想理论问题，从而使邓小平理论更趋完善。尔后，党的十四大报告对邓小平理论作了科学的概括，而党的十五大则是邓小平理论正式确立和命名的阶段。①

---

① 参见中国人民大学马列主义发展史研究所编《马克思主义史》第4卷，人民出版社1996年版。

第六章

哲学社会科学创新的实现机制

　　创新是人类特有的自觉的创造活动。人类的创造活动可以分为两个层次，其中，以满足直接呈现出来的需要作为目的的自发的、单纯的创造活动是第一个层次，而不仅以满足人的需要为目的，同时还以成果的新颖性作为目的的自觉的创造活动是第二个层次。只有第二个层次的创造活动才能被称为创新。创新和创造这两个概念是紧密相连的。从一方面来说，创新中包含着创造，创新最终也要受到主体需要的制约；从另一方面来说，创新又超出了创造，创新的直接目的是为了新颖性，间接目的才是满足人类的需要。因此，创新必然受社会生产的推动和制约，并且存在着异化的可能。

　　本章为了考察哲学社会科学创新的实现机制，有必要把哲学社会科学创新中人的直接的需要的作用放到次要位置，专门研究人的创造自觉性在哲学社会科学创新中的地位和作用，同时揭示出实现哲学社会科学创新的内在条件和外在条件。

一　哲学社会科学的创新精神

　　人的创造自觉性就是创新精神。如果说创造的活力来源于自发的需要的话，那么创新的活力就来源于创新精神。创新又是在一定的内外条件之下得以实现的，这些条件的总和形成一定的机制，创新是这些机制运行的积极的成果。当然，创新机制的运行并不像生产车间的机械运行那样必然带来想要的产品。创新机制虽然也有章可循，但是对于真正的创新过程来说，这些机制的作用本质上不过是为创新准备必要的条件，而为创新准备条件是取代不了真正的创新本身的。因此，创新是一个有很大风险的事业，需要投入大量的人力、物力和财力，却不一定能够取得令人满意的成果。创新的实现，有赖于人们以创新精神整合和利用所有的创新条件，积极而又顽强地向未知领域进发。

对于创新的实现来说，最根本的因素就是创新精神。创新精神表现为创新主体（包括个体主体和社会主体）追求创新、进行创新的活力以及以创新为荣的观念和意识。没有创新精神，就没有自觉的创造活动，更不会利用各种创新机制为创新活动服务。把创新的活力和创新的条件联系起来作为一个整体来考虑，则创新精神和创新机制构成了创新的实现机制。在这个机制中，创新主体在创新精神的推动下通过创新活动而取得实际的创新成果，实现他们的创新目标。只有强烈的创新精神，才能促使人们产生强烈的创新动机，树立远大的创新目标，充分发挥创新潜力，释放创新激情，进行卓有成效的创新活动。

（一）哲学社会科学创新与技术创新

为了探讨哲学社会科学创新精神的特点，我们首先需要分析哲学社会科学创新与自然科学技术创新的联系和区别。

"创新"（innovate，innovation）这一概念在它被熊彼特最初提出来的时候是指经济领域里的创新，后来则主要是指技术创新。那么，什么是技术创新呢？技术创新是以科学研究为基础、为了获得更多的经济利益和社会财富而进行的在生产和经营方式上的革新。技术创新主要是与自然科学创新联系在一起的，自然科学中的发现、发明和创造被看成是技术创新的最重要的源泉。狭义的科学研究是指自然科学研究，一般可以分为三个层次，即基础研究、应用研究和开发研究。古代的科学研究很简单，自然科学研究和哲学社会科学研究尚未分化，基础研究和产品开发也没有分离开来。自然科学研究中的基础研究和技术开发的分离大体上始于 17 世纪，即以牛顿力学为代表的近代理论自然科学体系开始建立的时候。从那以后，自然科学研究才逐渐分化出上述泾渭分明的三个层次。其中，基础研究主要致力于解决科学发现的问题，应用研究则致力于解决某项技术的原理问题，开发研究则致力于解决具体的技术发明问题。当然，分化不是自然科学研究发展的唯一形式。随着科学技术的不断发展，基础研究、应用研究和开发研究三者之间的联系越来越紧密了，从科学发现到技术发明的转化时间也越来越短了，自然科学研究同时也表现出越来越强烈的综合趋势。虽然自然科学研究具有极为重要的基础性作用，但自然科学研究中的发现、发明和创造并不能直接推动生产和经营的发展，只有再经过有计划、有组织、有目的的创新研究过程，发现、发明和创造才能获得实实在在的工业和商业上的用途。竞争使得技术的新颖性成为现实的必然要求，激烈的全球经济竞争使得技术创新成为关系到现代国家生死存亡的大事。因此，不仅现代企业纷纷建立起自己的创新部门（如 R&D 部门）、成立专门的创新管理机构，而且每一个国家都通过建立国家创新系统来促进各个创新行为主体之间的联系和合作，有效地利用宝贵的创新资源为经济发展服务。

事实上，熊彼特提出创新概念的时候，并没有把自然科学创新当成技术创新的唯一源泉。技术创新也可以是纯粹策略上、组织上和制度上的创新。例如，开辟一个新的市场、实现一种新的产业组织方式或企业重组等就是这样。这种创新可以视为生产管理和社会管理方面的技术创新，本质上是在生产经营和社会生活管理中应用一种新的哲学社会科学方法。从古至今，哲学社会科学的发展从来都会对社会生活产生重要影响。关于这一点，只要举出经济学和管理学在现代社会的宏观经济调控和企业经营管理中的作用就可看得很清楚。但是，哲学社会科学这样深刻地介入技术创新之中，还是 20 世纪中叶才特别明显地表现出来的。20 世纪中期，产生了以电子计算机的发明为代表的第一次信息技术革命，同时出现了一大批重要的横断科学，为哲学社会科学介入技术创新创造了条件。诸如系统论、控制论等横断科学，其理论形态介于传统的哲学与自然科学之间，对于生产的管理和社会的组织都有重要意义。而新的信息技术又为信息的控制（包括对生产和社会生活过程的控制）、信息的传递和储存带来了方便。特别是当 20 世纪 90 年代第二次信息技术革命到来以后，随着互联网的快速发展，哲学社会科学作为控制因素的技术性质越来越明显，哲学社会科学创新已成为技术创新的重要组成部分。

其实，广义的科学研究应该包括哲学社会科学研究。如果我们仅仅注意到没有自然科学研究成果就不可能生产出相应的新技术产品这一个方面，往往会夸大自然科学研究的作用，把自然科学研究看成是作出技术创新的唯一的、充分的条件，从而忽视哲学社会科学研究的作用。事实上，有了自然科学研究成果而没有转化为现实生产力的情况比比皆是。有关统计表明，我国高校每年的科技成果转化率甚至不足 10%。① 这说明自然科学研究只是技术创新的必要条件，而不是充分条件。并且，自然科学研究也不是技术创新的唯一必要条件，哲学社会成果在技术创新中正在起着越来越重要的作用。随着人类认识自然事物的层次越来越深入，自然科学基础研究的难度越来越大，取得成果越来越难，技术创新来自这个方面的支撑相对而言会越来越少，全球经济竞争将越来越依赖于哲学社会科学研究所取得的成果。因此，当零散的自发的研究再也不能适应新的竞争要求的时候，就像曾经发生在自然科学中的情形那样，哲学社会科学创新的任务也就被提到了世界各国的面前。

　　创新以科学研究作为自身的基础，但是，创新本身也还是一种研究。按照海德格尔的看法，"我们今天称之为科学的东西的本质乃是研究（Forschung）"②。无论自然科学创新、哲学社会科学创新还是技术创新都是某种"研究"。然而，作为创新的"研究"已不同于自发的研究，现代科学"研究"也不同于古代的学术研究。为了把现代的"研究"与近代的自发的研究、古代的学术研究区分开来，我们在这里不妨把现代的"研究"称为科研。科研带有企业活动的特征，受制于类似企业经营活动的管理，并按照企业订单的要求进行知识的生产。当我们说科学研究是创新的基础的时候，不能把技术创新曲解为自然科学和哲学社会科学知识的纯粹应用。现代技术是一种独立的实践变换，唯有这种变换才要求应用科学。因此，与其说技术创新是科学研究的应用，不如说科研是追求技术创新的结果。事实上，无论技术创新还是科研，都是现代性的表现。只有到了现代，科学理论的发展才成为技术创新的直接依据，资本主义生产方式才成为技术创新的最强大的动力，挟裹着科研活动的真正意义上的技术创新才逐步得到扩展并为生产力的发展开辟道路。因此，哲学社会科学创新首先必须从其与现代性的深刻关系中加以把握才能得到合理的理解。

　　但是，哲学社会科学创新也必须从超越现代性的维度来加以把握，这是哲学社会科学的一个重要特点。自然科学与现代性是同谋的。自然科学开启了大规模的工业活动，占有了不断增多的材料，然而，自然科学把世界和人都看成是客体（异己的对象）、有用性、抽象的物和僵死的形式，

---

① 吕诺：《高校科技成果转化率不到 10%》，《人民日报》2005 年 1 月 13 日。
② 《海德格尔选集》下卷，上海三联书店 1996 年版，第 887 页。

导致了人与自然和人与人之间的关系的异化。自然科学超出现代性的方式不是通过自身的发展，而是通过现代工业。正如马克思所言，自然科学"通过工业日益在实践上进入人的生活，改造人的生活，并为人的解放作准备，尽管它不得不直接地使非人化充分发展"①。与此相反，因为要面对社会问题，哲学社会科学从一开始就这样或那样地扮演着现代社会的批判者和改造者的角色，并致力于解决各种社会问题。因此，哲学社会科学创新又表现出超越现代性和技术创新的一面。就是说，哲学社会科学创新内在地包含着一种既在现实运动中又在现实运动以外发挥作用的精神因素。这种精神因素，也就是我们所说的哲学社会科学的创新精神。

（二）哲学社会科学创新的个体主体精神因素

研究哲学社会科学的创新精神，我们需要分别考察哲学社会科学创新的个体主体和社会主体的精神因素，具体地分析这些不同类型的主体的精神因素对于推动哲学社会科学创新的作用。

哲学社会科学创新的个体主体精神因素，包括个体主体的开拓精神和奉献精神，它们是来自个体主体的创新活力。从形式的方面来看，哲学社会科学创新源于人们对真善美的追求，并往往是对社会发展过程中出现的问题的解答。要发现和解答这类问题，一方面要求人们具有强烈的人文关怀，保持对历史和社会现实的浓厚兴趣和敏锐观察力，具有批判精神和创新意识，善于发现问题，要求人们具有远大的志向，有永不言败的勇气和信心，勇于面对挑战，正确地对待竞争、困难和失败。这些就是一个具有哲学社会科学研究开拓精神的人所应当具备的品质。另一方面，它也要求人们具有探索真理、造福人类的责任感和事业心，具有爱国、爱民族、爱人民的高尚情感，还要求人们具有牺牲个人利益、捍卫真理的勇气。这些就是一个具有哲学社会科学研究奉献精神的人所应当具备的品质。哲学社会科学创新的个体主体精神因素所包含的这两个方面是不可分割、相互促进的。一个具有强烈的开拓精神的人必定也具有强烈的献身精神，反之亦然。

从内容方面来看，哲学社会科学创新的个体主体精神因素的核心是问题意识。所谓问题意识，就是对于问题的自觉意识。这种自觉意识不仅具

---

① ［德］马克思：《1844 年经济学哲学手稿》，人民出版社 2000 年版，第 89 页。

有自觉性这一本质特点，而且包含着一种理论前见（Vorurteile）。发现者因为有了这个理论前见才发现特定的问题，才按照预示的方向分析和解答问题。

问题意识的重要性表现为问题的重要性。一个崭新问题的提出往往预示着一种新理论的诞生。柏拉图和亚里士多德都说："哲学研究始于惊奇（thaumazein）"；波普尔说："科学只能从问题开始"；爱因斯坦说："提出一个问题往往比解决一个问题更重要"。这些大思想家们无不道出了问题对于理论研究的重要性。哲学社会科学创新的个体主体精神因素通过问题意识凝聚在一起，这样那样地指向问题，这是我们取得创新成果必经的第一步。可以说，问题意识是哲学社会科学创新精神的核心。

在问题意识中，起激发作用的是探讨问题的自觉性。强烈的问题意识要求我们对问题保持高度的敏感，能够意识到问题的存在，善于发现和提出问题，能够评价和选择问题，并深思熟虑地解决问题。对问题的这种自觉意识不是一般的能力，而是一种驾驭问题的能力，是一种积极的精神状态。这种精神状态促使我们提出具体的问题，而我们提出的具体问题又表征着这种精神状态。在问题意识中起定向作用的是理论前见。一个人即使对问题有了积极的精神状态，也不一定就能提出真正的问题来。问题是有真伪之分的。中世纪的学者们在经院哲学的氛围中就曾提出过很多伪问题。例如，中世纪的学者甚至极其严肃地讨论过这样一个问题：一根针尖上到底能够同时站立多少个天使。人们在自然科学研究中也可能提出伪问题，如怎样制造"永动机"等。问题之所以会有真伪之分，乃是因为问题的提出总要受到提问者这样或那样的理论前见的影响。虚妄的理论前见代表着一种虚妄的问题意识，它会使人有意识地去寻找那些虚假的、没有实际意义的问题。对于这类伪问题，人们往往可以无止境地争论下去，但这种争论往往永远也不会有结果。

为了保证问题有实际意义，我们必须摒弃虚妄的问题意识，形成一种高度关注现实的真正的问题意识。对于哲学社会科学研究和创新来说，情况尤其如此。"任何发问都是一种寻求。任何寻求都有从它所寻求的东西方面而来的事先引导"①。提问者只有高度关注现实，才能寻找到有实际意义的问题。而哲学社会科学所研究的现实，就是现实的历史运动，就是

---

① ［德］海德格尔：《存在与时间》，生活·读书·新知三联书店 1999 年版，第 6 页。

现实的社会生活。马克思无疑是一位善于提出有实际意义的问题的哲学社会科学大师，他是从必须与时代建立紧密的联系的角度来理解真正的问题意识的。他指出："问题就是公开的、无畏的，左右一切个人的时代声音。问题就是时代的口号，是它表现自己精神状态的最实际的呼声。"①对于哲学社会科学研究者来说，只要不封闭自己的心灵，就都能够听见时代的呼声，并由此发现真正有意义的问题，即时代向哲学社会科学研究所提出的问题。

（三）哲学社会科学创新的社会主体精神因素

任何创新都不是由孤立的个人完成的，都离不开特定的社会历史条件。随着哲学社会科学的发展，哲学社会科学创新越来越依赖于各种社会文化条件，特别是既有的理论学说、文献资料、科研体制、学术规范、技术装备等因素。这些因素的总和所构成的活的体系，形成一定社会的公共的精神财富。这种精神财富因为其公共性而具有表面上的"无主体"性质而取得了其客观性的地位，波普尔称之为"世界3"。他认为，与"世界1"（物理世界）和"世界2"（主观世界）不同，"世界3"是一个具有自主性的客观精神、客观知识的世界，这显然把问题神秘化了。但是，所谓无主体的"世界3"其实有自身的主体，即社会主体，它也确实体现着一种精神，即社会主体的精神，它是哲学社会科学创新精神的重要构成因素。

现实生活中的个人，必然要受到来自社会的力量的支配。然而，一些现代思想家总喜欢把个人想象成所谓的"原子式的个人"，这种幻想在"人权"、"社会契约"和"经济人"等现代社会的基本假设中得到了充分的体现。"原子式的个人"本质上不过是市民社会中利己主义的个人在观念中的异化的反映，它把个人设想为"原子"，即一种"和任何东西无关的、自满自足的、没有需要的、绝对完善的、极乐世界的存在物"②；对于这种"原子式的个人"来说，自身以外的世界没有任何内容，没有任何意义，没有任何重要性，社会也不过是像原子周围的绝对虚空即为原子的自由活动提供空间那样的东西。从历史上看，一些思想家不仅提出了

---

① 《马克思恩格斯全集》第40卷，人民出版社1982年版，第289—290页。
② ［德］马克思、恩格斯：《神圣家族》，人民出版社1958年版，第154页。

这种幻想，而且还把这种幻想强加给一切时代，因而心安理得地把关于社会政治、经济的理论建立在这种虚幻的假设之上。例如，斯密和李嘉图把单个的孤立的猎人和渔夫当作其经济学理论的出发点，卢梭把天生独立的人的所谓"自然状态"当作其社会契约理论的出发点，等等。但是，事实与幻想毕竟不同。无论是在古代社会还是在现代社会，个人从来都不可能摆脱社会的影响而孤立地存在。"原子式的个人"的幻想不过是人们对于他们摆脱了自然关系束缚的市民生活状况的反映，它是一种典型的现代性意识。在以往的历史时代中，单个人还处于作为由一定的自然联系所构成的人群的附属物的地位，根本不可能有"天生独立"的孤立的个人。在现代社会中，虽然人们在一定程度上摆脱了那种自然联系，但共同的社会生活和各种社会关系把每一个社会成员更加紧密地联系起来了。因此，研究哲学社会科学的创新精神，仅仅着眼于个体主体是远远不够的，还必须深入地探索社会主体的精神因素在哲学社会科学创新中的作用。

　　社会主体对个体主体的作用是两方面的。正像社会是由人生产的一样，社会也生产着人，即生产着人的肉体和人的精神。社会对于个人的影响，从消极的方面来说是限制和压抑。在此情况下，社会表现为人的活动的异化，即个人活动的"产物聚合为一种统治我们、不受我们控制、使我们的愿望不能实现并使我们的打算落空的物质力量"①，但这种异化是迄今为止促进历史发展的主要因素之一，它在个人能够自愿地联合起来对生产实行自主的调节之前是不会消失的。从积极的方面来说，社会又是个人实现自由的基础。人类即使扬弃了异化，也不可能脱离社会来进行创造。在任何情况下，社会都是个人创造活动的前提条件，同时它本身也是一种能动的创造主体。

　　社会并不是某种在个人之外和之上存在着并与个人抽象地对立着的东西，它本身是无数个人共同活动的产物，是由无数个人相互作用构成的系统。在这个系统中，起支配作用的是一种统一的无形结构，它以不同形式的刺激、信号、符号、语言、文字等作为中介把单个的人紧密地联系起来，并通过强制或教化等不同方式调节着每个人的活动方式。在这个过程中，单个的人只不过是这个统一系统中的相对独立的要素。在这个统一系统中，个人意志与普遍意志相互转换着，古老的传统也经常在各种载体中

---

　　① 《马克思恩格斯选集》第 1 卷，人民出版社 1995 年版，第 85 页。

复活；人们通过其活动获得各种经验，甚至偶然的事件也会左右人们对于事物的看法。所有这一切通过信息的传递，都有可能影响和改变整个社会的行为模式。而在一定的历史时期所定型的社会行为模式，又通过信息的传递，作为习俗、社会心理、文化传统、思维方式等部分或全部地遗传给下一代。任何人都脱离不了他的传统，都必然这样那样地传承他所属的传统。这种传承性，就是社会主体的精神力量的体现。

作为哲学社会科学创新精神的重要构成部分，社会主体精神的核心是时代精神。所谓"时代精神"，实际上就是一定时代人们的总体性的、根本性的精神风貌，它是一定时代的本质特征包括一定时代的性质、任务和发展趋向等的反映，并且通过该时代的特定内容表现出来的。一定时代的内容是多方面的，它包括该时代的经济、政治、文化、科学等的发展状况和水平，包括该时代的全部物质文明和精神文明。概言之，一定时代的内容就是该时代人们认识世界和改造世界的全部活动及其成果。一般来说，一定时代中的各种具体的思想理论体系和观念形态都会从不同的角度、在不同的程度上体现着自己时代的精神、打上自己时代的烙印，而哲学则是从总体上概括地把握时代的内容、集中地反映时代的本质特征，因此，马克思说："任何真正的哲学都是自己时代精神的精华"①。要实现哲学社会科学创新，就要善于把握时代精神。

要把握由一定时代内容所体现出来的时代精神，就要积极地探索和回答时代问题。哲学社会科学研究尽可以去探讨和解决一个一个的具体的问题，但做不到完全不理会时代问题。因为与自然科学不同，哲学社会科学所研究的就是一定时代各个方面的内容，哪怕是那些非常具体的问题，都与时代问题有着天然的联系。也正因如此，哲学社会科学理论必然会这样那样地表现着时代精神。当然，哲学社会科学研究应该更加自觉地捕捉那些深刻反映特定时代社会发展客观要求的时代问题，从而更准确、深刻地把握时代精神，努力引领时代的发展。

（四）弘扬哲学社会科学的创新精神

问题意识和时代精神是哲学社会科学创新精神中的两个关键因素，弘扬哲学社会科学创新精神应该从培养问题意识和激发时代精神入手。

_____

① 《马克思恩格斯全集》第 1 卷，人民出版社 1956 年版，第 121 页。

　　问题意识包括对问题的自觉意识和理论前见，培养问题意识就是要培养对问题的自觉感悟能力，并且形成正确的理论前见。但是，对问题的自觉意识和理论前见是深藏不露、难以言传的。培养问题意识不能仅仅依靠讲道理、传授技巧，而要依靠从小开始的创新实践。问题意识就像其他许多实际能力一样，往往是通过学习有关的案例来养成的。在军事上，大军事家们的智慧从来都不是仅仅依靠理论学习得到的，他们往往是从战争史上和实战中所遇到的大量战例中发现战争的规律，而有关的军事理论只不过是对这些战例的抽象和总结，这些理论虽能为人们提供关于战争规律的简洁的说明，但据此却很难有效地指挥作战。同样，有关创新技巧的书读得再多，也不能保证一个人具有高度的创新性。要知道梨子的味道，必须自己亲口尝一尝。问题意识必须通过从小就开始从事创新实践来培养。让小孩子多从事创新工作，如做小发明、搞小创作、写小论文、组织小报告会等，这些对于锻炼一个人的敏锐的感觉、强化其问题意识是十分有效的。只要指导者注意加以引导、评价和奖励，不断推动小孩子的创新活动，未来的创新大家就可能在这些小孩子中产生。时过而后学，则勤苦而难成。可以说，人类的任何能力，要达到超常的境界，都需要从小开始培养。当然，如果没有从小就开始培养，只要坚定信心，付出艰苦的努力，也是可以取得一些成就的。

　　借以培养哲学社会科学创新的问题意识的经典案例从何而来呢？只能从古今中外的经典文献中来。这就是为什么哲学社会科学研究总是非常重视经典文献的原因。在这方面，我们必须防止和反对那种不通过经典文献而只通过二手材料来学习哲学社会科学的做法。虽然二手材料并非完全没有用处，但再好的二手材料也不能替代经典文献。二手材料往往只是对经典文献的某种介绍或阐释，它们丢弃了经典文献中的丰富的原始信息，仅通过它们我们是无法了解经典文献的作者是如何创造性地发现问题、提出问题和解决问题的，从而也是不可能达到培养哲学社会科学创新的问题意识的目的的。

　　时代精神预示着历史前进的方向。但是，时代精神也不是一成不变的，它在一定社会的物质生产和物质交往的基础上产生，并通过社会教化和各种形式的激化得以传承和发扬光大。随着社会生活的发展，时代精神也会发生变化。要激发和形成一种健康向上的时代精神，必须注意做好以下两个方面的工作：

第一，必须注重用人类文明的一切优秀成果来培育人、教化人和感染人。在社会发展过程中，由于时代问题是不断变化的，所以很容易出现时代精神与传统精神之间的断裂。例如，在当代中国，急剧推进的工业化已经把农业文明时代的许多东西远远地抛到了后面，文化传统断裂的现象十分严重。然而，今天的中国人面对时代问题进行文化选择时，如果完全割裂传统，必将造成一系列严重的后果。事实上，割断传统只不过是某种现代意识的一厢情愿的幻想，因为不仅现实的实践从来都没有阻断传统进入现代生活的途径，而且当资源枯竭、环境灾变、道德失范等现代社会的危机逐渐积累到不堪忍受的地步的时候，护佑我们这个民族生生不息几千年的那些精神财富必将再次向我们昭示它们的价值。如后面对传统是哲学社会科学无法回避的话题，我们应该对现代意识使历史虚无化的倾向保持清醒的头脑和应有的批判精神。在继承文明成果方面，毛泽东提出的"古为今用，洋为中用"、"去其糟粕，取其精华"等方针至今仍然有其重要的现实意义。

第二，必须对时代问题进行总体性的反思，从而正确地回答时代问题。我们所谓的时代问题，是一定时代带有根本性、总体性的问题，它必然涉及社会生活的方方面面。我们要研究和解决时代问题，也必须从一定时代社会生活的总体出发。那种仅从自身的特殊利益出发而不考虑整个社会的利益的做法，是与时代精神背道而驰的，也是注定不可能正确回答时代问题的。

只有把健康向上的时代精神与敏锐的问题意识结合起来，人们才能在哲学社会科学研究中葆有真正的创新精神。马克思说："作为类意识，人确证自己的现实的社会生活，并且只是在思维中复现自己的现实存在；反之，类存在则在类意识中确证自己，并且在自己的普遍性中作为思维着的存在物自为地存在着。"① 哲学社会科学的理论创造，必须以现实的社会生活为根基，并为现实的社会生活服务。离开了现实社会生活这个根基，就不可能有哲学社会科学的繁荣。因此，激发时代精神和培养问题意识最终都要落实到对现实社会生活的关注上。

---

① ［德］马克思：《1844 年经济学哲学手稿》，人民出版社 2000 年版，第 84 页。

二　哲学社会科学创新的思维机制

　　哲学社会科学创新过程是非常复杂的，哲学社会科学创新的思维机制包括问题机制、方法机制、反思机制和范式机制等四个维度。从个体方面来说，我们从不同的维度能够把握到不同的思维机制。最表层的思维机制是围绕着问题而展开的，我们能够很清晰地看到它包含着提出问题、分析问题、解决问题等三个环节。我们把这一思维机制称为问题机制，它普遍地存在于一切创新思维活动过程之中。但是，问题机制不是思维机制的所有内容，它只是思维机制的一个维度，同时起作用的还有方法机制、反思机制和范式机制。在下文中，我们将逐一分析哲学社会科学创新思维机制的这四个维度。

（一）问题机制

　　问题是创新思维的聚焦点，创新思维是通过提出问题、分析问题和解决问题这样的机制来进行的，哲学社会科学创新也不例外。这个机制就是创新的问题机制，它是哲学社会科学创新思维机制的一个维度。对基于问题的创新机制作这样的类比也许是恰当的：这种普遍存在于一切思维活动中的问题机制如同生物体的生长机制，开始时只有一粒种子（最初的问题），后来种子发芽、生长和不断地进行新陈代谢，最终长成了参天大树（理论或结论），而种子（最初的问题）本身在这个过程结束后可能已经难觅踪迹，但它实际上已经在这一过程中实现了自己的价值。

　　什么是问题？当一个人想做一件事却不知道如何做的时候，他就遇到了一个问题。任何问题都是由问题的条件、目标和被问及的对象等三个要素构成的。当然，大多数问题都是模糊的，就是说，大多数问题的要素是含糊的。例如，"中国革命将建立一个什么样的国家？"这就是一个目标有待设立的模糊问题。问题的条件是问题的预设前提。有的问题明确地给出了预设前提。例如，"在保证效率的前提下，如何兼顾公平？"有的问题的预设前提是极其隐晦的，需要深刻的洞察力才能发现。例如，"先有鸡还是先有蛋"这个问题就预设了鸡和蛋相互转化的"恶的无限"过程。问题的条件是回答问题必须满足的条件，它体现了提问者的意图。例如，"存在是什么"这个问题所问的是存在的意义，其真正意图是要求以"一种本己的概念方式"① 说明存在不同于存在者的意义。问题被问及的对象也是问题本身的一个重要要素，它是由问题本身的性质所决定的。如果问及的对象不明确或根本不存在，会使问题变得毫无意义。在哲学社会科学研究中，被问及的对象、问题的条件、目标应该得到明确的规定并以概念的形式呈现出来，以便能够把问题陈述为由这些概念所构成的疑问句。

　　问题的形式是多种多样的。我们可以按照不同的标准来对问题进行分类，如将其区分为一般问题与重大问题，或"是什么"的问题、"怎么样"的问题和"为什么"的问题，等等。在哲学社会科学研究中，我们经常看到人们喜欢对问题作这样的分类，即把问题区分为哲学问题与科学问题。无论是自然科学还是社会科学，都把对经验事实的实证研究当作份内之事，认为追问经验事实的经验原因的问题属于真正的科学问题。而那些追问经验原因背后的终极原因或终极目的的问题，则被视作哲学问题或形而上学问题。在这种划分中，哲学与科学是相互排斥的。在古代世界中，哲学曾经是包罗万象的人类知识的总汇，在人类的精神生活中占据着极其重要的地位。近代以后，各门科学的分化发展和人类科学体系的日益完善，使得历来都歧见纷呈的哲学黯然失色。虽然像黑格尔那样的一些哲学家也曾试图通过建立起宏大的"科学的"哲学体系而将哲学"科学化"，但他们的努力却并不成功。从此以后，哲学（或形而上学）这位理论王国曾经的国王受尽人们的奚落和欺凌。海德格尔说："今天各种科学已经接管了迄今为止哲学的任务。"② 但是，如果我们就此而说哲学已经失去了意义，则是不对的。"每一时代的理论思维，从而我们时代的理论思维，都是一种历史的产物，在不同的时代具有非常不同的形式，并因而具有非常不同的内容。"③ 事实上，黑格尔以后世界哲学的繁荣和兴盛程度并不亚于历史上任何一个时期。我们只能说，现时代的哲学已经改变了形态。形而上学或许真的已经破产了，抑或还有可能继续存在，但这不是问题的关键，我们应该关注的是思想本身到底发生了怎样的变化。实际上，经验科学一刻也没有离开过理论思维。甚至作为科学的最根本的基础的东西，例如观察，都不是纯粹经验的东西。现代科学哲学已经指证了任

---

① ［德］海德格尔：《存在与时间》，生活·读书·新知三联书店1999年版，第8页。
② 《海德格尔选集》下册，上海三联书店1996年版，第1308页。
③ ［德］恩格斯：《自然辩证法》，人民出版社1971年版，第27页。

何观察都是渗透着理论的。正因为如此，一个民族的理论思维的水平依然是影响其科学发展的至关重要的因素。正如恩格斯所言："一个民族想要站在科学的最高峰，就一刻也不能没有理论思维。"① 在今天，我们再也不能因为哲学与科学的划分而拒斥哲学问题或科学问题了，熟知人的理论思维的历史发展过程和熟知经验科学领域里的材料，对于哲学社会科学研究都是必不可少的功课。

问题的提出是与一定的问题意识、时代精神以及现实的社会生活都密切相关的过程。一个人可能因为深入考察社会生活而发现许多有意义的问题，可能因为与别人的交流、交往而产生有价值的问题，可能因为对时代的强烈关注而发现重大问题，也可能因为长期而自觉的理论研究而不断地提出新的问题。但是，无论是在对现实社会生活的考察中发现有价值的问题，还是在自己的理论研究中提出问题，都要求人们有强烈的问题意识、自觉地关注时代精神的新变化。总的来说，问题有理论和实践两个来源，来源于理论的问题与理论自身的矛盾有直接的关系，而来源于实践的问题与现实社会中的矛盾有直接的关系。哲学社会科学研究者只有精通有关学科领域的历史、现状和发展态势，深入考察社会生活的各个方面，才能把握住理论和实践中的矛盾，才能发现和提出有价值的问题。

分析问题就是对问题的条件、目标和被问及的对象进行分析，弄清楚问题的实质，确定问题的价值，筛选出有意义的问题，并寻找解决问题的办法。分析问题是一个不断深化的认识过程。为了弄清楚问题的实质，研究者通常要占有大量的材料，总结前人的认识成果，反思问题的目标是否恰当、问题的条件的设置是否合理、被问及的对象到底是什么、整个问题意味着什么、它是不是一个新问题或是否有意义，等等，甚至还要对自己的能力是否适合于解决这个问题进行判断。对问题的分析越全面、深刻，就越有利于找到解决问题的途径。

解决问题就是依据已有的知识寻找从问题的条件出发通达问题的目标的途径。问题的解决分为理论解决和实践解决两个环节。理论解决就是运用一定的知识，提出一定的假说或设计一定的模型来对问题的解决方案进行理论论证。理论解决总会面临这样的问题：正如哥德尔不完全性定理所揭示的那样，一般而言，理论的一致性和完备性总是不可兼得的。因此，

---

① ［德］恩格斯：《自然辩证法》，人民出版社 1971 年版，第 29 页。

我们对于问题的理论解决的怀疑和确信犹如一枚硬币的两个面一样总是同时存在的。问题的实践解决就是问题的解决方案得到了实践的证实。同样，证实和证伪都是相对的，实践标准的确定性和不确定性是统一的。因此，在解决问题的过程中，把握好理论与实践的对立统一关系是十分关键的创新能力。对于哲学社会科学研究来说，情况尤其如此。

（二）方法机制

任何创新都必然伴随着一定的思维方法的运用。在哲学社会科学研究中，随着创新经验的积累，越来越多的创新方法被开发出来，它们已经形成了一个体系。为了有效地提出、分析和解决问题，我们必须考察和把握这些创新的思维方法。那么，哲学社会科学创新又有哪些常见的思维方法呢？

为了阐明创新思维方法的一般特征，我们不妨将创新成果与旧有知识作一个对比。新事物与旧事物相比，总有一些相似的方面，也有一些全然不同的方面。全然不同的方面构成了事物的新颖性，而相似的方面则体现了新事物与旧事物之间的联系。大量的创新实践表明，新的事物与旧的事物之间必然存在着一定的联系，世界上没有与任何旧东西都绝不相关的绝对新颖的东西。把握新旧事物之间的联系，是实现创新的一个思维方法。我们经常会发现，新的东西原来其实就是某个旧的东西的变形，只要找到了类似的旧的东西，通过某种抽象和联结，我们就能得到作为新东西的这个变形。就此而言，创新就是对已知的东西进行发散式的和收敛式的改变。具体来说，创新的思维方法包括两个方面，即激活和协同。激活是为了使不同的东西的丰富性各自都呈现出来，并使之能够灵活地发生变化；协同是为了使不同的东西的相同性、整体性呈现出来，并通过某种改造使之形成新的稳定结构。没有激活就没有协同，没有协同，激活也没有意义。这两个方面相辅相成，结合起来使用就能产生创新成果。

为了激活思维，哲学社会科学创新中经常使用的方法是广泛地占有资料，自由地讨论，发散性地思考问题。现代企业创新管理中经常采用一种激活思维的典型的方法，即所谓的"头脑风暴"法。"头脑风暴"（Brain Storming）原是精神病理学的一个术语，指精神病人在失控状态下的胡思乱想。奥斯本于1938年借用这个术语，提出了一种创新方法。它一般采用小型专题会议的形式，要求与会者思维自由奔放、打破常规，目的就是要使创新设想如暴风骤雨般地涌现出来。这种方法是一种集体创新的方法，适用于那种有明确的问题需要解答的情况。虽然这种创新方法是为企业创新而提出的，但激活思维却是一切创新的必由之路。

为了实现协同，哲学社会科学创新中经常使用的方法是组合、移植、类比、联想等。组合法是把已知的各种不同的要素结合起来以获得新的整体的创新方法。在哲学社会科学研究中，人们使用组合法，往往是为了建立某种理论模型。例如，军事科学的诸兵种作战理论中就常用到组合法来创造新的战法。在运用组合法的过程中，有时可能会用数学中的排列组合理论来穷尽已知要素的一切可能组合，然后从中筛选出符合要求的结果。移植法是将某个领域里的方法应用到别的领域中去的创新方法。在自然科学中，仿生学是大规模使用移植法将生物体的结构、功能和工作原理借鉴到工程技术中的一门学科。在运用移植法的过程中，原则上同一的方法被应用于不同的条件，因此，移植的成功与否关键要看新的条件是否处于该方法的适用范围之内。当然，即使新的条件处于适用范围之内，由于应用的条件已经发生了变化，对方法本身也要按照实际情况作适当的调整。人们在当代中国哲学社会科学研究中经常移植西方的哲学社会科学理论，但是，由于东西方在历史、文化、社会生活等各个方面都存在着极大的差异，如果要想使这种移植有意义，那么，它就决不能只是完全照搬，而必须是一种再创造。马克思主义中国化就是这样一个再创造的过程。

哲学社会科学创新最重要的方法是类比法和联想法。联想就是由事物的相似关系或对比关系而从一个事物想到另一个事物。类比则是由两个对象之间某个方面的类似关系而推测它们在其他方面也有类似关系，即所谓的触类旁通。这两种方法正好是可以相互配合使用的：联想法的作用侧重于激活，类比法的作用侧重于协同。在哲学社会科学研究中，使用类比法的情况随处可见。例如，柏拉图关于理想国家的理论，就曾把社会分工与人体各部分的分工进行类比；社会达尔文主义用达尔文的进化论来解释人类社会，则是把人类的社会行为与动物的行为进行类比的结果。

最后，辩证的思维方法在哲学社会科学创新中具有尤其重要的地位。这是因为，哲学社会科学研究所需要的材料往往是不可重复的历史事实，它们是不可能通过严格的实验方法获得的。这一点与自然科学研究的情况很不相同。自然科学以自然物及其关系作为研究对象。在自然科学研究中，人的因素的影响是普遍受到排斥的。自然科学家"是在自然过程表现得最确实、最少受干扰的地方观察自然过程的，或者，如有可能，是在保证过程以其纯粹形态进行的条件下从事实验的"①。哲学社会科学主要以社会存在物和社会关系作为研究对象，也要在社会过程表现得最纯粹、最确实的地方从事研究。而哲学社会科学所研究的过程表现得最纯粹、最确实的地方，就是人的现实的社会生活过程。然而，这个过程不过是现实的人的活动及其社会关系的展开，它不可能脱离现实的人及其社会关系而存在。因此，这个过程原则上是无法复制和无法重复的。由此可见，哲学社会科学研究既不能把人的因素排除在外，也很难通过实验的方法来进行。在哲学社会科学研究中，人们要想求得对研究对象的真切的理解，必须进行辩证思维。

　　要进行辩证思维，关键是要学会运用辩证思维的方法。辩证思维方法是辩证法在人类思维中的自觉运用。马克思指出："辩证法在对现存事物的肯定的理解中同时包含对现存事物的否定的理解，即对现存事物的必然灭亡的理解；辩证法对每一种既成的形式都是从不断的运动中，因而也是从它的暂时性方面去理解；辩证法不崇拜任何东西，按其本质来说，它是批判的和革命的。"② 马克思的这一论述高度概括了辩证法的基本特征。从历史上看，哲学家们对于如何把辩证法运用于人类思维的问题作过大量有益的探索，提出了许多辩证思维的方法，如归纳与演绎相结合、分析与综合相结合、抽象与具体相结合、逻辑与历史相统一，等等。其中，每一种辩证思维方法都有着极其丰富的内容。只有全面、深刻地理解和灵活地运用各种不同的辩证思维方法，善于进行辩证思维，人们才能把握到哲学社会科学研究对象的真谛，才能真正实现哲学社会科学创新。

　　当然，马克思并没有赋予辩证思维除针对现实的"批判和革命"以外的预言能力。举例来说，马克思曾特别严肃地指出，他关于资本主义代替封建主义具有"历史必然性"的理论"明确地限于西欧各国"，因为他的这一理论是立足于西欧各国的历史与现实而建立起来的，而在西欧各国以外，例如在东方的俄国，应用这个理论必须注意两个方面的问题：其一，这一理论在东西方的使用条件是不同的，在"西方的运动中，问题是把一种私有制形式变为另一种私有制形式"，相反，"在俄国农民中，

---

　　① ［德］马克思：《资本论》第1卷，人民出版社2004年版，第8页。

　　② 同上书，第22页。

则是要把他们的公有制变为私有制";其二,适用于西欧各国的这一理论,"既没有提供肯定俄国农村公社有生命力的论据,也没有提供否定农村公社有生命力的论据"。① 总之,无视理论应用的具体的历史和现实条件是与辩证法的精神不相容的;要想扩大理论的应用范围,必须对新的领域进行系统的研究,对原有的理论作出必要的调整。这是哲学社会科学创新中应该特别注意的问题。马克思曾明确地阐述了理论与现实之间的关系:"在思辨终止的地方,在现实生活面前,正是描述人们实践活动和实际发展过程的真正的实证科学开始的地方。关于意识的空话将终止,它们一定会被真正的知识所代替。对现实的描绘会使独立的哲学失去生存环境,能够取而代之的充其量不过是从对人类历史发展的考察中抽象出来的最一般的结果的概括。这些抽象本身离开了现实的历史就没有任何价值。它们只能对整理历史资料提供某些方便,指出历史资料的各个层次的顺序。但这些抽象与哲学不同,它们绝不提供可以适用于各个历史时代的药方或公式。相反,只是在人们着手考察和整理资料——不管是有关过去时代的还是有关当代的资料——的时候,在实际阐述资料的时候,困难才开始出现。这些困难的排除受到种种前提的制约,这些前提在这里是根本不可能提供出来的,而只能从对每个时代的个人的现实生活过程和活动的研究中产生。"②

　　创新活动中还有一个常用的辅助方法,即"正难则反"。就是说,当思维在一个方向上受到阻碍的时候,作出相反的假设往往可以使思路继续下去。在古人的思维中就曾有类似方法的运用,不过,古人并不是在遇到困难之后才偶然地去考虑相反的情况,而是强调在一切思维中都要同时考虑到相反的情况。这种思考方式被发展为一套论辩术,这就是所谓的"辩证法"。据说,古希腊哲学家"普罗泰戈拉第一个宣称对每一样东西都可以有两种完全相反的说法,并使用这种方法论证"③。实际上,从相反的假定出发去探讨问题的每一个方面,这种方法至迟在爱利亚学派那里就已被广泛地运用,芝诺悖论就是绝好的例证。在今天许多人的心目中,无论是智者的论辩术还是芝诺悖论的名誉都是不好的,因为主张对同一件

---

　　① 《马克思恩格斯选集》第3卷,人民出版社1995年版,第774—775页。
　　② 《马克思恩格斯选集》第1卷,人民出版社1995年版,第73—74页。
　　③ 北京大学哲学系外国哲学史教研室:《西方哲学原著选读》上卷,商务印书馆1981年版,第54页。

事情可以有相反的说法且两者都可以是对的，这种所谓的"辩证法"无异于诡辩术。特别是芝诺悖论否定运动的真理性，更足见其诡辩性。所以，在今天，人们宁愿相信"正难则反"的合理性而拒斥"辩证法"。在这里，我们不打算去论析今人与古人在思维方式方面的差异，只想明确辩证法与诡辩论的区别。对此，列宁曾有过深刻的论述。他指出："概念的全面的、普遍的灵活性，达到了对立面同一的灵活性，——这就是实质所在。主观地运用的这种灵活性＝折中主义与诡辩。"①

（三）反思机制

与从一定概念出发进行逻辑推演这种正向思维机制不同，反思机制是对理论的前提进行"怀疑"和追问的一种思维机制。怀疑也好，追问也好，都属于一种理性思维，笛卡尔的命题"我怀疑，这是不容怀疑的"因而也就被理解为"我思故我在"。刨根问底的反思要求批判地对待一切理论，它是实现哲学社会科学创新的一个重要思维机制。

反思机制包含以下几个环节：第一，分析理论的各个前提，特别是要找出理论暗含的未经思考的前提。现代哲学和科学理论一般都被建构成演绎体系，其前提是一些包含了初始概念的假设、定理、公理以及运用它们进行推演的逻辑式。除了明确地提出的前提，还有暗含的前提，而发现暗含的前提是反思机制的一个重要目标。通过反思，人们即使没有做其他方面的工作，但只要发现了这类暗含的前提，这本身就是创新。第二，对这些前提逐一进行分析，看它们是否建基于一些更深层次的东西，彼此之间有没有必然的联系。一般来说，哲学社会科学研究所得出的结论都是经过严格论证的，唯独那些初始概念、公认的逻辑式等是作为自明的前提而被接受的。然而，这些被视为自明的东西何以是自明的，恰恰是我们应该加以考察的。第三，对那些经过分析而被认为是并不可靠的前提进行调整。这类调整，有时能够使我们在哲学社会科学研究中得出完全不同的结论，从而实现哲学社会科学的理论创新。

反思往往缘起于怀疑，但反思并不等于怀疑，反思的目的也并不是要怀疑一切、否定一切。反思是一种理性思维，它是对怀疑的对象进行逻辑分析和鉴别。与一般思维活动相比较，反思所注重的不是从理论前提出发

---

① 《列宁全集》第55卷，人民出版社1990年版，第91页。

会得到什么新的结论，而是前提与结论之间的一致性以及理论与事实之间的符合情况。事实上，在哲学社会科学研究中，理论的前提与结论之间的不一致以及理论与事实之间的矛盾，往往就是人们对于某一理论产生怀疑的根源。例如，马克思对政治经济学的批判，就是从发现政治经济学理论的各个前提之间、前提与结论之间以及政治经济学理论与资本主义生产之间的矛盾开始的。

当代哲学的一个重要特点是注重把反思建立在坚实的理论基础之上。伽达默尔曾批评德国近代哲学以自我意识的反思为基础的唯心主义是三重的天真，即"断言的天真"、"反思的天真"和"概念的天真"①。这当然不应该看作是对反思的否定，它只是批判德国近代哲学对自我意识的反思是没有根基的，即它是建立在某种虚假的观念基础之上的。实际上，尽管存在对理性主义的批判，当代哲学仍然非常重视对理论前提的反思，这种反思从属于西方的理性传统和现代性批判的潮流。当代哲学的反思本身也仍然是一种理性思维，它起因于怀疑，即对理性、自我意识、内在性的怀疑。可以说，由怀疑而反思是当代哲学的批判精神的集中体现，也是当代哲学不断实现理论创新的途径。

（四）范式机制

科学哲学家库恩在《科学革命的结构》一书中提出了这样一种看法：科学的发展不是科学发现的简单积累和线性的理论进步，而是经历从"前范式时期"、"范式时期"、"危机时期"、"革命时期"到"新范式时期"这样的过程来实现的。应该说，库恩关于科学革命的看法不仅适用于自然科学，也适用于哲学社会科学。无论是对于自然科学来说，还是对于哲学社会科学而言，范式的变革都是实现理论重大创新和飞跃式发展的关键因素。

在历史上很长一段时期内，人们并不清楚科学研究的范式及其作用。库恩是在受到科学史上不同时期科学世界观之间的"不可通约性"现象的吸引，后又偶然地注意到皮亚杰对儿童世界观的转变过程的研究以及知觉心理学家，尤其是格式塔心理学家的理论，并受到奎因"整体论"思想和弗莱克"思想集体"（thought collective）概念的启发，才提出范式概

---

① 参见［德］伽达默尔《哲学解释学》，上海译文出版社 2004 年版，第 121—127 页。

念的。库恩的范式概念一经提出就受到了高度的重视，但也招致了许多批评。库恩不得不对范式概念重新作出更全面更准确的解释。库恩说："我所谓的范式通常是指那些公认的科学成就，它们在一段时间里为实践共同体提供典型的问题和解答。"① 但是，许多学者把范式概念中所包含的"公认的科学成就"理解为科学领域中为世界勾画出轮廓的最基础的理论和观念，即所谓的"范式世界观"。为此，库恩不得不指出，范式概念有两个不同的用法：范式概念的第一个用法，是指一个特定共同体的成员所共有的信念、价值、技术等构成的整体，具体来说就是人们共用的"符号概括"、共同承诺的特定模型、广泛共有的价值、共有的范例（包括文献、案例等）；范式概念的第二个用法，是指"可以取代明确的规则以作为常规科学中其他谜题解答的基础"② 的那些东西，即科学共同体成员通过相同的实践，特别是通过相同的范例而习得的直觉、"意会知识"——不是那些理论和观念，而是这些直觉、"意会知识"在科学共同体中真正得到了人们的公认。对此，库恩曾举例作了说明。他说，在 19 世纪上半叶的化学研究中，化学共同体的真正财产是广泛使用的几个基本工具（定比、倍比、化合重量），化学家们当然能够在使用它们的过程中意会到化合化分现象的某些感性知识；从理论上说，这些工具是道尔顿原子理论的结果，但化学家只是利用它们做研究，完全可能在理论上不同意原子存在的假设。显然，在造就科学共同体的过程中，共同的实践所形成的东西［库恩有时候称之为"思维定式组合"（Constellation of mental sets）］比明确提出的规则和理论更为根本。因此，范式概念的第二种用法更为重要，也更符合库恩提出范式概念的本意。

库恩正是在这样的范式概念的基础之上提出自己的"不可通约性"概念和科学革命的概念的。因为拥有不同范式的人不可避免地会以不同的眼光看待某些他们都诉诸实验或观察的东西，所以即使他们使用相同的词汇，表达的也是完全不同的意义。所谓"不可通约性"，并不是说彼此绝对地不可沟通，而是指不同范式下的理论孰是孰非、孰优孰劣，并没有一个共同的标准或规范可以对之作出严格的判断。用库恩的话来说："两个人以不同的方式感知同一情形，而又使用同样的词汇去讨论，他们必然以

---

① ［美］库恩：《科学革命的结构》，北京大学出版社 2003 年版，第 4 页。
② 同上书，第 157 页。

不同的方式使用这些词汇。"① 那么，这种自说自话的讨论又将如何进行下去呢？对于不同的理论我们又将怎样作出选择呢？在库恩看来，科学的发展只能是这样一个过程：从前范式时期的材料和方法的积累发展到出现一些范式；然后，由于范式的不同，科学家群体分化为不同的科学共同体，科学研究进入常规科学的发展阶段；由于常规科学阶段积累了越来越多的事实，或者由于对别的范式的理论要素或实践手段的借鉴，旧范式碰到了越来越多的反例，而当反例积累到影响人们对范式的信心时，就会导致科学危机，引起科学革命，从而确立新的范式。

在哲学社会科学研究和创新中，范式既是人们观察世界和选择问题的向导，也是人们研究对象、分析和解决问题的依据。"范式是一个成熟的科学共同体在某段时间内所接纳的研究方法、问题领域和解题标准的源头活水。"② 范式决定着科学共同体的研究视域，即决定着科学共同体的成员能够观察到什么现象和发现什么问题，同时它又引导着人们以一定方式研究客观世界的各种现象，分析和解决问题。如果没有范式的导引，人们在科学研究中既难以作出新的发现，也不可能提出新的理论。库恩指出："在成熟科学中，新理论以及越来越新奇的发现不能从头诞生。相反，它们是从旧理论中涌现的，是在关于世界应该包含什么现象和不应该包含什么现象的旧信念的母体中涌现的。通常这种新奇事物太过于奥妙莫测，引不起未受很多科学训练的人的注意。"③ 库恩在这里所说的"成熟的科学"即有公认范式的科学，而他所谓的"关于世界应该包含什么现象和不应该包含什么现象的旧信念的母体"也就是"成熟的科学共同体"共同持有的范式。新奇事物之所以"引不起未受很多科学训练的人的注意"，就是因为这些人尚未完全领悟和掌握一定科学共同体的范式。

三　哲学社会科学创新的社会建制

在我们考察和探讨哲学社会科学创新的范式机制时，我们曾提到科学共同体或学术研究共同体概念，而范式总是一定学术共同体的成员共同持

---

① ［美］库恩：《科学革命的结构》，北京大学出版社2003年版，第179页。
② 同上书，第95页。
③ ［美］库恩：《必要的张力》，北京大学出版社2004年版，第230页。

有的东西。但是，哲学社会科学研究和创新并不只是学术共同体内部的事情。特别是在现代，哲学社会科学研究和创新已形成庞大的社会建制。为了有效地推进哲学社会科学研究和创新，各个国家都在不同的专业领域中设立了许许多多的研究机构，把不同的研究机构组织成各种专业协会，并按照一定的体制把它们整合进国家的创新系统。同时，各个国家还制定了相关的政策和法令，它们与研究机构内部的制度和规范结合在一起，构成了保证哲学社会科学研究和创新体制运行的调节机制。从历史上看，自然科学研究和创新最先实现建制化发展。哲学社会科学研究和创新的建制化，是20世纪以后才逐渐形成的，这是由哲学社会科学研究和创新的成果对于现代社会的发展越来越重要所决定的。哲学社会科学研究和创新的建制化发展，给哲学社会科学研究和创新注入了强大的动力，为哲学社会科学研究的创新提供了重要的社会保障。

（一）哲学社会科学创新的社会体制

哲学社会科学创新的社会建制，主要包括社会体制和社会机制两个方面。体制（system）一词是指功能实体的组织结构，包括功能实体要素和它们相互之间的关系。哲学社会科学创新的社会体制，就是为了实现哲学社会科学创新而建立的相关功能实体的组织模式。

哲学社会科学创新的功能实体包括各种类型的哲学社会科学研究机构、辅助研究机构和研究管理机构。哲学社会科学创新不同于技术创新的一个重要特点是，技术创新的功能实体常常是企业，而在哲学社会科学创新中，企业作为功能实体的作用是次要的。哲学社会科学研究的功能实体主要是高等院校和国家各级政府设立的研究院、研究所，等等。当然，企业仍然可以在哲学社会科学创新中发挥其作用，如它可以通过捐款和设立基金等方式为哲学社会科学创新的功能实体提供必要的资金。我国哲学社会科学创新的功能实体种类非常齐全，组织结构具备较大规模。其中，研究机构主要包括普通高校、部队院校、党校、社会科学院、企业研究机构、民间研究机构，等等；辅助研究机构主要包括与哲学社会科学研究相关的各类期刊编辑部、出版社、图书情报机构、博物馆、文化馆，等等；研究管理机构主要包括全国和各省市哲学社会科学规划部门、各类社科基金管理机构、各级政府主管部门（如教育部、文化部、各级社科联），等等。在这三类功能实体中，研究机构是最重要、最核心的功能实体。辅助研究机构和研究管理机构虽然都有其自身的独立性，但就其根本目的而言，它们都是为研究机构及其运行服务的。不过，哲学社会科学创新的社会体制毕竟是由人即由从事哲学社会科学研究、服务和管理为职业的人组成的。在功利动机的驱动下，人们也有可能使哲学社会科学创新的社会体制发生异化，使其从追求创新变成不择手段地追求利益，或者为了自身的利益而服务于某种外在的目的。这样做的极端情况，就是使整个哲学社会科学研究系统服务于不正当的目的，或者使整个哲学社会科学研究系统形同虚设，消耗大量社会资源而没有实现任何哲学社会科学创新。为了避免出现这样的情形，应该从根源上防止和克服哲学社会科学创新体制的异化，特别是应该在哲学社会科学创新体制中建立相应的调适和控制机制。

哲学社会科学创新的功能实体的组织结构，包括功能实体自身内部的组织结构和功能实体间的组织结构。功能实体的内部组织结构情况比较复杂。在研究机构中，普遍存在的是一种以学术骨干为核心的星型结构和学术骨干之间的多边（委员会）结构相结合的组织形式。学术骨干是具体研究的指导者和组织者，可以通过他们来协调周围的一般研究人员、分解研究任务和控制研究进程，并由他们来保证研究成果的质量。学术骨干委员会的作用主要在于协调不同学术骨干所在的小团体之间的关系和进行各种研究资源的分配。如果在研究机构中存在学术权威，则学术骨干委员会的结构可能会变成星型结构，整个机构的研究活动受到学术权威的统一调配。在辅助研究机构和研究管理机构中，一般是采用科层结构和部门结构。科层结构和部门结构不同于星形结构的特点在于：星形结构以具体的人作为结构基础，指令与具体的人相关，换一个人是难以作出合适的指令的；而科层结构则以具体的职位作为结构基础，其指令来自上级，换人是可以的，但越权则不受欢迎。显然，以科层结构的模式取代星形结构的模式在科研中是应该受到限制的，因为科研活动是对未知领域的探索，其指令不可能来自上级，而只能来自最接近研究实际的基层权威人物。当然，最好是能把这两种结构模式结合起来，二者之中，一个适用于组织科研机构的活动，一个适用于协调各种科研机构并能有效调动辅助机构、管理机构和其他社会力量。这两种结构模式之间的协调，可以按照民主集中制的原则，通过广泛的信息和人员交流来达到。

不同功能实体之间的组织结构，从形式上看是比较简单的。这是因为，研究机构、辅助研究机构和研究管理机构这三个要素只能形成一种合理的结构，即以三个要素作为三个顶点的三角形结构（如图 6-1 所示）。在这个三角形结构中，每一个要素都同时要与另外两个要素打交道，这既可以被看作是另外两个要素为自己服务，也可以被视为自己为另外两个要素服务。如果这个三角形的某一条边断裂，则这三个要素之间立即形成了某两个要素以另外一个要素为中介的三点一线的结构。这样一来，体制的效率就会骤然降低，甚至会导致功能失灵。同时，在这个三角形结构中，由于研究机构是研究工作的真正承担者，只有使研究管理机构和辅助研究机构切实为研究机构服务，才可能使研究工作有效率。因此，研究管理机构的管理目标、辅助研究机构的服务项目等都必须根据研究机构的研究任务来确定。当然，研究机构在确定自身的研究任务时，应该充分地考虑和适应社会发展的需要。那么，如何保证研究机构关注社会发展的需要而不是仅仅关注自身的利益呢？是不是研究管理机构应该承担起这个责任、控制具体的研究过程呢？这是人们在设计哲学社会科学创新体制时必须考虑的问题。关于这一点，我们会在下文中述及。

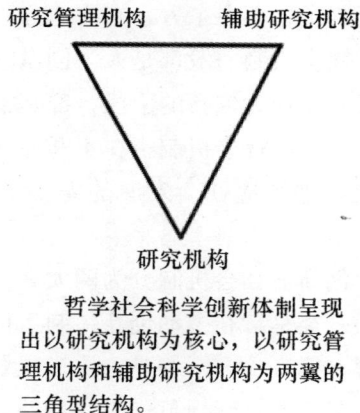

研究管理机构　　辅助研究机构

研究机构

哲学社会科学创新体制呈现
出以研究机构为核心，以研究管
理机构和辅助研究机构为两翼的
三角型结构。

图 6-1

　　同类功能实体之间的结构，可以按照行业来组织，也可以按照部门来组织。所谓按照行业来组织，是指可依据相同行业发展的需要来设立研究机构。例如，为了进行全国人口普查而在各地设立统一的管理机构就属于这种情况。所谓按照部门来组织，是指可依据不同行业协调发展的需要来设立研究机构。目前我国的社会科学院系统就是此例。当然，这两种组织方式的区分并不是绝对的，它们可以同时存在、相互补充。如果主要按照行业来设立研究机构，则一定会建立一些部门性的研究机构作为辅助机构，反之亦然。

（二）哲学社会科学创新的社会机制

哲学社会科学创新的社会机制是与人们的创新精神紧密联系着的。激励和规范哲学社会科学创新的社会体制运行的那些无形因素，即哲学社会科学创新的社会机制。如果说哲学社会科学创新的社会体制属于一种硬件结构的话，那么，哲学社会科学创新的社会机制就是为这些硬件结构所设计的核心软件、操作系统。哲学社会科学创新的社会建制，就是分别作为硬件和软件的社会体制和社会机制的统一体。

一般来说，各种社会机制都体现了目的与手段的统一。社会机制不完全是人的创造。在人类历史发展过程中，有些社会机制是自然而然地形成的，它们在不同的社会里常常有不同的形式，并且表现出不同的文化特性。例如，从历史上看，人类曾经历过各种不同的婚姻制度。在西方，很早就已经实行一夫一妻制了；而在东方，有些地方至今还存在着一夫多妻制。进入现代社会后，社会机制一般都是人为创设的。无论是自然形成的机制还是人为创设的机制，作为创新的手段，都是指向一定的目的的。随着时代和社会的发展，创新的社会机制也在不断地变化着。如何完善创新的社会机制，以使其更好地适应社会发展的需要，这是值得深入研究的课题。

从功能方面来说，创新的社会机制分为两大类：一类是旨在约束创新体制运行的规范机制，一类是旨在推动创新体制运行的激励机制。具体来说，政策、法律、法规、标准、守则等是一块；规划、计划、项目、课题等是一块。这两块的功能主要是起规范作用。另外，资金、社会评价、奖励等是一块；学习培训、人员交流、知识交流等是一块。这两块的功能主要是起激励作用。规范机制主要体现了创新活动的目的，激励机制则主要是推动创新活动的手段。但是，规范机制与激励机制的划分也不是绝对的。例如，专利制度是一种保护首创权的规范机制，同时也是一种鼓励创造积极性的激励机制。其他如研究机构的人事制度和分配制度，也都既有规范性，又有激励性。规范机制和激励机制的相互联系体现在很多方面，如果对研究机构的行为不加规范，就不能保证创新目的的实现。如果一切都按部就班，不引入激励机制，进行必要的竞争，创新活动就会失去动力。不过，规范机制与激励机制并不总是协调一致的，它们之间也可能存在着一定的冲突。特别是在现代社会，随着创新体制越来越庞大和越来越科层化，创新机制所包含的规章制度变得越来越繁杂，其中的规范因素有时会严重制约激励因素。

哲学社会科学研究是社会意识形态建设的一个重要方面，其创新活动必然要受到社会主流意识形态的规范。同时，哲学社会科学创新的一些激励因素，如研究资金、成果奖励等往往来自国家和政府。如何保证学术自由和研究资金的充裕，是哲学社会科学创新所面临的比较突出的社会机制问题。对于哲学社会科学创新来说，过分强调主流意识形态的规范作用，会使人们的思想趋于僵化，从而会抑制其哲学社会科学创新能力；过分地强调学术自由，则会偏离正确的政治方向，甚至会危及社会主流意识形态的安全。哲学社会科学创新的资金来源问题也需要我们认真对待。如果哲学社会科学创新的资金仅由国家和政府提供，那显然是不够的；但如果对哲学社会科学创新的资金来源完全不加约束，哲学社会科学创新的主体，即哲学社会科学研究者们又很可能沦为一些资助机构的利益代言人。对于经济学、政治学等与现实社会生活联系密切的学科来说，情况尤其如此。在构建哲学社会科学创新机制的时候，我们必须对这些矛盾有清醒的认识。在学术自由问题上，我们既要强调坚持正确的政治方向，又要切实贯彻和落实"百花齐放、百家争鸣"的方针；在资金来源问题上，我们应该鼓励各有关方面设立基金来资助哲学社会科学创新，但必须加强对各类基金的监控和管理，保证其运行符合国家的政策和法规、能够服务于社会主流意识形态的建设。

（三）国家创新系统：哲学社会科学创新建制化的典型形式

在各种类型的创新机构中，最引人注目的是一个国家将其所有核心创新功能实体组织为一个整体而形成的创新系统，即所谓的"国家创新系统"（National System of Innovation）。随着全球化的深入发展，世界范围内的学术交流与合作越来越频繁，将来或许还会出现"区域创新系统"或"世界创新系统"。但就目前而言，国家创新系统乃是哲学社会科学创新建制化的最为典型、最为重要的形式。

同技术创新概念一样，国家创新体系的概念最初也是由经济学家提出的。1841 年，德国古典经济学家弗里德里希·李斯特出版了一本名为《政治经济学的国家体系》的书，对后进国家应该采取的政治经济对策进行了研究，深入地分析了"国家专有因素"（national - specific factors）对于一国经济发展和经济政策选择的巨大影响。这是"国家创新系统"概念的思想渊源。与亚当·斯密极力强调经济原理的普遍性相反，李斯特高度重视"国家专有因素"的作用，强调不同国家的历史条件、文化传统、地理环境、自然资源以及国际背景等对于其经济发展战略选择的决定性影响。从根本上说，他并不否认普遍经济学原理的存在，但是，他认为这些经济学原理的应用条件因各国具体情况的不同而有所不同。在此基础上，1987 年英国经济学家弗里曼提出了国家创新系统的概念。他在研究日本的经济起飞原因的过程中，发现国家在推动经济技术发展中起到了十分重要的作用，这种作用是通过以技术创新为主导、辅以鼓励组织创新和制度创新的国家政策来实现的。随后，国家创新系统的概念受到了高度的关注，人们越来越重视创新的"网络"特性和"系统"特性的倾向也表现了出来。例如，纳尔逊（R. R. Nelson）把国家创新系统定义为："由公共部门和私营部门的各种机构组成的网络，这些机构的活动和相互作用决定一个国家扩散知识和技术的能力，并影响国家的创新表现"[1]。

　　国家创新系统的重要性在于：第一，不仅在经济活动中存在着市场失灵的现象，在科学研究中也经常会出现市场失灵，对于发展中国家来说尤其如此。这类市场失灵，当然还有某些其他方面的失灵，如制度失灵，都只能依靠国家的干预力量才能得到较好的解决。第二，国家通过把科研机构组织成为网络和系统，打破条块分割，实现顶层统合，能够合理地配置和更好地利用各种资源，加快各部门之间的信息和人员的流动速度，扩大国际学术交流，从而能够取得更多、更好的创新成果。

　　国家创新系统对于促进哲学社会科学的繁荣和发展具有极其重要的作用。对于哲学社会科学创新来说，市场失灵现象比技术创新严重得多。如果没有国家的规划、推动和投入，哲学社会科学创新根本不可能有建制化发展的机会。在现代社会，大多数技术创新的任务完全可以由企业来承担，但是，哲学社会科学创新的主体只能是高等院校、社会科学院等以国

---

　　① 胡志坚：《国家创新系统：理论分析与国际比较》，社会科学文献出版社 2000 年版，第 43 页。

家为主要投资者的机构，哲学社会科学创新依赖于国家的状况即使在将来也不太可能会有根本性的改变。因此，国家创新系统对哲学社会科学创新的意义比对技术创新的意义更为重大。在国家创新系统中，国家对于知识基础设施的建设尤为重要。知识基础设施是全社会求知和创新活动的基础条件，它是由高素质的人才、知识机构（研究机构和辅助研究机构）、知识网络和信息基础设施四个方面组成的网络。通过这个网络，哲学社会科学工作者能够高效地收集自己需要的资料，能够方便地与全国乃至全世界的专家进行及时的交流，迅速和广泛地传播自己的研究成果。显然，这对于提高哲学社会科学创新能力来说是极为重要的。

当前，为了提升我国哲学社会科学创新的能力，我们应该大力加强国家创新系统的建设。当然，按照李斯特的看法，"国家专有因素"是有其独特性的，我们的国家创新系统不应照搬西方国家创新系统的模式。我们有自己的历史文化传统，有自己的国情和社会经济发展模式，有中国化马克思主义的指导，也应该建构自己的国家创新系统。在建构国家创新系统的过程中，我们尤其要注意以下几个方面：（1）在国家的层面上做好哲学社会科学研究和创新的规划，重点加强哲学社会科学各基础学科的研究和基础理论的创新；（2）针对社会发展中出现的各种突出的理论和现实问题，组织和协调全国的学术力量进行各类重大项目的攻关，争取取得突破性的理论创新成果；（3）加强知识基础设施建设，特别是要加大对哲学社会学术网络建设的投入；（4）加强对哲学社会科学研究的管理，规范哲学社会科学研究活动，努力防止和克服各类学术腐败行为；（5）完善哲学社会科学研究的资助体制、评价制度和奖励制度，使其真正有利于哲学社会科学的创新；（6）大力促进国际学术交流，鼓励和支持国际合作研究；（7）推动文化体制和教育体制的改革，促进哲学社会科学创新成果的广泛传播。随着国家创新系统的建立和完善，我国哲学社会科学创新的能力必定会得到实质性的提升。

第七章

哲学社会科学创新的评价

哲学社会科学创新的评价是当前哲学社会科学创新研究中最富争议的话题。一方面，哲学社会科学创新评价十分重要。哲学社会科学创新评价直接关系到哲学社会科学创新能否稳步持续发展，它在调动哲学社会科学研究者的创新积极性、引导哲学社会科学研究的资源分配、倡导人们自觉遵循学术规范、激励人们提高哲学社会科学研究的学术水平等方面意义重大。另一方面，哲学社会科学创新评价又极其复杂和困难。哲学社会科学创新评价是一个复杂的系统工程，它涉及评价的主体、评价的对象、评价的内容、评价的标准、评价的方式、评价的层次等多个方面的问题，在实际操作过程中有很大的难度。要对哲学社会科学创新作出科学、合理的评价，需要我们对一些相关的理论问题作深入的研究。下面，我们拟着重探讨哲学社会科学创新评价的标准、方式及其科学化问题。

一　哲学社会科学创新的评价标准

哲学社会科学创新的评价标准，是指哲学社会科学评价主体对哲学社会科学创新成果进行评价时所依据的尺度。哲学社会科学研究对象的复杂性，极易导致哲学社会科学创新评价标准的多元化。因此，哲学社会科学创新评价必须设定一定的标准，没有统一的标准，哲学社会科学创新评价就会成为主观任意的东西，评价的结果就不会具有公信力。从这个意义上讲，科学的评价标准是实现哲学社会科学创新评价客观性与公正性的基本前提和重要保证，对哲学社会科学创新活动起着重要的导引作用。2004年6月22日教育部社会科学委员会第一次全体会议通过的《高等学校哲学社会科学研究学术规范（试行）》中指出："学术评价，应以学术价值或社会效益为基本标准。对基础研究成果的评价，应以学术积累和学术创新为主要尺度。"据此，我们认为，哲学社会科学创新的评价标准大致可以分为三个方面，即创新性标准、真理性标准和价值性标准。

（一）创新性标准

科学研究的任务在于通过不断创新而探索真理，在一定的意义上可以说，创新是科学研究的生命。要对哲学社会科学成果作出客观、公正的评价，当然首先就是看其有无创新性及其创新性的程度如何。正因如此，各国都把"创新性"作为评价科研成果特别是基础研究成果的重要标准。如美国国家科学基金会（NSF）就把是否具有创新性作为是否对申报课题进行资助的根本依据。同样，创新性也是哲学社会科学成果评价的首要标准。全国优秀博士学位论文通讯评议评价意见表（人文社会科学类）中，关于论文创新性和效益的评价占 60%，可见对创新性的强调在哲学社会科学评价中所占权重之大。

在本书第一章中，我们已经对何谓创新即哲学社会科学创新的内涵、本质作了系统阐述。我们在评价哲学社会科学研究成果时，也必须根据前面的论述来详细分析哲学社会科学研究成果的创新性，也就是说，要看哲学社会科学的研究成果是否探索了新的科学真理、发现和解决了新的问题、形成了新的思想观念、创造了新的精神产品，是否具有新颖性、超越性、独特性、普遍性、时代性等特点。就其可操作性而言，要着重考察以下三个方面：

一是研究对象是否具有创新性。这里所谓的研究对象创新是指开辟了新的研究领域、运用了新的材料。其一，研究领域的创新。也就是在哲学社会科学研究中开辟了全新的研究领域。例如，《教育政策伦理：一个新的研究领域》这样一篇文章，它在研究应用伦理学时，就开辟了一个新的研究领域，即教育政策伦理。作者认为，"20 世纪以来，随着工业化与现代化进程的加快，科技理性与制度主义狂飙突进所带来的技术化和人性化的弊端，导致了诸如贫富差距拉大、心理崩溃、社会疏离等大量社会问题。在此背景下，伦理学逐步走出'深闺'直面上述社会问题，因而各种应用伦理学研究蓬勃兴起，并纷纷将其研究视角聚焦于社会组织、体制、制度、法律等公共生活领域，随之组织伦理、制度伦理、法律伦理、行政伦理、管理伦理等逐渐成为学术研究的新范畴。在此背景下，公共政策尤其是教育政策作为社会公共生活的重要组成部分，也自然成为应用伦理学研究的重点之一。"① 这种对学科研究领域的拓展，就属于研究领域的创新。其二，研究材料的创新。也就是在哲学社会科学研究中运用了前人从未运用过的新材料。例如，郭沫若的《中国古代社会研究》第三篇《卜辞中的古代社会》，就是利用1899年在安阳发现的甲骨文来了解殷商时代的生产方式、生产关系和意识形态的。书中介绍了卜辞出土之历史，论述了商代的生产状况和社会组织。郭沫若吸收了甲骨学研究的成果，结合古代典籍，运用马克思主义辩证唯物论和历史唯物论的观点来研究中国古代社会，肯定殷代是奴隶社会，发前人之所未发，开辟了一条研究古史的新路。正是研究材料的创新，使该书成为运用新材料研究中国古代社会的一个典范，成为关于古代社会研究的经典之作。

　　二是研究方法是否具有创新性。关于研究方法的创新，我们可以从两个方面来理解。一是运用前人从未运用过的方法来研究事物的发展规律。例如，昆曲研究中就出现了这类研究方法的创新。昆曲是中国最古老且极具影响力的一个剧种，至今已有700多年的历史，被誉为"百戏之祖"。在昆曲的研究上，传统的研究方法主要表现在三个方面，即梳理昆曲音乐历史、考察昆曲曲牌的来源及其与词曲的关系、挖掘整理古老剧目中的曲牌音乐。而现在人们研究昆曲，则运用了三种全新的研究方法，即历史分析与比较研究相结合的方法、形态分析与"田野工作"相结合的方法、性别研究与语言研究相结合的方法，它们都属于研究方法的创新。二是运用某一学科领域从未运用过的方法来研究该学科领域中的问题。例如，王子初先生的专著《音乐考古》一书，就创造性地运用了其他学科领域的研究方法来研究音乐现象。在该书中，作者用专门的章节对音乐考古学的方法进行了较为全面的归纳和总结，概括出了四种方法，即音乐文物分类法、音乐学断代法、音乐文物测音法和音乐文物命名法。② 尽管分类法、断代法、测音法和命名法在其他某些学科领域的研究中经常被使用，但作者首次将这四种方法引入音乐学的研究中，无疑属于研究方法的创新。方法创新的实质，就在于像库恩所说的研究"范式"的转换。研究"范式"

　　① 刘世清：《教育政策伦理：一个新的研究领域》，《湖南师范大学学报》（教育科学版）2009年第6期。
　　② 邵晓洁：《音乐考古学研究方法散议——王子初〈音乐考古〉读后》，《中国音乐学》2006年第4期。

转换了，所得出的结论往往也就不同了。

三是研究结论是否具有创新性。所谓研究结论的创新，是指作者通过研究所得出的结论是前人从未得出过的。例如，有人在论述陈独秀民主思想的演变与升华时，评价了陈独秀晚年对民主，特别是对苏俄体制的反思是十分深刻的。这种反思表现在六个方面：（1）反对封建专政思想；（2）崇尚法国人权思想；（3）赞赏杜威的民治思想；（4）接受苏俄的革命思想；（5）力倡党内民主；（6）反思党内专制思想。① 这就打破了以往对陈独秀晚年思想的研究多为否定的思路，提出了在一定程度上肯定陈独秀晚年民主思想的新的观点，而这种分析又是言之有据的。像这样提出前人从未提出过的新的观点，就属于研究结论的创新。研究结论的创新往往始于研究角度的创新。所谓研究角度的创新，就是选择了人们以往从来没有采取过的研究角度。例如，对流域水污染的治理问题，以往人们大多从技术的角度来研究如何治理流域水的污染，近年来有学者改变了这种情况，提出了通过健全水资源产权制度、建立公众参与制度和监督制约制度即依靠制度创新来解决水污染问题的新的角度。这种对流域水污染治理的探讨，其研究角度具有创新性，因而其研究结论当然也就具有创新性。总的来说，研究结论的创新，是哲学社会科学创新中的最后一环，也是哲学社会科学创新的直接体现。哲学社会科学创新成果最忌人云亦云。钱学森曾说："我们不能人云亦云，这不是科学精神，科学精神最重要的就是创新。"② 哲学社会科学成果有了这种充满科学精神的创新，才不至于成为人云亦云的平庸之作，才会具有一定的学术价值或实践意义。

在实际的哲学社会科学创新评价中，还可以对上述评价标准作进一步的细化。例如，在考察哲学社会科学研究结论的创新性时，可以具体地考察其属于以下哪种情况：创立了新理论或新学说，或者是在理论上取得了重要突破，或者是提出了富有新意的见解，或者只是完善了前人或他人的结论，等等。

除以上三个方面之外，哲学社会科学创新的评价标准还可以作其他种种区分。例如，可以将哲学社会科学创新分为直接创新和间接创新两大方

---

① 详见徐国利、王良《陈独秀研究的新思考和新成果——陈独秀诞生 130 周年学术研讨会暨安徽省陈独秀研究会年会述评》，《党史纵览》2010 年第 2 期。

② 钱学森：《科学精神最重要的就是创新》，《职业》2009 年第 34 期。

面。所谓直接创新，是指哲学社会科学成果的内在特征或本质方面的创
新，它是哲学社会科学创新的最重要方面。它或者表现为提出了新理论、
新见解，或者表现为对原有理论或观点的完善，或者表现为对以往研究中
的错误的纠正，等等。所谓间接创新，是指哲学社会科学成果的外在特征
或形式方面的创新，主要表现为开辟了新的研究领域、运用了新的材料或
新的方法，等等。其意义和重要性在于它能推动和带来直接创新。直接创
新和间接创新本身是哲学社会科学创新的两种形式或类型，但它也可以转
化为哲学社会科学创新的评价标准，据此可以判断哲学社会科学成果到底
是本身就实现了创新还是有助于创新。

（二）真理性标准

哲学社会科学的任务就是探索客观世界，特别是社会事物的本质和规
律，获取真理性的认识。评价哲学社会科学创新成果，当然就要看其是否
具有真理性，看其是否与研究对象的本质和规律相符合及其符合的程度。
真理性标准对于哲学社会科学创新的评价具有绝对至上的意义。哲学社会
科学创新成果是对客观事物的反映，是哲学社会科学研究者根据一定学术
规范进行探索的结果，因此，在哲学社会科学创新评价中，我们应该从是
否符合客观事实和是否符合学术规范两大方面去把握真理性标准。

按照哲学社会科学创新评价的真理性标准，哲学社会科学的创新成果
首先必须如实地反映客观事物的本来面貌。哲学社会科学创新成果是通过
对客观事物的观念把握而获得的，这种观念把握必须正确地反映和再现客
观事物的本质和规律。哲学社会科学创新成果之所以是创新成果，就在于
它们从新的方面或以新的方式方法把握了客观事物的本质和规律。而我们
要正确判别某一哲学社会科学成果是否属于创新成果，就要看它是否与客
观事物的本质和规律相符合。如果无视客观事物的本质和规律，那么，无
论是多么花哨的概念、多么新颖的观点或理论，都不能冠以真理的美名。
哲学家罗素在研究西方哲学史时曾经讲过一句话，大意是说，不能自圆其
说的哲学绝不会完全正确，但是能自圆其说的哲学也可能是完全错误的。
他认为，最富有成效的各派哲学向来包含着明显的自相矛盾，但正是因为
这个缘故才部分正确。这启示我们，任何哲学社会科学成果，只有在其真
正发现和揭示了客观事物的本质和规律时，才能被称为真理；否则，即使
其理论体系再完备，也不具有真理的意义。在实际的哲学社会科学评价活

动中，尽管存在着不同评价主体的主观因素的渗入和交叉影响的情况，但是，由于哲学社会科学成果所反映的客观事物的实际存在，评价活动并不是可以随心所欲的。从这个意义上讲，符合客观事物的本质和规律是哲学社会科学创新的基本要求。

判断一项哲学社会科学成果是否属于真理性的认识，最根本的是要看它是否与其所反映的客观事物的本质和规律相符合，一个辅助性的方面则是看其是否正确对待了前人和他人已有的研究成果。任何科学研究都必须运用以往的知识，哲学社会科学创新当然也必须充分占有并利用以往人们已获取的知识。哲学社会科学研究者如果不对有关课题的研究史作出必要的清理，甚至根本不知道前人和他人在该课题研究上做过哪些基础性工作、涉猎过哪些问题和得出了哪些重要结论，是很难取得创新性成果的。复旦大学的俞吾金教授指出，长期以来，学术界在对待前人和他们的研究成果上有两种截然不同的学术研究态度[①]：一种学术研究态度是我行我素，漠视前人和同时代人已经做出的研究成果。持有这种研究态度的人常常把博览群书理解为知识积累上的修辞性行为，而不知道博览群书的首要作用就是了解前人和同时代人已经做出了哪些重要的研究结论，以便当代的研究者在涉猎同一个研究对象时，不重复前人和同时代人已经做出的结论。另一种学术研究态度则是谦虚谨慎，认真对待前人和同时代人已经做出的代表性成果，站在他们的"肩膀上"来研究学术问题。持有这种研究态度的人常常把对自己所关注课题的研究史的回顾理解为学术创新的前提。显然，在持上述第一种学术研究态度的人那里，他们所谓的"创新"是没有必需的知识基础的，它最多也只是一种天才的猜想；只有秉持上述第二种学术研究态度，尊重前人已有的研究成果，在前人已奠定的基础上，才有可能发现新的真理，实现哲学社会科学创新。

按照哲学社会科学创新评价的真理性标准，哲学社会科学的创新成果还必须符合一定的学术规范。要实现哲学社会科学创新，除了正确反映客观事物的本质和规律外，还必须遵循学术规范。所谓必须遵循学术规范，是指哲学社会科学创新成果必须具备学理上的完备性，包括文献资料的准确性、研究方法的科学性、逻辑结构的严谨性、论证阐释的充分性、语言表述的精练性等。一般来说，哲学社会科学研究者只有在对已有文献进行

---

① 参见俞吾金《学术规范的灵魂是学术创新》，《中华读书报》2004 年 11 月 24 日。

充分理解、消化、吸收的基础上，经过艰苦的探索过程，才能取得某种创新性成果。例如，恩格斯的《家庭、私有制和国家的起源》一书，依据美国学者摩尔根长期调查和研究所得到的关于古代社会的大量材料，运用历史唯物主义的理论，系统科学地阐述了人类社会早期发展阶段的历史，着重阐明了私有制、阶级、国家不是从来就有的，而是在社会经济发展到一定阶段才产生的，也不可避免地要消失。按恩格斯的说法，这一材料的运用，进一步证明了历史唯物主义的理论价值。这也表明，哲学社会科学研究者只有基于准确而翔实的文献资料，才有可能提出自己的创新见解。此外，哲学社会科学创新还要讲究逻辑的自洽性和严谨性，论据与论点之间必须相容、不相互矛盾，逻辑推理正确无误，阐述前后一致，结构严谨，自圆其说；在追求理论内容充实的同时，要关注理论基础结构的简单性；在表述上要有明确性，即阐述思路清晰，概念明确，不偷换概念，不循环论证，叙述清楚。总之，符合学术规范是哲学社会科学创新评价的真理性标准的一个重要方面。

关于如何将符合学术规范作为哲学社会科学创新评价的真理性标准的一个重要方面加以运用的问题，学术界实际上已有一些相关研究。例如，有研究者把文献信息分为语法信息、语义信息、语用信息三个方面，并分别阐述了它们在哲学社会科学成果评价中的作用：一份以文献形式存在的研究成果，其信息量大小最终是由作者所受到的研究规范训练和其创新思想所决定的，这可以称为文献的"语法信息"；一份研究成果公开发表或出版之后，可以被读者不断地查询、浏览和解读学习，这可以称为文献的"语义信息"；最后，将所阅读或借鉴过的某一论文或著作作为自己研究成果的参考文献，通过引用各种各样的学术信息来反映自己的探索轨迹并由此勾画出学术发展的路径，则可以看作是文献的"语用信息"。这样，就可以通过文献的语法信息评价一份研究成果的学术规范与创新程度，通过文献的语义信息评价一份研究成果被浏览被阅读的情况，通过文献的语用信息评价一份研究成果的被引情况、被采纳情况、学术价值和社会影响。①

学术规范对于哲学社会科学研究者探索和发现真理的创新活动具有重

---

① 参见任全娥《人文社会科学成果评价研究》，中国社会科学出版社 2010 年版，第 122—123 页。

要的引领作用。当然，这种引领作用同时也意味着某种制约。所以，有学者形象地指出："在某种意义上，学术研究就像闻一多设想的新格律诗一样，也是一种'戴着脚镣舞蹈'。'脚镣'就是学术规则，它使得一个时代的绝大部分学者，遵循社会认可并被前人证明行之有效的学术思路，在此范围内发挥自己的才情和知识。"① 长期以来，西方学术界非常重视学术规范的重要性。20 世纪 90 年代以来，我国也日益重视学术规范问题。2004 年 8 月教育部社会科学委员会颁布了《高等学校哲学社会科学研究学术规范（试行）》，就哲学社会科学研究的引文、成果、评价、批评等方面提出了明确要求，被称为"中国学术界第一部学术宪章"。随后，各高校和哲学社会科学研究机构都相继出台了各种具体的学术规范。当然，我们说符合学术规范是哲学社会科学创新评价的真理性标准的一个重要方面，并不意味着只要符合学术规范就能获得对于客观事物的真理性认识，就能实现哲学社会科学创新。事实上，有些哲学社会科学论著看似非常符合学术规范，但实际上毫无创新性内容可言。因此，虽然符合学术规范性十分重要，但仅仅符合学术规范化还是远远不够的。

（三）价值性标准

所谓价值，就是客体的存在、作用及其变化与主体需要之间的某种一致或符合，简言之，就是客体的属性对于主体需要的满足关系。哲学社会科学创新的价值，体现在它能够满足一定的社会需要。哲学社会科学研究如果与实际社会生活无涉、对社会需要漠不关心，那么，它是不可能取得什么创新成果的。因此，哲学社会科学创新评价不仅是对哲学社会科学成果的真理性的评价，也是对其价值性的评价。而既然哲学社会科学创新评价同时也是一种价值评价，它就应该有一套科学、合理的价值标准。

首先，要看哲学社会科学成果是否正确回答了时代提出的重大问题。纵观人类历史发展不难发现，哲学社会科学创新正是由于回答了时代提出的重大问题，所以能够起到推动社会进步和文明发展的巨大作用。在西方，没有 14—16 世纪高举人文主义旗帜的文艺复兴运动，宗教神学的黑暗统治还会延续许多年；没有 17—18 世纪启蒙学者的思想创新，资产阶级革命时代的到来还要延后很长时间。在中国，没有"五四"新文化运

---

① 陈平原：《超越规则》，《读书》1992 年第 12 期。

动所开启的马克思主义中国化进程，"以农村包围城市"这一条中国革命的正确道路不可能形成；没有中国特色社会主义理论的指导，中国也不可能取得改革开放的伟大成就和迎来中华民族的伟大复兴。所有这些都深刻地表明，哲学社会科学创新的重要意义或价值，首先表现在它能正确回答时代的重大问题。在全球化、信息化的今天，世界新科技革命迅猛发展，世界范围思想文化交流、交融、交锋呈现新特点。特别是在新世纪新阶段，我国面临着深化改革、科学发展、保持增长、调整结构、促进公平等重大战略任务，面临着如何坚持社会主义市场经济的改革方向、如何加快经济发展方式转变、如何在重要领域和关键环节实现改革的新突破、如何着力构建充满活力富有效率更加开放和有利于科学发展的体制机制、如何积极稳妥推进政治体制改革等一系列重要问题，这些问题都迫切需要哲学社会科学研究者进行深入研究和作出正确回答。如果哲学社会科学创新的理论成果能对解决这些重要问题作出贡献，那么，这样的创新成果毫无疑问具有重大价值。在当代中国，党和政府的工作中心和根本任务是大力解放生产力、发展生产力，增强社会主义国家的综合国力，提高人民的生活水平。哲学社会科学理论研究必须服从并服务于这个中心，不仅应该发挥引领社会发展的先导作用，还应该为社会主义现代化建设过程中出现的各种新的复杂问题提供科学的理论解释和实际的解决方案。哲学社会科学创新成果的价值，就取决于它在多大程度上满足了社会主义现代化建设的需要。正是在这种意义上，我们把是否正确回答了时代提出的重大问题作为评价哲学社会科学创新成果的首要价值尺度。

其次，要看哲学社会科学成果是否有助于解决人们社会实践中面临的现实问题。理论对实践具有反作用，它不仅规范着人们想什么和怎么想，而且规范着人们做什么和怎么做。哲学社会科学创新成果以理论的方式面向现实，就要在理论层面反省和规范人们的实践活动，努力实现实践活动的"合规律性"与"合目的性"、"知"与"行"的统一，为人们的现实实践活动提供指导。1962年，美国海洋生物学家R.卡逊发表《寂静的春天》一书，以其深切的感受、全面客观的研究和雄辩的论点，唤醒了广大民众，改变了人们漠视生态环境的观念，标志着人类关心生态环境问题的开始，美国第一个民间环境组织由此应运而生，美国环境保护局也在此背景下成立。就是在今天，当人们谈到可持续发展思想形成过程时，还不得不提到这部著作，因为它对可持续发展思想的形成起到了重要推动作

用，对人类在实践中面临的现实问题作了深入的思考并提出了解决的思
路，从而对人类实践的发展产生了重要影响。有些哲学社会科学创新成果
为解决现实实践问题提供了可行的思路，但由于其具有较大的超前性，其
重要价值在短时间内不易被人们认识到。对这样的成果，应当追认其作为
创新成果的价值。例如，在中国向市场经济转轨的初期，有的研究者提出
了"建立农村信息网是帮助农民走向市场的必要条件"的创新观点。当
时，"农村信息网"是一个全新的概念，许多人对建立农村信息网的创新
观点根本不以为然。然而，20 世纪 90 年代末以来，农村信息网的建设逐
渐在全国各地普遍开展起来。又如，20 世纪 90 年代初，有的研究者提出
了"旅游业是农村潜力巨大的产业"的创新观点。当时，我国的旅游业
只有城市旅游和风光旅游的意识和观念，所以很多人对这一创新观点也不
以为然。但是，几年之后，农村旅游业迅速发展，成为我国旅游业的亮
点和经济增长点之一。诸如此类的具有远见卓识的哲学社会科学成果，
当然属于具有重要社会价值的创新成果，理应得到学术界的尊重和认
可。可见，哲学社会科学成果虽然可以是多方面的，但只有那些面向实
践、能够解决现实实践中的问题的研究成果才真正具有强大生命力。因
此，哲学社会科学研究者必须紧跟时代的潮流，自觉把个人的科研选题
与国家的重大战略需求结合起来，尽可能使其所研究的问题就是实践中
亟待解决的问题，从而建立起理论研究成果与现实需要之间的直接通
道①，对国家急需解决的各种问题提出独创性的见解或具有可操作性的
建议、方案和策略。

最后，要看哲学社会科学成果是否能够满足人们日益增长的精神需
要。哲学社会科学理论体现着人对社会、对自身的认识，哲学社会科学创
新能够不断提供对人与社会、人与自身的关系的新的理解。因此，哲学社
会科学创新的价值还体现在它能够满足人的精神需要。古往今来的哲学社
会科学成果，凡产生重大影响并流传千古者，无不是有助于解除人们的精
神困惑，能够满足人的精神需要。人的精神需要是多方面的，其中一个极
其重要的方面就是对人自身的认识。从古希腊人在德尔菲神庙上留下
"认识你自己"的箴言开始，人就在不断探寻自己，认识自己，理解自

---

　　① 马振亚：《论时代要求和社会科学发展的动力支持》，《甘肃社会科学》2002 年第
4 期。

已，人也是哲学社会科学创新的永恒主题之一。因此，哲学社会科学创新成果要能够满足人们的精神需要，一个重要的方面就是要能够重视人、研究人、理解人。不少学术精品或艺术精品之所以能够打动人，就是因为它们在特定的历史条件下实现了对人的新的探索，把对人的理解推进到了新的高度。当前，随着经济社会持续快速发展，特别是随着人民生活水平的不断提高，人们的精神需求更加旺盛，并且越来越表现出多样化的特征。哲学社会科学研究只有提出更深刻的认识、更开阔的思路、更有效的对策、更得力的措施，把握时代脉搏、反映时代精神，才能更好地满足人们的精神需要、丰富人们的精神世界、增强人们的精神力量。总之，哲学社会科学创新评价的一个很重要的标准，就是要看哲学社会科学成果是否能够满足人们日益增长的精神需要。

二　哲学社会科学创新的评价方式

哲学社会科学有着不同于自然科学的诸多特点，这使得对哲学社会科学成果的评价显得比较复杂和困难。到目前为止，无论是在国内还是在国外，人们仍在对哲学社会科学创新评价的方式进行探索。从实践上看，国内外哲学社会科学创新评价的方式主要有以下几种：

（一）同行专家评价

所谓同行专家评价，就是组织相关学术领域的专家学者，按照一定的学术标准，对某一哲学社会科学成果进行评价。1665 年创刊的法国《学者杂志》和英国《哲学汇刊》较早实行了同行专家评价制度。此后，同行专家评价不断发展，与学术研究相互促进。如今，同行专家评价已成为国内外哲学社会科学领域普遍采用的一种评价方式。

同行专家评价的一般流程是：由若干名国内外同行专家组成评议小组，针对被评价成果的学术价值和社会价值提出各自的见解和看法，同时提出修改意见，最后由专家组组长综合所有参评专家的意见写出综合评价报告和鉴定结论。同行专家评价有通讯评价、会议评价、调查评议和组合评议等形式，其中，通讯评价和会议评价最为常见。通讯评价是以信函形式送审需要评价的成果，由专家进行匿名评审；会议评价主要通过召开成果评审会议的方式进行，专家与被评成果完成人之间进行面对面的质询与答疑，然后给出评价意见。

同行专家评价在国外主要有三种模式：一种是美国模式，即由各类学术团体和美国国会共同讨论、解决学术评价中的公平性问题；二是英国模式，即政府部门单方面确定对学术研究的资助和评价体制；三是法国模式，即在进行学术评价时，政府部门不局限于专家协会的评价，即不仅仅只考虑成果的学术价值，而是更看重成果的社会效益和经济效益。在我国，同行专家评价已成为一种通行的评价方式，如国家社科基金从项目评审到成果审核，均采取同行专家议价的方式进行。全国哲学社会科学规划办公室建立了各学科领域的评审专家库，每年抽取一定数量的专家对国家社会科学基金项目申请进行通讯初评，在项目结项、成果审核时，也由同行专家进行评议和给出结项意见。全国各省、市、自治区和有关部委也相继建立了评审专家库，对哲学社会科学各个领域的专家信息进行登记、归类，旨在使同行专家评价工作制度化、规范化。

根据吴建华、谭春辉的文章《人文社会科学研究评价的国际经验研究》介绍[①]，在美国，同行专家评价占主导性地位。美国国家科学基金有一套严格的项目评审制度和程序，每年有大约 5 万名专家参与项目评审，每个项目由 3—10 名评审专家评审。项目评审的一般程序是：项目官员初审—专家评审—项目官员复审—部门审核—公布结果。1965 年美国国会通过国家艺术与人文基金法案，设立基金支持艺术与人文科学研究，涉及的学科有语言学、文学、史学、法学、哲学、考古学、比较宗教学、伦理学、艺术评论等。该基金的项目评审也实行同行专家评价，专家依据项目的绩效目标和诸如出版、获奖情况等指标对项目进行评价。据张慧颖等人的文章《哲学社会科学学术成果评价方法的比较研究》介绍，德意志联合研究会（German Research Foundation，简称 DFG）是涵盖科学和人文学科的基金会，其同行评议系统的主体是选举产生的评议委员会，评议委员会的成员是从众多科学学会推荐的人选中选举产生的，而其选举的标准是学术上的领先水平，这种选举的方式使得同行评议系统具有很高的权威性。加拿大的社会科学与人文学科研究基金会（The Social Sciences and Humanities Research Council of Canada，简称 SSHRC）成立于 1977 年，它

---

① 吴建华、谭春辉：《人文社会科学研究评价的国际经验研究》，《情报资料工作》2012 年第 3 期。

把独立性和普遍性视为同行评议最有价值的要素，每年有 4600 名本土的和外埠的专家参与该基金申请书的书面评估，另有 6 个顾问委员会为该基金会把握方向、制定基金申请指南。欧洲科学基金会（The European Science Foundation，简称 ESF）在整个欧洲范围内组织同行评议工作，它涉及 18 个人文学科领域和 15 个社会科学领域，共包括 78 个科学组织，评价专家分别来自 30 个欧洲国家。①

在我国，文摘法是一种被广泛采用的哲学社会科学评价方法，它实际上也属于同行专家评价的范畴。文摘法以哲学社会科学领域著名的、带有权威性的文摘类刊物的转载或收录情况作为衡量哲学社会科学研究成果质量的重要标尺，它被认为可以作为一种对论文的学术水平进行间接评价的手段。作为一种评价方法，文摘法所依据的摘录方式主要包括全文转载、全文摘载、内容摘要和文献题录四种。全文转载就是从众多哲学社会科学论文中挑选出一些质量高、学术价值大的重点论文，原文不作任何改动，集结成册出版发行，如中国人民大学的《复印报刊资料》和《中国跨世纪战略文献》等。全文摘载与全文转载性质差不多，在不改变原文结构的前提下，进行适当的压缩后出版发行，如《新华文摘》和《中国经济文库》等。内容摘要即提炼出文章包含的一些新观点、新理论或者新方法，汇集出版发行。在我国，刊登这类专业性文摘的刊物较多，《新华文摘》的"论点摘编"就属于此类。文献题录就是收录一些重要论著的题名，然后汇集出版，如中国人民大学《复印报刊资料》所附的文献题录。

在哲学社会科学研究成果评价中，同行专家评价之所以具有不可替代的重要地位，是因为它具有其他评价方式所没有的诸多优点。首先，同行专家对相关学科领域的情况非常熟悉，他们对其所在领域的哲学社会科学成果有无创新性最有发言权。其次，同行专家具有长期的学术积累和出色的分析能力，与其他人相比较，他们能对哲学社会科学成果的创新价值作出更准确的把握，得出更为客观和公正的评价结论。再次，同行专家评价的过程往往也是就相关学科领域的前沿动向进行交流的过程，它有利于相关学科领域的健康发展。最后，同行专家评价对于相关信息的需求程度相对较低，从而能够在评价过程中避免或减少因信息不全、不准确而产生的

---

① 张慧颖等：《哲学社会科学学术成果评价方法的比较研究》，《理论与现代化》2007 年第 1 期。

片面性，特别适用于某些因素难以量化分析的情况。

当然，同行专家评价也存在不足之处。在进行评价时，同行专家判断的依据一方面是评价对象即待评成果所内含的信息，另一方面则是储存在其大脑中的学术信息。这两种信息经过专家的头脑进行复杂的信息匹配与价值判断，从而产生出各种形式的评价结论。[①] 虽然从理论上说同行专家是最具评论资格的评价主体，他们能对成果的学术价值做出最准确的判断、得出最公正的结论，但在实际的评价实践中同行专家评价不可能完全避免评价专家个人主观因素的影响。人的能力总是有限的，同行专家即使在相关学科领域中有深厚的学术积累，也不可能熟悉所有的研究课题，这就使得同行专家评价也存在着局限性。首先，同行专家评价存在着一定的主观性，评价结论往往带来明显的个性特点。而当评价专家与评价对象之间有某种利益关涉时，评价专家的主观好恶会对评价活动产生消极的影响，并由此会得出不公正的评价结论。其次，同行专家评价也会受到各种非学术因素的影响。由于评价结果会这样那样地影响评价对象的切身利益，所以在评价过程中评价对象有时会以各种不同的方式对评价专家施加影响，如找关系、托人情、请客送礼等，并由此使评价结果出现偏差。再次，同行专家评价的最终结果有较大分歧时，一般是采用学术民主的方式，原则上是少数服从多数，但这种做法与哲学社会科学研究所要求的创新精神是不相符的。同时，在实际的评价过程中，科研管理部门的行政干预也往往使得同行专家评价的结果不可能做到完全客观公正。文摘法也是如此。文摘法是以专家推荐为基础的方法，因而也难免会存在一些局限性，这主要表现在以下几个方面：一是文摘评价具有瞬时性，推荐与否必须在短时间内确定，一旦确定，无法更改替换，更无法查缺补漏。从某种意义上说，文摘评价是一次性的评价，存在着很大的偶然性。二是某些新兴学科的成果或极具创造性的成果，在发表之初可能根本无人问津，根本没有引起人们的关注，自然也就失去了被某些权威文摘期刊选中的机会。三是文摘同样也会受到各种非学术因素的影响。由于摘编者是固定的机构和人员，而文摘对某些单位、期刊和作者个人又十分重要，因而不可避免地会出现"关系文摘"、"人情文摘"等现象。

---

① 任全娥：《人文社会科学成果评价的思考》，《重庆大学学报》（社会科学版）2010 年第116 期。

（二）量化评价

所谓量化评价，就是将发表科研成果的刊物级别、论文篇数和字数、论文被引用情况等转换为数量化的评价指标，这是目前常用的另一种评价方式。量化评价的出现有其必然性，其目的在于避免定性评价的主观性。相对于同行专家评价而言，这种定量评价方式较少受到个人主观因素的影响，具有较强的客观性和科学性，有助于规范评价行为和提升评价结果的公信力。

量化评价的主要指标包括三个方面。一是论著数量，即一定时期内发表论著的数量，包括国际重要期刊论文数量、国内核心期刊论文数量、国际学术会议论文数量、国内学术会议论文数量、专著数量等。其中，发表在国内外核心期刊上的学术论文数量占据最主要的位置。不少评价体系仅选最能体现学术价值的论文作为成果数量统计的指标。在文献计量学中，一般将发表论文数量占某学科发表论文总量80%的那部分期刊，称为"核心期刊"。二是论著被引用次数，即论著发表后一定时期内被引证的次数。科研计量评价的假设前提是，在同类成果中，某项成果被引用频次的高低，在一定程度上反映出其学术价值和影响的大小。论著的被引情况，通常分自引和他引两类。适量自引能反映作者科研工作的连续性，但要防止作者过分自引、人为地提高自己论著的被引用次数。三是影响因子，即一定时期内论著被引用总次数与同期发表的论著总数的比值，它可细分为期刊影响因子、学术部门影响因子等。期刊影响因子为一定时期内刊物所发表论文被引用的总次数与同期所发表论文的总篇数的比值，比值的大小通常被作为划分同类期刊等级的依据。学术部门影响因子为一定时期内特定学术机构（科学院、研究所、研究室、大学、院系等）所发表论著被引用的总次数与同期所发表论著的总篇数的比值，比值的高低反映其学术成就和学术影响的大小。[①]

目前，国内高校比较认同的哲学社会科学评价依据有：美国加菲尔德创建的《社会科学引文索引》（Social Science Citation Index，简称SSCI）和《艺术与人文科学引文索引》（Arts & Humanities Citation Index，简称A&HCI）、南京大学中国社会科学评价中心主持完成的《中文社会科学引

---

① 参见张国春《借鉴国际科研计量评价方法构建新的人文社会科学科研评价体系》，《社会科学管理与评论》2001年第1期。

文索引》（Chinese Social Science Citation Index，简称 CSSCI）、中国社会科学院文献信息中心主持完成的《中国人文社会科学核心期刊要览》、北京大学图书馆主持完成的《中文核心期刊要目总览》等。以上几种引文索引共同构成了我国哲学社会科学引文索引体系，成为我国哲学社会科学评价的重要定量手段。

使用科学计量学方法进行科研评价是用计量统计方法来探寻科研活动规律，得出的是统计规律，其最大的优点和价值在于它的公正性、客观性和科学性。对哲学社会科学成果进行量化评价，不是要取代同行专家评价那样的定性评价，而是为了完善定性评价。当然，由于科研计量评价所反映的只是统计规律，它难以对单项科研成果的质量和水平进行准确的评价。不过，科学计量学方法虽然不能直接用于哲学社会科学成果的评价，但它能够为同类成果的比较提供被引次数等反映成果学术影响力的数据，从而能够为定性评价提供科学、客观的依据。

量化评价的核心在于"被引用次数"，这就涉及引文的价值评价问题。不论哪一学科，有学术研究就会有引文。引文（citations）是作者要告诉读者在自己的作品中哪些观点、资料等来源于他人文献。17 世纪，印刷工人吉约姆（Guillemets）想出了用引号"隔开和框入一段直接引语或引文"的方法。引号的作用在于告诉读者，作者在这里是转借了别人的"发言权"。一篇文献被引用意味着该文献对他人的研究有用处，"有用处"在一定程度上反映了被引文献的价值。引文指标之所以在学术评价中显得重要，不仅因为它是一个定量指标，也因为它体现了同行的价值评价，即被引文献所属领域的同行认为该文献对其研究"有用"。

将引文作为哲学社会科学评价的一个重要指标，也就是利用各种数学和统计学的方法，对文献的被引用情况进行分析，以揭示其学术影响的数量特征。引文作为一种评价指标对所有的学科都是公平的，因为一篇文章或一部著作的引文可能来自大的学科也可能来自小的学科，可能来自成熟的学科也可能来自新兴学科，可能来自单个学科也可能来自多个学科。这就使得每个学科的高水平文献都有得到被引用、被肯定的机会，这种自然产生的公平性是运用引文进行哲学社会科学评价所独具的优势。

在运用引文进行哲学社会科学评价的过程中，"被引用次数"是一个关键的数值。将"被引用次数"作为评价依据，就是根据成果发表后一定时间内的被引用次数和被引情况，对该成果进行评价。被引用次数高的成果一般具有以下几个方面的特征：一是抓住了本学科领域中的关键性课题或人们普遍关心的问题，选题具有重要的理论或实践意义；二是具有一定的理论深度或在理论上有所突破，创新性强；三是在理论上有一定的前瞻性，对推进本学科领域的学术研究具有指导意义。通常情况下，运用引文进行哲学社会科学评价的结论与同行专家评价的结论是一致的。显然，"被引用次数分析法"具有很多优点：第一，利用论文被引证数来判断科研成果的质量，是计量学特有的一种科学方法。被引数是成果内容被他人利用之后所留下的痕迹，是任何人借助于一定的信息技术手段都能很方便地获取的客观数据。第二，成果发表后一段时间内的被引次数，能较全面地反映该成果在同行中引起的反响和论著水平的质量。第三，对成果被引用次数的分析能够帮助评价专家判断该成果是否在某一研究领域具有代表性。第四，评价结果具有较强客观公正性，不受个人主观因素干扰和其他非学术因素的影响，有助于规范评价活动。第五，"被引用次数分析法"具有简单、优化的特点，即只需选定有关关键词，就可以从一定的数据库中了解有关成果在相关学术领域中的影响力，达到同行专家评价所难以达到的效果。①

应该看到，所有的引文都是不同语境下的镜像，它们在被人们引用的过程中难免会出现对原文意义的阐释、解读和理解上的一定程度的偏差甚至误读。我国古代学术以文、史、哲为主，主要研究方式是基于研究者的个人阅历、经验知识、价值立场的理解和阐释，特别是研究者个人的体验和感悟。在印刷术普及以前，古代学人对前人的著作或研究成果的引用只能基于自己的记忆，所以他们在引用前人著作或别人的成果时常常无法逐字逐句地直接引用，只能取其大意，一般都是间接引用，并不注明出处，因而在引文方面表现出比较明显的模糊性。西方的哲学社会科学研究，其引文同样存在相当大的模糊性。以林肯的《葛底斯堡演讲》和马丁·路德·金的《我有一个梦想》这两篇著名演讲词为例，其中都引用了美国《独立宣言》中 "all men are created equal" 这句话。在所有的中译本中，这句话都被译作 "人人生而平等"。然而 "created equal" 与 "生而平等" (born equal) 有着实质性区别。根据基督教的信仰，人造于上帝而生于父

①　赵翠玲、王耀文：《"被引用次数分析法" 在社会科学研究成果评价中的可行性思考》，《山西高等学校社会科学学报》2005 年第 10 期。

母。人造于上帝，说的是人的灵魂；人生于父母，说的是人的躯体。"created equal"，是就人的人格而言的。然而，在中文的转述中，"人人生而平等"的孤立引文，已经全然世俗化，完全看不出上帝的影子。由此可见，引文的模糊性不仅与文化和语境直接关联，而且也与引用者的目的、认识水平和阐释角度有关，这是哲学社会科学研究中特有的现象。这种情况也为运用引文进行哲学社会科学评价带来了负面效应。

运用引文进行哲学社会科学评价，还存在其他一些问题。例如，哲学社会科学发挥其社会作用有一定的特殊性，一些哲学社会科学成果的价值往往需要经历很长时间才能显现出来，因此，有些哲学社会科学文献的被引率可能很低，但并不能因此就断言其没有多大的学术价值。受时空的限制，新近发表的成果的被引率往往较低，刊物的发行范围也对被引率有较大影响。不仅如此，量化评价的范围仅仅适用于公开发表的成果，而有些决策咨询报告虽被有关部门采纳且产生了直接经济效益和社会效益，但不宜公开发表，其被引率根本无从谈起。还有一些观点有明显错误的论著，它们经常被人们作为批评的对象列入参考文献之中，这样的被引用也会影响引文分析数据的准确性。同时，还需要排除自引、互引等情况。事实上，只有被他人正面引用的次数才能成为对哲学社会科学成果进行量化评价的客观依据。此外，引文不规范、参考文献不规范也会对引文分析产生不利的影响。不过，尽管运用引文进行哲学社会科学评价具有一定的局限性，但它毕竟是国际上通用的文献计量评价方法，其客观的定量分析弥补了主观定性评价的缺陷，仍然值得我们高度重视和科学地加以运用。

（三）综合评价

综合评价就是既注重质又注重量，将质和量有机结合起来进行分析的一种评价方式。综合评价也被称为指标评价，它为评价专家提供一个可参照的指标体系，以便评价专家根据统一的标准作出评价。综合评价一般采用对指标进行量化处理的方法，目的在于减少评价的主观性，增强评价结论的客观性。综合评价将定量和定性、计量分析和质量评估、模糊和精确相结合，可以兼顾各个方面的因素，是哲学社会科学创新评价的一种重要方式。

综合评价力求尽可能克服同行专家评价和量化评价各自的不足，最大限度发挥同行专家评价和量化评价各自的优点。一般说来，量化评价相对

于同行专家评价更具体、更精确、更具操作性。但对这种定量评价的不恰
当使用，容易误导哲学社会科学研究，使科研的质量服从于数量，容易导
致评价目标的迷失。而同行专家评价能够弥补量化评价的某些不足。虽然
单个的同行专家评价不可避免地存在着一定的主观性，但同行专家群体即
学术共同体的评价能够克服这种主观性。更为重要的是，量化评价很难识
别评价对象的创新性，只有同行专家的共识性判断才能解决这一问题。此
外，在哲学社会科学创新评价中，有些指标是难以量化的，它们只有经过
同行专家的分析才能加以评价。总之，量化评价与同行专家评价各有优缺
点，但它们在一定程度上又可以相互补充。综合评价就是将两者有机地结
合起来的一种评价方式。国外学者也认为，量化评价和同行专家评价的有
机结合即综合评价是哲学社会科学创新评价的发展方向。①

　　英国的 RAE 评价方法就是一种比较典型的综合评价法。RAE（Re-
search Assessment Exercise）即科研评价活动，是英格兰高等教育基金委员
会（Higher Education Founding Council for England，简称 HEFCE）联合其
所有拨款机构建立评估小组而专门对高等学校的研究工作进行的 4—5 年
一次的学术水平评估活动。该科研评价的质量等级依据国家和国际的标准
制定，评估的目的是考察有关高等学校的学术水平，为向其进行科研拨款
提供依据。自 1986 年以来，RAE 已开展了六次科研评价活动。RAE 2008
与前一次 RAE 科研评价活动的间隔期为 7 年，这次科研评价仍以学科为
基础，采用了同行专家评价方式。在此次评价活动中，评估组的组织结构
仍是"双层结构"，即在 67 个次评估小组（即前几轮评估中的评估单元）
之上设立 15 个主评估小组，每个主评估小组负责以同一母学科为基础的
3 个以上的次评估小组。这次科研评价活动还设置了辅助次评估小组进行
评估的特别专家小组，主要负责跨学科、交叉学科及次评估小组较难评估
领域的评估工作。RAE 2008 的评价结果的呈现形式是质量概评报告
（quality profiles）。在评价过程中，次评估小组首先依据相关标准对申请
材料进行评估，然后综合各方面的情况形成评价报告，并由主评估小组签
署公布。次评估小组须综合分析每份申请材料三个方面的指标即科研产

---

① Henk F. Moed, "Research Assessment in Social Sciences and Humanities". （http：//www2.
lingue. unibo. it/evaluationin－thehumanities/Research％20Assessment％20in％20Socia％1
20Sciences％20and％20Humanities. pd. f）

出、科研环境和声誉指标（科研产出的权重不得低于50%，科研环境的权重不得低于5%，声誉指标的权重不得低于5%），并判断每份申请在多大程度上满足了四个评估等级标准或者没有达到等级标准。① 这种科研评价制度在其实施的近30年时间内，明显提高了英国在大多数领域里的研究水平。英国还计划于2014年以后采用一套新的研究质量评估方案——卓越研究框架（Research Excellence Framework，REF），拟增加科研收入、研究生培养信息、成果引用次数等评价指标。虽然英国的RAE评价也存在一些问题，但人们普遍认为，英国科研评价制度具有评价过程公开、评价成员广泛、评价指标合理、评价方法科学等优点。②

国内一些研究者也在探索适合我国国情的综合评价，并构想了各种各样的模型。例如，有人从评价主体、评价方法、评价的层次结构、评价的时间维度、评价的数据表现形式等方面探讨了综合评价问题，提出了群组评价、组合评价、分层评价、动态评价以及区间数评价等方法③，为综合评价在社会科学创新评价中的应用提供了有益的启示。武汉大学邱均平教授在系统分析各种评价技术的基础上，提出了综合评价的思路，构建了一种综合评价的"模型"，很有应用价值。该模型由四个步骤组成。首先，建立综合指标体系。在综合有关文献以及专家咨询意见的基础上，将哲学社会科学研究成果的综合指标体系设置为五个主要方面，即学术水平、学术价值、社会价值、基础投入与效益情况。学术水平指标包括成果的先进性、创新性、科学性和出版发表层次等方面，主要通过学术界同行对已公开发表成果的引用或下载体现出来，并可分解为"被引用"和"被下载"两个可测指标。社会价值主要通过公众的反响和成果采纳部门的采纳情况来反映，可分解为"社会反响"指标和"采纳部门"指标，它们主要体现在成果评审或鉴定专家的定性评语措辞中。基础投入指标包括研究者的研究基础情况，如知识结构的更新与研究的连续性等，还包括科研项目的来源、资金与人力投入情况等。效益情况涉及成果的推广和转化以及转化之后所带来的经济效益两个方面，同时也可以与基础投入作比较，进行投

---

① Research Assessment Exercise：Guidance on submissions［EB/OL］.（http：//www. rae. ac. uk /pubs /2005 /03 /rae0305. doc）

② 参见常文磊《英国科研评估制度（RAE）对改进我国哲学社会科学评价的启示》，《黑龙江高教研究》2012年第10期。

③ 参见苏为华、陈骥《综合评价技术的扩展思路》，《统计研究》2006年第2期。

入产出的分析。这五大指标既相互独立又具有密切的联系。其次，确定指标权重。主要采取三大类方法，即主观赋权法、客观赋权法以及两种方法的结合。主观赋权法首先采取定性的分析，'由专家根据经验进行主观判断而得到权数，然后再对指标进行综合评价，主要包括层次分析法、功效系数法、模糊评价法、专家调查法等。客观赋权法是根据指标之间的相关关系或各项指标的变异系数来确定权数、进行综合评价，主要包括因子分析法、熵值法、聚类分析法、变异系数法、灰色关联分析法、TOPSIS 法、神经网络分析法、判别分析法、路径分析法等。主观赋权法比较成熟，可操作性也比较强，其应用更为普遍，但其主观随意性大，所得权重结果可能会与实际情况存在较大差异。因此，有必要采用主客观组合赋权的方法来达到优势互补的效果，使指标权重更加接近实际情况。总之，主客观赋权法各有优劣，二者的结合是综合评价的发展方向。再次，获得各项指标分值。对于涉及引文质量方面的指标，可直接利用引文分析获得各项得分。其他定量指标也可以通过深度的调查和数据分析获取其得分。对于定性评价的指标，则采用专家评议打分制。比较合理的做法就是将计量方法引入专家评议，将被引频次、被转摘等客观指标引入专家评议中，让专家来驾驭和运用这些数据，最终结果由专家综合各种因素给出。由于专家评分存在着一定缺陷，必须对专家评议的质量进行控制，为此需要确定专家评议的信度。如果评价专家的信度系数高，说明其打分结果接近实际，因而可适当增加其打分的影响力度；反之，则说明其打分结果偏离实际，因而可降低其打分的影响力度。由于在学术评价中必须有专家评价这一基本环节，所以在评审过程中必须通过合理的方法来控制专家评审行为，依据专家信度的不同对他们的打分结果进行适当的加权汇总，力求指标分值的准确性。最后，多方法组合评价。对两种或两种以上的综合评价结果（或评价技术）进行集成的技术，即为组合评价技术。在保证评价方法正确性和适用性的前提下，采用组合评价技术，往往可以尽量减少单一方法产生的偏差，有利于提高综合评价结果的准确度。在哲学社会科学成果评价中应用较为广泛的评价方法有层次分析法（AHP）、数据包络分析法（DEA）、灰色关联分析法、TOPSIS 方法（逼近理想解排序法）、人工神经网络法以及模糊综合评判法等。这些方法都有各自的适用范围，有的适用于定性评价，比如层次分析法、模糊综合评判法；有的则适用于定量评价，如数据包络法、灰色关联法、人工神经网络法等；也有的在定量与定性分析中都可使用，如 TOPSIS 方法。应该综合考虑这些方法的不同适用范围和特性，使它们能够优势互补，这样形成的评价方法就有更加广泛的适用性。总之，综合评价的理论与实践已成为学术评价研究的热点，也是哲学社会科学创新评价的发展趋势。①

三　哲学社会科学创新评价的科学化

自人类有了哲学社会科学创新评价的实践活动之日起，为了克服评价的主观性、随意性、不规范性，人们就一直在不断地探索如何通过更新评价观念、改变评价方法、构建新的评价体系等各种各样的措施来促使哲学社会科学创新评价科学化。虽然人们在这方面进行了大量的卓有成效的工作，积累了很多值得借鉴的经验，但由于哲学社会科学创新评价本身涉及众多方面的复杂因素，人们至今还没能找到大家公认的能够真正实现哲学社会科学创新评价科学化的有效路径，时至今日，这种探索还在进行之中。也正因为如此，探讨哲学社会科学创新评价的科学化是一件有难度但又很有意义的事情。

（一）哲学社会科学创新评价科学化的意义

哲学社会科学创新评价科学化有着重要的理论和实践意义，它不仅能够直接促进哲学社会科学创新实践的发展，而且有利于调动哲学社会科学研究者的积极性、主动性和创造性，促进哲学社会科学领域高水平人才脱颖而出。

1. 促进哲学社会科学创新实践的发展

评价的目的在于形成和树立一个正确的价值导向，从而规范和促进评价对象的健康发展。哲学社会科学创新评价的目的也是如此。实现哲学社会科学创新评价的科学化，对于推动哲学社会科学研究的正常开展，特别是促进哲学社会科学创新实践沿着正确的方向健康发展具有重要的意义。

哲学社会科学研究贵在创新。实际上，整个哲学社会科学的发展历程，就是一个不断创新的过程。毫无疑问，哲学社会科学创新有其内在的

---

① 参见邱均平、王菲菲《社会科学研究成果综合评价方法研究》，《重庆大学学报》（社会科学版）2010 年第 1 期。

规律。实现哲学社会科学创新评价的科学化，首先要求哲学社会科学创新评价尊重和反映哲学社会科学创新的内在规律。这些规律包括：学科梯队要持续不断地建设，学术团队结构要合理，学术研究要有长期积累，学术交流要广泛开展，科研经费投入要足够，不同学科的学术创新有不同的周期，等等。显然，哲学社会科学创新评价应该体现这些规律，或者说，哲学社会科学创新评价的科学化就是要改变不符合这些规律的评价方式。就目前我国哲学社会科学创新评价来说，问题之一就是缺乏科学合理的评价标准。应该说，科学合理的评价标准体系是整个哲学社会科学创新评价的基础，它关系到"用什么标准"来评价这一根本问题。从这个意义上说，科学的评价标准是一个准绳，是判别哲学社会科学创新与否的根据。然而，长期以来，我国哲学社会科学创新评价却缺乏科学合理的评价标准，这个问题一直困扰着我国的学术界和科研管理部门，直接影响了我国哲学社会科学创新。近年来，我国学术界时有关于哲学社会科学创新评价的讨论，人们对那种重数量、轻质量的评价方式提出了尖锐的批评，并就如何确立科学合理的评价标准问题提出了各种各样的建议。人们已经越来越明确地认识到，在制定哲学社会科学评价指标时，应该坚持以提高质量为导向，克服重数量指标、轻质量指标的倾向，针对不同类型的成果设置相应的评价指标，努力体现出评价的科学性，避免评价的随意性和主观性。我国学术界关于改革哲学社会科学创新评价方式的呼声，实际上也是要求哲学社会科学创新评价反映哲学社会科学创新的规律。

如果我们有了一套反映哲学社会科学创新内在规律的评价标准，我们就能对哲学社会科学创新成果进行科学合理的评价。当我们的评价反映了哲学社会科学创新的基本规律时，评价的结果自然也就是公正的，也必然会更好地促进哲学社会科学创新实践的发展。哲学社会科学创新评价对哲学社会科学创新实践的这种反作用是非常明显的。目前，我国哲学社会科学的研究成果呈逐年递增的趋势。能否对海量的哲学社会科学成果进行科学的评价绝不是一件无足轻重的事情，而是一件会立即引起一系列连锁反应的大事情。如果我们能实现哲学社会科学创新评价的科学化，将极大地促进我国哲学社会科学创新事业的健康发展。如果我们不能克服我国哲学社会科学创新评价中存在的各种缺陷和弊病，我国哲学社会科学研究中的学术失范现象就无法得到根除，各类学术泡沫仍将继续泛滥，我国哲学社会科学创新实践的发展就会受到严重的阻滞。正因为如此，教育部专门下发了《关于进一步改进高等学校哲学社会科学研究评价的意见》，要求各高校大力改进哲学社会科学评价工作，努力实现哲学社会科学创新评价的科学化。

总之，实现哲学社会科学创新评价的科学化，努力发挥其积极的导向作用，有利于促进哲学社会科学创新实践的发展。

2. 有利于调动哲学社会科学研究者的积极性

哲学社会科学的创新，归根到底靠人才，靠哲学社会科学研究者积极发挥其创造才能。然而，哲学社会科学研究者是生活在现实的社会生活中的，总会有这样那样的现实利益的考虑。正如黑格尔所说："现实上很高的利益和为了这些利益而作的斗争，曾经大大地占据了精神上一切的能力和力量以及外在的手段，因而使得人们没有自由的心情去理会那较高的内心生活和较纯洁的精神活动，以致许多较优秀的人才都为这种艰苦环境所束缚，并且部分地被牺牲在里面。"①哲学社会科学创新评价的结果对于哲学社会科学研究者的现实利益必然会产生一定的影响，而这又会反过来影响哲学社会科学研究者的积极性。如果哲学社会科学创新评价中的一些非科学的因素长期不能消除，势必会挫伤哲学社会科学研究者的积极性，影响哲学社会科学创新事业的健康发展。可见，实现哲学社会科学创新评价的科学化，有利于调动哲学社会科学研究者的积极性，使哲学社会科学研究者能够潜心于学术研究和创新，从而有利于推动哲学社会科学创新事业的繁荣和发展。

实现哲学社会科学创新评价的科学化，必须加强哲学社会科学研究的宏观管理体制和微观运行机制的建设。从宏观上看，建立管理机构健全、各部门分工负责的哲学社会科学研究管理体制，形成既能把握正确方向又有利于激发哲学社会科学研究者创造力的引导机制，营造相互尊重、相互欣赏和百花齐放、百家争鸣的学术氛围，是实现哲学社会科学评价科学化的关键。从微观上看，建立哲学社会科学创新评价的激励机制，完善哲学社会科学创新人才的培养、选拔和管理机制，形成优秀人才脱颖而出、人尽其才的良好环境，是实现哲学社会科学创新评价科学化的核心。如果能够把上述宏观管理体制和微观运行机制有机结合起来，就能实现哲学社会

---

① ［德］黑格尔：《哲学史讲演录》第 1 卷，贺麟、王太庆译，商务印书馆 1959 年版，第 1 页。

科学创新评价的科学化。然而，由于各种各样非常复杂的原因，现实中往往很难达到这一理想状态。例如，在对哲学社会科学科研业绩考核和科研成果评价上，目前各高校和科研机构普遍存在着按量化指标"一刀切"的倾向，特别是盛行以论文数量的多少、论文发表刊物影响因子的高低、申请科研项目的数量及金额的多少来评价哲学社会科学研究员的学术成就和学术水平的现象。这种无视哲学社会科学研究的特点及其与自然科学研究之间的差别、用同样的标准来评价哲学社会科学成果和自然科学成果的做法，必然会在哲学社会科学创新评价上出现严重的偏差，也必然会挫伤哲学社会科学研究者的积极性。

总之，实现哲学社会科学创新评价的科学化，对哲学社会科学研究者具有极大的激励作用，它对调动哲学社会科学研究者的积极性、推动哲学社会科学创新事业繁荣发展是极为重要的。

（二）哲学社会科学创新评价科学化的影响因素

哲学社会科学创新评价的科学化并不是一件简单容易的事情，它往往要受到多方面因素的影响。要实现哲学社会科学创新评价的科学化，首先必须充分了解和评估这些影响哲学社会科学创新评价科学化的因素。就目前我国的情况而言，哲学社会科学创新评价科学化的影响因素主要有以下几个方面。

1. 行政权力的主导

无论是在国内还是国外，哲学社会科学创新评价都是由一定的权威机构来进行的。由于哲学社会科学一般都具有意识形态的性质，哲学社会科学创新评价往往会有行政管理部门的参与。即使某些哲学社会科学创新评价表面上是由专门的学术机构来进行的，这些学术机构也总是这样那样地依附于一定的行政管理部门。因此，在哲学社会科学创新评价的具体实施过程中，行政权力往往起着主导性作用，甚至直接由行政领导来主持。这样一来，评价结果往往会由"长官意志"决定，它显然不利于哲学社会科学创新评价的科学化。

行政权力的主导所带来的主要问题是使哲学社会科学创新成果很难在学术上得到准确的评价。拿我国的情况来说，在各类哲学社会科学创新评价中，行政管理部门往往掌握着生杀大权，它们不仅负责制定评价标准、规则和程序，甚至还管控整个评价过程。哲学社会科学创新评价中行政权力的主导，实际上意味着由外行评价内行、由非专业人员评价专业人员。各级行政管理部门的人员不可能真正了解哲学社会科学各个学科的历史、研究现状和发展态势，因而根本无法对哲学社会科学成果的学术质量作出甄别和判断，而只能以各种量化指标如论文发表刊物的影响因子、转载率、引用率等来衡量哲学社会科学成果的创新性。尽管有些行政管理部门也试图通过相关领域专家学者的把关来提高评价的公信力，但由于各种各样的复杂原因，如管理部门制定的评价标准、规则和程序本身的偏差、评价过程中的人情因素的影响，等等，最终还是难以从根本上解决评价不公正的问题。

总之，行政权力的主导必然会强化哲学社会科学创新评价中的非学术性因素，使哲学社会科学创新评价偏离正确的轨道，特别是使其难以体现哲学社会科学创新的内在规律，从而严重地影响哲学社会科学创新评价的科学性。

2. 量化思维的干扰

哲学社会科学创新评价中的量化思维，主要表现为根据哲学社会科学成果的等级、数量、转载和引用率等而赋予其不同的分值，然后根据分值的大小来作出评价。这种量化思维最初由美国运用于自然科学领域里的评价，20世纪90年代以后很快成为全世界盛行的评价思维，甚至在哲学社会科学领域也大行其道。这种量化思维被西方学者称为"麦当劳化"的思维，其典型特点是注重可计算的量化指标。

根据量化思维的要求，哲学社会科学创新评价必须采用自然科学的计量方法，把哲学社会科学论著所发刊物或出版社、受资助课题、所获奖励的级别、转载和引用率等换算成一定的数值，而根本不考虑这些量化指标与哲学社会科学成果的学术质量是否有内在的必然联系。这样做的结果，就是促使哲学社会科学研究者千方百计地去追求这些量化指标，而这必然不利于哲学社会科学创新，甚至会严重恶化哲学社会科学研究的学术生态。事实上，这种量化思维已经成为我国哲学社会科学创新评价的主导性思维。在我国各高校中，哲学社会科学科研管理部门习惯于按照上述量化指标，把哲学社会科学成果的价值折算成相应的分值，并根据其分值的大小进行分类和排序，作为定职定级、评优评先的根据。在这种量化思维的导向下，很多哲学社会科学研究者不是甘心坐冷板凳潜心学术，而是一心算计着如何提高自己的科研分值。正是在这种背景下，大量的学术泡沫应运而生，出现了学术虚假繁荣的局面。对此，有学者痛心疾首地指出："量化评价方法激发了大量回避重大难题的短期功利行为以及把成果拆解发表、重复发表、增加自我引证等对于学术研究本身并无意义的行为。"①显然，量化思维是不利于哲学社会科学评价的科学化的。

当然，量化思维的出现是有其必然性的，量化思维也确实有某些积极的作用。对此，我们在前面已作过论述。但是，我们不能高估量化思维在哲学社会科学创新评价中的作用，它有其特有的局限。例如，在哲学社会科学创新评价中，量化思维很注重论文的转载和引用率，但论文的转载和引用率却受制于发表时间和期刊传播范围等特定的时空条件，还受到转载刊物编辑的学术眼光等各种复杂因素的影响。也正因如此，我们不能将这种量化思维加以泛化，更不能对它加以滥用。但是，在实际操作中，人们往往不能清醒地认识到量化思维在哲学社会科学创新评价中的局限性，看不到量化思维只能起某种辅助作用，而是将之泛化为哲学社会科学创新评价的主导性思维，其结果必然损害哲学社会科学创新评价的科学性。

3. 考评机制不健全

哲学社会科学创新评价往往是与对哲学社会科学研究者的考评紧密联系在一起的，有什么样的考评机制，就会催生出什么样的评价体系。如果考评机制不健全，评价体系就会存在问题，从而也就难以实现评价的科学化。例如，如果考评间隔时间过短，评价体系就会注重短期内取得的成果数量，从而就必然使哲学社会科学创新评价受到量化思维的干扰。

当前，我国对哲学社会科学研究者的考评机制很不健全。这主要表现在以下两个方面：

一是考评过于频繁。哲学社会科学创新，一般都需要较长时间的积累和准备。而经过长期的积淀，哲学社会科学研究者一旦形成和具备了较强的创新能力，则会保持某种相对稳定的状态。很难设想，那些大师级的学者会突然变成平庸之辈。正因如此，在欧美国家，一般都不设定职称评定的周期，一旦鉴定出某位科研人员具有较强的科研能力，就赋予其终身教职，这样科研人员才会没有后顾之忧地投入到开创性的科学研究中。而我国的考评则往往过于频繁。国内科研人员的职称晋升，考评年限一般为2至3年（从初级职称到中级职称）或者5年（从中级职称到副高职称或

---

① 刘大椿：《人文社会科学评价的深层问题》，《中国高等教育》2007年第20期。

从副高职称到正高职称），考评对象必须在此期间申报到一定数量、一定级别的课题，争取到一定数额的科研经费，在一定级别的刊物上发表一定数量的论文。频频的考评，使得科研人员很难潜心钻研，他们往往不得不投身于那类短平快的研究工作，以迎合各种量化指标的要求。

二是考评标准很不科学。在我国，对科研人员的考评，往往不考虑哲学社会科学与理科、工科等不同学科的差别，对不同学科采用同样的标准，提出同样的要求。这种单一标准的考评，完全抹杀了不同学科的特点，必然将哲学社会科学置于不利地位，甚至还会使哲学社会科学面临被边缘化的危险。哲学社会科学研究和创新有其特殊性，对哲学社会科学研究人员的考评也不宜直接套用自然科学研究的评价体系。但在实际操作过程中，许多机构对所有学科采用统一的考评标准，往往都未能充分考虑哲学社会科学研究的特殊性，轻视哲学社会科学专家评价的作用。另外，在对哲学社会科学研究人员进行考评时，人们往往看不到哲学社会科学研究经费投入相对较少的现实状况，而是直接将其与自然科学研究人员的科研经费作比较，这样比较的结果便是可想而知的。

（三）促进哲学社会科学创新评价科学化的基本原则

要实现哲学社会科学创新评价的科学化，就必须遵循一些基本的原则。2011 年《国家哲学社会科学研究"十二五"规划》提出，要"建立和完善符合哲学社会科学研究特点的分类评价标准，构建以创新和质量为导向的多元评价体系，更加注重学术原创性和实际应用价值"。同年，教育部《关于进一步改进高等学校哲学社会科学研究评价的意见》提出，要"充分认识改进哲学社会科学研究评价的重要意义、确立质量第一的评价导向、实施科学合理的分类评价、完善诚信公正的评价制度、采取有力措施将改进科研评价工作落到实处"。据此，我们认为，哲学社会科学创新评价的科学化必须遵循以下三个基本原则。

1. 注重质与注重量相结合

任何一项哲学社会科学创新成果，都有质的一面，也有量的一面。哲学社会科学的创新评价，当然应该把质和量有机地统一起来。如前所述，哲学社会科学研究和创新具有自身的特殊性，无论是单纯的定性方法还是单纯的定量方法都难以对哲学社会科学创新成果作出客观、公正的评价。就现行哲学社会科学创新评价体系而言，以同行专家评价为主要内容的注重质的评价容易受评价者的主观因素的影响而不能完全准确反映评价对象的真实情况，而以文献计量分析法为主要内容的注重量的评价又由于存在指标选择方面的问题而缺乏综合性，两者各有优、缺点，但它们又都为哲学社会科学创新评价所不可缺少。在这种情况下，把二者有机结合起来，即把注重质与注意量结合起来，就理所当然成为哲学社会科学创新评价科学化所要坚持的首要原则。

坚持注重质与注重量相结合的原则，就是要在对哲学社会科学创新成果进行定性评价的同时，注意对其进行各种量的分析和考察。一方面，要坚持以对哲学社会科学创新成果的质量的评价为基础。要充分发挥同行专家的专业特长，从学术发展的历史与现实的统一、理论与实际的统一、继承与创新的统一、基础与前沿的统一等角度对哲学社会科学创新成果的学术质量作出客观、准确、公正的判断，同时尽可能地避免由于评价者各种主观因素的影响而可能造成的片面性。另一方面，也要坚持各种必要的量化评价指标。要根据哲学社会科学创新成果所发表期刊的影响因子、哲学社会科学成果产生的社会影响（包括论文收录转载情况、获奖情况、被引证情况等）等重要的量化指标，对哲学社会科学创新成果作出规范、科学、严谨的评判，努力避免前述时间的滞后性、检索范围的有限性、检测手段的不完善等因素带来的消极影响。总之，只有将注重质与注重量有机地结合起来，使二者相互补充，才有可能实现哲学社会科学创新评价的科学化。

2. 创新评价与效益评价相结合

毫无疑问，是否具有创新性是哲学社会科学创新评价的根本关注点。创新是哲学社会科学研究的生命和灵魂，也是哲学社会科学发展的内在驱力。一个哲学社会科学研究者如果缺乏基本的创新精神，不具备基本的创新素质，是不可能作出创新成果的，更不可能真正承担起推进哲学社会科学发展的重任。因此，必须把创新作为哲学社会科学研究的直接目标，将重视原创性和鼓励创新作为一种根本理念贯穿于整个哲学社会科学创新评价过程之中，体现在哲学社会科学创新评价的各个方面。只有这样，才能促进整个哲学社会科学研究沿着不断创新的正确方向前进，才能真正体现哲学社会科学创新评价的作用和意义。实现哲学社会科学创新评价的科学化，就必须使哲学社会科学创新评价首先体现出它是对创新成果的评价即创新评价。

　　然而，也应该看到，哲学社会科学研究的最终目的和根本目标是发挥理论对实践的指导作用，由此推动政治、经济、文化等社会生活各个领域的全面、协调可持续的发展。从这个意义上讲，哲学社会科学创新的突出重要性就在于它能极大地推进社会实践的发展。虽然哲学社会科学创新成果的社会效益的实现具有一定的滞后性、间接性，但一旦其社会效益发挥出来，它的影响就将是长期的、深远的。哲学社会科学创新评价也应该重视这一点。如果某项哲学社会科学成果只是书斋中纯逻辑推演的结果，始终不可能与实际的社会生活发生任何关联，那么，不管它在理论上多么的精致，我们也很难冠之以"创新"的美名，因为它从根本上缺乏社会效益的维度。在我国，有的哲学社会科学研究者出于各种功利的考虑，经常炮制出一些没有任何现实内容的文章；有的人对现实社会生活漠不关心，醉心于文本研究，甚至认为只有文本研究才是真正的学问。对于哲学社会科学研究中这类无视社会实践需要、脱离社会生活的偏向，就应该通过哲学社会科学创新评价予以纠正和引导。

　　3. 一般评价与分类评价相结合

　　哲学社会科学创新的一般评价，就是基于哲学社会科学各学科的共性而运用某些共同的标准对哲学社会科学创新成果进行评价。例如，《全国教育科学规划课题的管理办法》在"鉴定标准"方面提出了"科学性、创新性、规范性、难易程度、应用价值"五个方面的要求。这实际上也是所有哲学社会科学创新评价必须遵循的共同的评价标准。哲学社会科学创新的一般评价的实质，就是根据哲学社会科学创新成果的共同特征来甄别和判断某项哲学社会科学研究成果是否为创新成果。其主要根据在于，只要是哲学社会科学创新成果，就必然具有上述五个方面的基本特征。哲学社会科学创新的一般评价非常便于操作，并在实际的哲学社会科学创新评价中占有重要地位。

　　但是，哲学社会科学的各个领域各有其特点，我们还必须注意对哲学社会科学创新成果进行分类评价。所谓哲学社会科学创新的分类评价，就是根据哲学社会科学各个领域的特殊性而制定出相应的评价细则，有区别地对待不同的评价对象。例如，人文学科研究的目的在于揭示人的生存意义和人的价值，提出和表达某种价值观念，以便为人的行为和活动提供价值导向；社会科学研究的目的则在于揭示社会事物的本质和规律，形成关于社会事物及其形成和发展的知识。因此，对于人文学科创新成果和社会科学创新成果的评价应该区别对待。不仅如此，同是人文学科，哲学、文学、史学、艺术的创新评价各有不同；同是社会科学，经济学、法学、社会学的创新评价也应区别开来。同时，对于论文、专著、研究报告等不同形式的成果，也应各有不同的评价标准。在实际的评价工作中，还可以根据研究课题的性质和目的来确定具体的评价标准。例如，战略性研究成果的评价要着重考察其是否能够满足国家经济社会发展的重大战略需求，基础性研究成果的评价应以是否在理论和方法方面有新的突破为评价标准，应用性研究成果的评价则要以决策咨询和服务效果为主要评价标准。

实现哲学社会科学创新评价的科学化，就必须把上述一般评价与分类评价结合起来。要做到这一点，必须充分考虑哲学社会科学研究者所属机构和单位的性质。例如，地方社会科学院的成果评价应有别于中国社会科学院和各高等院校的成果评价，同时也应有别于党政机关研究部门的成果评价。地方社会科学院的科研工作定位于上述两者之间，它既要具有一定的学术性，又要适应政府决策的需要。《中共中央关于进一步繁荣发展哲学社会科学的意见》专门对中国社会科学院、高等院校和地方社科院的功能进行了明确定位，这为有效实施分类评价奠定了良好的基础，指明了方向。

第八章

我国哲学社会科学
创新的现状、问题及对策

　　中国特色社会主义事业的蓬勃发展，是我国哲学社会科学创新的实践源泉。改革开放以来，我国已顺利实现了现代化建设"三步走"战略的前两步战略目标，现在正在向第三步战略目标迈进。与之相应，我国哲学社会科学创新经历了一个不断发展的过程。这个发展过程大体上可分为三个阶段：第一阶段是从 1978 年到 1992 年，我国哲学社会科学创新随着拨乱反正和全面改革而得到恢复和初步发展；第二阶段是从 1992 年到 2002 年，我国哲学社会科学创新伴随着改革开放和现代化建设的深入发展而进入全面发展阶段；第三阶段是从 2002 年至今，我国哲学社会科学创新伴随着全面建设小康社会的步伐而进入一个振兴繁荣阶段。这个发展历程生动地表明，中国特色社会主义伟大实践是我国哲学社会科学创新的源头活水，它激发了我国哲学社会科学的理论创新活力，为我国哲学社会科学研究打开了崭新的理论视野，拓展了广阔的理论空间，带来了众多的理论突破。

一　我国哲学社会科学创新的现状

　　改革开放以来，党和国家高度重视哲学社会科学创新，在哲学社会科学研究方面的投入力度不断增加，哲学社会科学创新的人才队伍不断壮大，创新成果不断增多，组织管理体系也不断完善。

（一）研究机构、人才队伍和社会影响明显改观

经过 30 多年的建设和发展，我国哲学社会科学创新的整体面貌有

了根本改观：研究机构不断健全，人才队伍的规模和社会影响也不断扩大。

1. 研究机构不断健全

1921 年中国共产党成立时，研究哲学社会科学的机构非常少，队伍极其薄弱。新中国成立以后，党和政府创办的首批社会科学研究机构也只有近代史、考古、语言、社会四个研究所。1950 年，中国科学院成立，其中包含有社会科学的研究，但并没有专门的哲学社会科学研究部门。1955 年，中国科学院才专门设立了哲学社会科学部，并相继成立了哲学、文学、历史、经济、法学、考古、语言等 15 个研究所。"文化大革命"后，我国的哲学社会科学研究机构得到了进一步的发展。1977 年，哲学社会科学的研究机构得到恢复重建，中国社会科学院成为全世界规模最大、部门最齐全的社会科学研究机构。与此同时，各省市自治区和一些地级市也都相继建立了地方社会科学院。到目前为止，我国已经形成了高等院校、社会科学院、党政部门所属研究机构、党校及行政学院、军队院校五大哲学社会科学研究和教学系统。

高校是我国哲学社会科学研究的主阵地、示范区和主力军，是国家哲学社会科学创新体系的重要力量，是优秀文化传承的重要载体和思想文化创新的重要源泉，也是社会主义核心价值体系建设的重要依托，承担着光荣的使命和艰巨的任务。1999 年，教育部启动了高校哲学社会科学重点研究基地的建设工作。迄今为止，共批准设立了近 200 个研究基地，分布在全国近百所高校，学科体系基本涵盖了哲学社会科学研究所有的重要领域。经过多年的建设和发展，高校哲学社会科学重点研究基地现已成为集科学研究、人才培养和社会服务于一体的高水平的综合创新平台。重点研究基地以重大理论和现实问题为主攻方向，在科学研究、人才培养、学术交流等各个方面都取得了令人瞩目的成绩，为全面提高高校哲学社会科学创新能力探索出了一条新的发展道路。与之相适应，各省和许多高校也建设了一批省级、校级哲学社会科学重点研究基地。与此同时，教育部还建设了一批"985 工程"哲学社会科学创新基地，目的在于对高校哲学社会科学整体创新能力进行进一步整合、凝练和提升。经过几期的建设，这些基地已成为实现高校哲学社会科学资源优化配置、汇集优秀拔尖人才、形成创新团队、体现学科交叉特征的新型科研组织形式。如今，一个由教育部哲学社会科学重点研究基地、"985"哲学社会科学创新基地、省级哲学社会科学重点研究基地和校级哲学社会科学重点研究基地构成的高校哲学社会科学科研创新体系已经形成。

2. 人才队伍日益壮大

胡锦涛同志指出，"我们要始终把培养造就高素质人才作为根本大计，努力建设宏大的创新型人才队伍。人才是事业发展最宝贵的财富。世界范围的综合国力竞争，归根到底是人才特别是创新型人才的竞争。社会主义现代化事业的不断发展和创新，归根到底有赖于各方面创新型人才的创造性思维和创造性活动"①。综合国力的竞争是如此，哲学社会科学事业的繁荣和发展当然也不例外。哲学社会科学事业的繁荣和发展，关键在于科研队伍的壮大与发展。改革开放以来，党和国家一直注重哲学社会科学人才队伍的建设，我国哲学社会科学人才队伍的各个方面都出现了日新月异的变化，主要表现在以下三个方面：

第一，科研结构趋于合理，高层次人才比重大幅提高。根据相关统计资料，在"十一五"期间，我国高校哲学社会科学的教学与研究人员总数已经达到42.6万人，其中，女性22.1万人，占51.9%，人员总数及女性所占比例都大幅度增加。具有高级职称的科研人员数量与比例也大大提高，达到了15.7万人，其中，教授4.7万人，副教授11万人，两者分别占教师总人数的10.9%和26.0%。哲学社会科学教学与研究人员的学历层次也普遍提升，获博士学位者4.65万人，获硕士学位者15.26万人，占教师总人数的比例分别为10.9%和35.8%。在这一时期，地方高校的哲学社会科学人才队伍也得到了快速发展，教学与研究人员达到35.2万人，占地方高校教师总人数的82.6%，其中，教授有3.33万人，副教授有8.75万人。

第二，对哲学社会科学高端人才和青年后备人才的支持力度明显加大。以高校为例，20世纪90年代以来，教育部先后实施了一系列涵盖哲学社会科学领域高层次创造性人才培养计划，如"跨世纪优秀人才培养计划"、"高等学校优秀青年教师教学科研奖励计划"、"优秀青年教师教学科研资助计划"、"高等学校骨干教师资助计划"等。进入21世纪以后，教育部又实施了"新世纪优秀人才支持计划"，并把哲学社会科学类

────────

① 胡锦涛：《在庆祝神舟七号载人航天飞行圆满成功大会上的讲话》，人民出版社2008年版，第10页。

人才也列入了"长江学者奖励计划"的奖励范围。在这些人才培养计划的支持下,一大批立足于学术前沿并且具有较强创新能力的学科带头人涌现出来。与此同时,哲学社会科学各领域具有重大影响力的领军人物也开始产生。在青年后备人才的培养方面,全国各高校以教育部资助体系为基础,增设了各种新的资助项目,提高立项比例,扩增受益面,加大资助额度。这一系列举措,使哲学社会科学人才队伍,尤其是青年后备人才队伍不断发展与壮大。同时,为了培养青年后备人才,教育部在"高层次创造性人才计划"中专门设立了"青年骨干教师国内访问学者项目",使青年骨干教师有了更多在学科前沿研修和开展高层次学术交流的机会。

第三,形成了一批优秀的学术研究团队。就高校而言,得益于党和国家对哲学社会科学事业的大力支持,全国高校一方面依托各类科研项目,尤其是重大攻关项目,在取得一批重大科研成果的同时打造出了一支高水平的学术研究团队;另一方面则依托重点研究基地,建设了一支高学历、高职称、能够瞄准学科前沿开展科研活动的专兼职研究队伍,形成了老中青相结合的结构合理的高水平研究团队。近年来,这些重点研究基地的学术队伍不断优化,成为留住、吸引和培养人才的重要平台。

特别要指出的是,中央马克思主义理论研究与建设工程的实施,汇聚了一大批哲学社会科学研究和教学力量,促进了哲学社会科学人才队伍的建设。据统计,直接参与工程的专家学者有3000多人,间接参与的则达数万人。

党和国家高度重视哲学社会科学教学科研骨干的培养。截至2013年3月底,中央有关部门举办的哲学社会科学教学科研骨干研修班已达50期,培训5000多人,全国范围内培训80000多人。目前,我国具有中级以上职称的哲学社会科学教学科研人员近40万人,其中有高级职称的人员10多万人,专职研究人员3万多人,涌现出一大批学术大家、领军人物、学科带头人和中青年科研骨干,为哲学社会科学的繁荣和发展提供了有力的人才支撑。

3. 社会影响不断扩大

经过改革开放以来30多年的发展,我国哲学社会科学研究和创新的成果不断积累,对社会发展产生了多方面的积极推动作用,其社会影响不断扩大。这主要表现在以下几个方面:

第一，国际吸引力不断增强。改革开放以来，我国哲学社会科学工作者以中国特色社会主义建设实践为立足点，继承和发扬中国文化传统，以前所未有的力度推进了哲学社会科学的创新，吸引了世界各国的目光。如今，"中国模式"、"中国道路"、"中国经验"等成为国际哲学社会科学界的热门概念，"一国两制"、"三农问题"、社会主义市场经济体制、社会主义民主法制等已经成为全世界共同谈论的话题。作为阐述这些概念、探讨这些问题的我国哲学社会科学创新成果也引起了国际哲学社会科学界的兴趣和关注。无论是"天人合一"的生态理念，还是"和谐"、"共赢"的价值观念，都在全球范围内产生了极大的理论共鸣。同时，我国哲学社会科学的对外交流日益频繁，相继成功举办了一系列的文化交流活动，如中俄、中法、中英文化交流年活动等。在这些文化交流活动中，我国哲学社会科学的国际吸引力日益提升。事实表明，我国哲学社会科学研究和创新的成果以其鲜明的民族性和时代性，赢得了越来越多的国际话语权。

第二，哲学社会科学的育人功能得到了充分发挥。百年大计，教育为本。高等学校的首要任务是培育高素质的人才。近年来，全国高校在党中央的领导下，加强对高校学生的马克思主义理论教育和形势政策教育，编写出版了一系列大学生思想政治理论课新教材，同时对思想政治理论课教学内容和教学方法进行改革，在大学生思想政治教育中大力推进中国特色社会主义理论体系的"三进"工作，即"进教材、进课堂、进头脑"，使高校思想政治理论课更具吸引力、感染力，通过一系列举措，思想政治理论课教学效果得到了较为明显的改善。通过编写修订以马克思主义为指导的各学科教材，同时加强哲学社会科学专业教学，使科学研究与课堂教学齐头并进，以潜移默化的方式充分发挥哲学社会科学的育人功能，为储备社会主义现代化建设的青年后备军作出了应有的贡献。总之，哲学社会科学工作者全面发挥了哲学社会科学固有的育人功能，为培养社会主义合格建设者和可靠接班人作出了新贡献。

第三，为我国经济社会的快速发展作出了重要贡献。对重大理论和现实问题进行深入及时的研究，为中央和地方政府决策提供咨询服务，是哲学社会科学的一项重要职能，同时也是哲学社会科学必须承担的责任。以全国高校为例，近些年来，我国高校哲学社会科学逐渐从注重学科基础研究向基础与应用二者并重、学科交叉融合转型，并从单纯注重学术研究向为决策服务的方向转变。经过多年的实践与尝试，无论是研究的理念与导向还是研究的体制与方法以及服务社会的能力和水平，都已经发生了重大而深刻的变化。在这一过程中，广大高校教师自觉地以服务国家大局为己任，以改革开放伟大事业和社会主义现代化建设中出现的重大理论和现实问题为研究重心，不断深入实践发现并研究问题，为解决社会发展过程中的各种难题贡献才智，从而产生了一大批探索现实问题的优秀成果。据不完全统计，仅在"十一五"期间，全国高校承担的企事业单位委托研究项目就达到 6 万多项，获得的企事业单位委托项目经费达到了 65 亿元，向各级政府部门、企事业单位提交的研究咨询报告 6 万余篇。这些情况表明，我国哲学社会科学研究已为我国经济社会发展提供了重要智力支持。

（二）取得了一批重要成果

改革开放以来，我国哲学社会科学研究成果的数量空前增长。据不完全统计，仅中国社会科学院就出版学术著作 8700 余部，发展论文 10 万余篇，完成研究报告 1.7 万余份，此外还取得了大量其他形式的学术成果。2005 年，《毛泽东邓小平江泽民论哲学社会科学》出版，该书系统收录了中国共产党三代领导核心对哲学社会科学的有关论述和发展我国哲学社会科学事业的指导性文件。2008 年，《中国哲学社会科学 30 年》丛书出版，这一重大理论成果的出版，有着非常重要的理论价值，深刻反映了中国特色社会主义理论体系不断创新、丰富、发展与中国哲学社会科学繁荣发展之间的辩证关系，对哲学社会科学研究坚持马克思主义指导、坚持理论与实践相结合、坚持和发展中国特色社会主义理论体系都有重要意义。通过这些优秀的科研成果可以看出，中国社会科学院一直在为党和国家的大局服务，是我国哲学社会科学的繁荣和发展的生力军，也为我国的社会主义现代化建设事业作出了重要的贡献。

2004 年，中共中央在《关于进一步繁荣发展哲学社会科学的意见》中明确提出实施马克思主义理论研究和建设工程。① 中央的这一决定是坚持和发展马克思主义的必然要求，是树立和落实科学发展观、构建社会主义和谐社会、推进中国特色社会主义伟大事业的客观需要。马克思

---

① 《关于进一步繁荣发展哲学社会科学的意见》，《人民日报》2004 年 3 月 21 日。

主义理论研究和建设工程是一项重大的理论创新工程，它有力推进了马克思主义中国化、时代化、大众化。工程组建了 160 多个课题组，涵盖哲学社会科学各个领域。工程启动以来，在中央的高度重视和直接指导下，在社会各界的关心和支持下，在众多知名专家学者的辛勤努力下，取得了多项阶段性研究成果，如关于马克思主义中国化与中国化的马克思主义的研究成果、关于科学发展观的研究成果、关于以人为本的研究成果、关于社会主义和谐社会的研究成果、关于人的全面发展与社会协调发展的研究成果、关于构建中国特色社会主义核心价值观的研究成果、关于党的先进性建设问题的研究成果、关于马克思恩格斯社会和谐思想的研究成果，等等。在该工程的推动下，马克思主义经典著作编译和研究取得重大进展，推出了 10 卷本《马克思恩格斯文集》和 5 卷本《列宁专题文集》。工程组织出版了数十种深入阐释马克思主义基本原理、充分体现马克思主义中国化最新成果的主干课教材。与此同时，马克思主义学科成为一级学科，中国社会科学院和许多高校成立了马克思主义研究院或马克思主义学院。这些重大举措在推进党的思想理论建设、繁荣发展哲学社会科学方面发挥了重要导向作用，为坚持和发展马克思主义奠定了理论基础和人才基础，提供了组织保障。

在新的历史时期，中国哲学社会科学研究所取得的创新成果是多方面的。不仅马克思主义理论创新取得了许多重要进展，而且人文社会科学各个学科都涌现出了一批有深度、有影响力的优秀成果。

在人文学科领域，产生了很多学术精品甚至传世之作。例如，在考古和古文字研究方面，完成了《甲骨文合集》，这是我国现代甲骨学方面集成性的资料汇编，具有极其重要的学术意义；《殷周金文集成》收集了宋代以来的著录、中外博物馆的收藏以及历年各地出土的商周铜器铭文，收器总数近 12000 多件，是我国古代铭刻资料的大型集录，对考古学、古文字学和中国古代史等学科的研究具有极高的参考价值。又如，在宋代文学的研究方面，《全宋文》和《全宋诗》基本上呈现了宋代文献资料的概貌，其中，《全宋文》一书收文 17 万余篇，研究人员近万人，字数将近一亿，分装 360 册，是迄今篇幅最大、字数最多的断代文章总集，也是已完成的规模最大的古籍整理项目之一。再如，在史学研究方面，白寿彝主编的《中国通史》，共 12 卷、22 册，总字数达 1400 万，是全国史学界通力合作、历经二十余年才完成的迄今为止规模最大的中国通史著作；胡绳的《从鸦片战争到五四运动》，系统地叙述了从鸦片战争到五四时期重要的历史事件，总结了中国人民反抗外国侵略者和本国封建势力的英勇斗争，着力颂扬了中华民族的爱国精神，经重新整理后发行量达 300 多万册，产生了重大的社会影响。还如，近 30 年来，断代工程、清史、宗教学和文艺学研究等方面的一些重大文化项目也取得了重大成果。在断代工程方面，2000 年 11 月 9 日夏商周断代工程正式公布了《夏商周年表》；同年 11 月 9 日，《夏商周断代工程 1996—2000 年阶段成果报告》（简本）正式出版发行。在清史研究方面，20 世纪 80 年代起陆续出版的成果有《清代通史》、《19 世纪中国社会研究》丛书、《清史编年》、《清代边疆形成研究丛书》、《简明清史》等，并整理出版了《庚子事变清宫档案汇编》（18 册）以及天地会、清代农民战争等方面的资料。在宗教研究方面，代表性的成果有《抵御境外敌对势力利用宗教进行渗透的对策研究》、《宗教人类学学说史纲要》、《中国宗教与中国文化（四卷）》、《敦煌道教文献研究》、《道教美学思想史纲》、《全真七子与齐鲁文化》、《新疆佛教研究》等。在艺术学研究方面，先后有 5 万多名科研人员参与资料搜集、整理和编撰工作的《文艺集成志书》，共计 310 卷，数字达 4.5 亿，对于中华传统化的传承和弘扬有重大意义，被誉为"中国文化建设的万里长城"。

在社会科学领域，也产生了很多优秀的成果。例如，关于经济体制改革的国家社科基金项目优秀成果有《建立和规范社会主义统一市场秩序研究》、《党对非公有制经济领导的政策和实现途径研究》等；关于转变经济发展方式的优秀成果有王梦奎的《新阶段的可持续发展》、刘树成的《论又好又快发展》、白津夫的《着力转变经济发展方式》、陈佳贵等的《从高速增长走向和谐发展的中国经济》等；关于都市化进程的优秀成果有单霁翔的《略论开展城市文化问题研究的现实意义》、叶裕民主编的《中国城市化与可持续发展》、杨吉华的《未来十年我国文化产业发展的六大趋势》等。在我国国情研究方面，先后组织两万余名专家学者、历时 15 年完成的《中国大百科全书》，于 1993 年出齐 74 卷，并于 1994 年获得第一届国家图书奖荣誉奖，2009 年又出版发行了第二版。《中国大百科全书》两版共 106 卷，是中国第一部大型综合性百科全书，也是世界上规模较大的几部百科全书之一。《中国历史地图集》则是一部八巨册的历史地图集，它以历史文献资料为主，吸收了迄今为止已发表的考古研究成果，完整地反映了我国历史上各个时期的疆域、城市、自然等地理面貌，被视为新时期我国社会科学研究最重要的成果之一。

与此同时，交叉学科研究也取得了重要进展。继国家 2005 年公布的《国家中长期科学和技术发展规划纲要（2006—2020 年）》将"交叉学科和新兴学科"作为重点攻关领域后，国家自然科学基金委员会制定的"十一五"发展规划在部署优先和重点发展领域时明确提出："充分利用我国现有良好基础和发展优势或充分体现我国资源与地域等特色，以科学问题为导向，瞄准科学前沿，鼓励学科交叉，推动我国基础科学优势研究领域向前发展。"① 2006 年，在认知科学、金融工程学、教育技术学等文理交叉学科领域，取得了许多重要学术成果。例如，认知科学领域的重要成果有《"第二代认知科学"的认知观》、《交互隐喻与涉身认知》、《从基于逻辑的人工智能到社会智能的发展》、《人工智能理论——从分立到统一的奥秘》等。金融工程学领域的重要成果有《金融工程及其在我国的发展》、《认识我国发展金融工程的实用意义》、《论金融工程学的工程学特色》、《金融工程的发展与应用》、《新股流动性风险及其与 IPO 抑价的关系》等。教育技术学领域的重要成果有《关于教育技术学逻辑起点的论证与思考》、《教育技术学逻辑起点再探》、《教育学视角下的教育技术学科发展》等。

（三）形成了比较完整的组织管理体系

哲学社会科学的创新能力与其组织管理状况有着密切的关系。经过多年的建设和发展，我国哲学社会科学的组织管理体系日趋完善。

第一，在加大投入的同时，优化管理机构。

改革开放以来，党和国家领导人都非常注重哲学社会科学事业的发展，国家对哲学社会科学事业的投入逐年增加。"八五"以来国家社会科学基金的增长情况就从一个侧面说明了这一点。如图 8 - 1 所示。

---

① 教育部社会科学委员会秘书处组编：《中国高校哲学社会科学发展报告（2007）》，高等教育出版社 2007 年版。

年度	1991	1992	1993	1994	1995
基金额	1300	1400	1600	2000	2250
年度	1996	1997	1998	1999	2000
基金额	2350	2500	2650	3800	4950
年度	2001	2002	2003	2004	2005
基金额	6000	10000	10000	12500	17400
年度	2006	2007	2008	2009	2010
基金额	22700	23000	30600	38401	59954
年度	2011	2012			
基金额	79766	119589			

图8-1　"八五"以来国家社会科学基金增长情况　　单位：万元

数据来源：全国哲学社会科学规划办公室。

国家不仅不断增加对哲学社会科学的资金投入，还加大了对哲学社会科学优秀成果的奖励力度。例如，教育部高校人文社会科学研究优秀成果奖自1995年开始评选，每三年评选一次，前三届共有1316项优秀成果获奖。2007年，第四届高校人文社会科学研究优秀成果奖的获奖成果总数为426项，其中，一等奖26项、二等奖106项、三等奖294项。2013年，第六届高校人文社会科学研究优秀成果奖的获奖成果总数为830项，其中，一等奖45项、二等奖250项、三等奖518项、成果普及奖17项。

与此同时，有关管理机构也日益健全。就全国高校来看，鉴于学术界出现的不同程度的学风浮躁现象，2006年教育部成立了社会科学委员会学风建设委员会，并开展了卓有成效的工作。2009年，教育部又成立了学风建设协调小组，下设社科类学风建设办公室和科技类学风建设办公室，两个办公室分工开展学风建设协调小组的具体工作。在这样的背景下，全国高校依据教育部的成功经验相继建立了学风建设方面的组织机构，大都设立了学校学术委员会、学风建设委员会两个机构，在学术研究、学风建设中充分发挥两个委员会的作用，并根据各自的具体情况制定了相关制度和实施细则，逐步形成了方向明确、责任清楚、配合协调、监督到位的完整的学风建设工作体制。

第二，在强调学术自律的同时，加强制度建设。

针对学术界的学术不端行为，教育部在 2006 年印发了《关于树立社会主义荣辱观　进一步加强学术道德建设的意见》（以下简称《意见》）。《意见》明确要求全国各高校要切实结合社会主义荣辱观教育，探索各种有效途径和形式，抵制不良风气，营造恪守实事求是、严谨治学信念的学术环境。2009 年，教育部学风建设委员会为了进一步整顿学术环境，组织编写了《高校哲学社会科学学术规范指南》（以下简称《指南》），这是我国高校哲学社会科学科研职业道德规范教育的指导性文献。《指南》就哲学社会科学研究的学术规范作了明确、具体的规定。同时，许多高校开始把学术道德教育作为高校思想政治教育的重要内容，开设了面向全校师生员工的学术规范课程，并定期举行科研学术规范讲座，积极开展优良学风的宣传教育活动。

"十一五"期间，为了指导我国高校哲学社会科学学风建设，教育部还陆续出台了一系列文件，如《高等学校哲学社会科学研究学术规范》、《关于大力提高高校哲学社会科学研究质量的意见》、《关于严肃处理高等学校学术不端行为的通知》、《关于在学位授予工作中加强学术道德和学术规范建设的意见》，为高校学风建设工作提供了政策依据。在这些文件指导下，各高校按照分级负责的原则，对学术不端行为采取"零容忍"的态度，而在具体的处理方式上，做到发现一起、调查一起、处理一起，不护短、不姑息、不手软。通过采取一系列强有力的措施，我国高校哲学社会科学的学风建设有了制度上的保证，学术环境得到了很大程度的净化。

第三，在加强正确导向的同时，扩大对外交流。

教育部在充分调查和研究的基础上，制定并颁布了《关于进一步改进高等学校哲学社会科学研究评价的意见》（以下简称《意见》），以指导高校在进行哲学社会科学研究的过程中把评价工作的导向、激励与诊断作用更好地发挥出来，同时鼓励各高校根据各自的具体情况，以提升科研质量为导向，努力探索和制定符合各高校具体特点的科研评价体系。在《意见》的指导下，许多高校进行了积极探索与大胆尝试，如改革职称评审办法，推行代表作制度，改变过去以科研成果的数量作为高校哲学社会科学工作者职称评审的唯一依据的做法，适当延长评价周期，等等。这些措施，有利于我国高校哲学社会科学事业的健康发展，对于克服哲学社会科学研究中学风浮躁、急功近利等弊端有重要意义。

我国哲学社会科学研究也已改变了过去那种封闭的状态，积极展开了多方面的对外学术交流。一方面是"走出去"，大量派出留学生和访问学者去国外留学、进修和参加各种学术会议，进行专题调研；另一方面是"引进来"，经常邀请外国学者来华讲学、访问并举办各类大量的国际学术会议。这些对外学术交流，开阔了我国学者的视野，有利于提高我国哲学社会科学的学术研究水平，同时也培养了人才，对于推动我国哲学社会科学走向世界极其重要。

在"走出去"方面，孔子学院的建设是很能说明问题的。孔子学院的建设是对党的十六大提出的"提高国家文化软实力"号召的积极回应。孔子学院作为开展汉语教学、传播中华文化的全球品牌，已成为中华文化走出去、开展公共外交和人文交流的成功范例。2004年至今，在105个国家和地区建立的350多所孔子学院中，中外高校合作举办的占90%，国内160多所高校参与了孔子学院的合作办学。在孔子学院的带动下，全球学习汉语的人数快速攀升，在学人数达到5000多万。党和国家对孔子学院的建设和发展给予了高度重视，以超常规的力度支持这项影响深远、意义重大的事业。孔子学院的发展是改革开放的直接结果，因为正是随着中国经济的持续增长、对外交往的不断深化和综合国力的稳步提升，世界各国对汉语的需求才日趋扩大，"走出去"成为中国对世界的积极回应，成为我们必须承担的国际义务。如今，孔子学院已经成为教授中国语言、传播中国文化、开展公众外交、促进文明对话的重要平台。

随着我国国际地位的不断提高，中国道路的影响力和辐射力显著增强，国际社会对中国的兴趣越来越浓厚，我国对外学术交流与合作也日益增多，我国哲学社会科学事业的国际影响力日益扩大。这主要表现在两个方面：一方面，从过去的以中国学者接受境外资助"走出去"为主，转变为"走出去"与"请进来"相结合，中国哲学社会科学"走出去"的步伐明显加快；另一方面，贯彻"以我为主"的原则，在学术交流与合作中越来越主动，交流的领域逐渐扩大、层次不断提高，我国哲学社会科学已成为对外友好往来的重要载体。

随着对外学术交流与合作的深入开展，我国哲学社会科学的国际话语权和影响力明显增强。特别是近年来，我国哲学社会科学对外学术交流工作紧紧围绕大局，服从和服务于国家战略和外交工作，积极开展学术外交。一些学者在知名国际学术机构和讲坛上发表见解，参与议程设计，开始打破西方话语霸权，在国际金融秩序治理、国际气候谈判等问题上发挥了重要作用，并为维护国家安全和核心利益提供了许多具有重要价值的研究成果和建议。《中国社会科学》（英文版）、《中国与世界经济》、《中国考古学》、《中国经济学人》等外文期刊，已成为我国哲学社会科学与世界学术界交流的重要渠道。目前，我国对外学术交流遍及世界各地，与众多国际组织、研究机构、学术团体、大学、基金会和政府部门建立了长期稳定的交流合作关系。

二　我国哲学社会科学创新面临的问题

在新的历史时期，我国哲学社会科学创新虽然取得了很大的成绩，但是由于各种因素的影响，依然存在着不少的问题，这些问题从不同的侧面制约甚至阻碍着哲学社会科学的创新。目前，我国哲学社会科学创新面临的问题主要表现为评价方法不够科学、管理体制不够完善、创新氛围不够浓厚、创新能力仍然不足等几个方面。

（一）创新评价不够科学

哲学社会科学创新评价的科学性至关重要，它不仅关系到社会对哲学社会科学工作者成就和贡献的认可，而且也关系到哲学社会科学工作者自身价值的实现。目前，我国哲学社会科学创新评价主要采取同行评议和量化评价两种方法，而这两种方法都存在各种各样的弊端。另外，其他的一些评价方法也逐渐暴露出各种问题。

1. 同行评议及其弊端

同行评议，即由相关领域的专家来评定一研究成果的学术水平或重要性。采用同行评议的方法，对于防止低层次的重复研究，对于保证研究成果的学术质量、完成既定的科研攻关任务具有非常重要的作用。同行评议在实践中也较易操作，其作用也是明显、有效的，因而成为国内外学术界和管理部门最常用的对学术研究成果进行评价的方法。

但是，随着学术评价影响因素的日趋复杂，不少研究者也逐渐指出了同行评议存在的一些问题，其中，最突出的问题有以下五个方面：（1）

突破常规思维的研究工作可能被囿于常规思维的评议人否定；（2）不同的评议人有不同的学术观点、方法论和评估标准，因而他们对同一研究成果的评价可能会有很大差异；（3）同行评议对在著名机构工作的著名研究人员有利；（4）评议人对本国人或本单位人的成果持较宽松的态度；（5）这种方法假定评议人是诚实的、公正的，这就为那些不够诚实公正的评议人提供了可乘之机，他们可以滥用自己的特殊地位为己谋利。在这五个方面的问题中，前四个方面的问题都是同行评议先天具有的局限，因为在没有其他干扰的情况下，个人对评价对象的熟悉程度、偏好程度、价值取向会极大地影响评议人所做的判断；第五个方面的问题则体现出非学术因素的影响，如个人恩怨、小集团利益等对同行评议的侵蚀，如果这些因素的影响不能得到有效控制，势必导致人们对同行评议的信任危机。

总的来说，同行评议的不足在于评议人可能出现的主观随意性，它在非学术因素的介入下容易失范。为了改进这一方法，人们试图排除评议人的主观因素的干扰，采用一些特殊的评估程序来保证评价的公正性，但往往又带来一些新的问题。

人们在这方面的努力主要体现在以下方面：（1）增加评议人，使单个评议人的意见对最终结果的影响力降低。然而，即使评议人众多，也仍然存在外部干扰因素导致多数评议人共同作出不公正评议的可能性。例如，个别评议人，特别是"权威"可能会对其他评议人施加影响，后者由于碍于情面等原因而顺从其意，从而使"权威"的意见决定了最终的评议结果。这样一来，评议的公正性就很容易受到影响。（2）实行双向匿名评议。如果评议是在较小范围内进行的，这一措施往往很难奏效。例如，在一些学科或系统内部，评议人和被评议人都对行内情况比较熟悉，往往难以真正做到匿名评议。（3）为评议人提供统一的评议标准和方法。有人认为，为评议人提供统一的评议标准和方法，有利于提高不同评议人意见的一致性。但是，到底怎样的标准和方法才是恰当的，仍然是有待解决的问题。（4）由计算机随机选择评议人。机器没有主观好恶，由计算机随机选择评议人，有利于防止人情关系的干扰。但是，在目前条件下，使用计算机不可能完成从相关学科领域随机选择评议专家的全部工作，仍需管理人员复审机器遴选的结果。（5）通讯评议。通讯评议与会议评审相比具有明显的优势：实行回避制度比会议评审更容易和彻底，能更好地实现小同行评议，可满足跨学科遴选评议专家的需要，可以给评议专家更多的评议时间，保密性更强，有利于减少人际关系的干扰，可让评议专家个人独立思考、做出独立的判断，成本更低。如果是网络通信评议，对评议专家而言，时间和空间上的限制条件更少，只要网络畅通，就可以在规定期限内的任何时间、任何地点进行评议；对管理者而言，则大大提高了评议及相关后续工作的效率。但是，这一评议方式也并不能完全克服上述几种评议方式中存在的那些问题。

2. 量化评价及其缺陷

在努力改进同行评议的评价方式的同时，一些研究者和管理者试图引入和运用更为客观的评价方式，于是出现了间接评估法。目前被各高校和科研机构的管理部门普遍应用的间接评估法，主要是利用引文索引和核心期刊两个指标来评价科研成果，带有突出的量化特点。人们通常认为，量化分析能减少主观因素的干扰、实现科学判断和客观评价。因此，在同行评议的改进还不能令人满意的情况下，量化评价方式被广泛采用。

把科学引文数量作为科研工作的评价标准首先在自然科学领域盛行，不少科研机构和高等院校都强调科研人员在 SCI、EI、ISTP 等高影响因子刊物上发表论文。但这一标准过度使用所造成的问题已经引起了人们的注意。有研究者指出，SCI 作为科研成果评价标准，其局限性至少表现在：（1）引用动机的复杂性造成的"伪引"现象，使 SCI 的引用率统计数字并不绝对可靠。（2）漏引现象的存在，影响引文统计的准确性。（3）引用率在不同学科之间存在不可比性。（4）SCI 来源期刊的地域分布存在明显的不平衡性，与各个国家或地区的科技水平与综合实力不完全成正比。（5）被 SCI 收录的科技论文一般都用英语书写或至少要用英语规范书写文摘，但对我国学者来说，像用汉语一样流利准确地用英语书写论文，还有一定难度；如果只用 SCI 一个标准，就难以对发表在中文期刊上并且没有被 SCI 收录的高质量论文作出正确的评价。（6）引用率与质量不一致的现象大量存在。

这些局限性同样适用于国外哲学社会科学的三大引文索引《社会科学引文索引》（SSCI）、《艺术与人文科学引文索引》（A&HCI）和《国际学术会议社会科学引文索引》（ISSTP），因此，我们不能照搬这三个引文索引来作为中国哲学社会科学成果的评价标准。哲学社会科学学术评价的本土化，正成为一种呼声。在这方面，即使是由南京大学中国社会科学研究评价中心开发研制的"中文社会科学引文索引"（CSSCI），也并不能满足我国哲学社会科学成果评价的需要。有学者指出，要使 CSSCI 成为符合国际标准和国际规范的、得到我国学界公认的学术成果评价体系，一定要实现三个超越：一是要超越南京大学，二是要超越江苏省，三是要超越高校系统。只有这样，它才能得到中国哲学社会科学研究"五大系统"（高校、社科院、党校、党政部门和军队系统）的共同认可。就目前的情况看，要实现这三个超越尚需多方面的努力，短期内还无法将 CSSCI 作为哲学社会科学研究成果的评价标准。

与引文索引有密切联系的是核心期刊，其筛选的主要标准是文章的引用率、转载率、文摘率等指标，而其依据的理论则是 20 世纪 30 年代由英国文献计量学家 S. C. 布拉德福在统计科技文献时最先提出来的。在中国大陆，《中文核心期刊要目总览》的编制工作由北京大学图书馆和北京高校图书馆期刊工作研究会联合承担，迄今已出有三版。其 1992 年第一版前言的自我定位是，"便于各图书馆有选择地收藏与剔除和有计划地管理与开发利用，也便于读者从期刊的海洋中探寻他们所需要的信息"；"编制这部核心期刊表，其用意之一即是为各图书馆确定自己的馆藏重要期刊或馆藏核心期刊提供便利"。实际上，《总览》第一版出版后，一些高校和科研机构的管理部门就开始把它引入对科研人员成果的评价工作中。在 1996 年第二版的前言里，编制者在谈到《总览》的社会反响时称，"不少大、专院校和科研院、所的学位管理和职称评定部门也以《总览》所列核心期刊作为依据，评价有关人员所发表的论文的质量"。此后，越来越多的高校和科研机构使用核心期刊这个指标对哲学社会科学研究成果进行量化分析，使之成为职称晋升、科研奖励的重要依据。到 2000 年，《总览》第三版前言中又提出可以利用核心期刊进行研究成果的评价工作，并且强调各单位可以根据具体情况制定出适合本单位情况的"重要期刊表"，而不必不加选择地搬用核心期刊表。这样一来，问题又出现了，即各单位自定"重要期刊表"实际上意味着各行其道，它必然造成很大的差异性，甚至引发各种学术腐败现象。有人尖锐地指出，即使核心期刊评选"科学"、"公平"，发稿严格把关，也不可能用来作为评价学术论文水平高低的标准；如果确有必要把核心期刊作为成果评价的一个指标，就必须制定科学的选刊标准和方法。更有人认为，"核心期刊论"的非科学性，对当前我国教育界、学术界、期刊编辑出版界、图书馆期刊管理工作以及地方政府部门有关政策的制定，已经造成了极其严重的干扰性影响。①

　　一般来说，发表在较高级别刊物上的文章质量要高一些，这是因为它的作者和读者面比低级别刊物要广泛一些，编辑的力量相对而言也要强一些。但是，刊物级别不能成为绝对的、唯一的标准，甚至也不能成为主要的标准。看一篇文章质量的好坏和水平的高低，关键还是要看这篇文章本身，而不是看它所发表的刊物。如果把核心期刊当作科研成果评价的主要标准，甚至唯一的标准，势必会影响科研成果评价的科学性。

　　3. 其他评价方法及其不足

　　除了上述两种方法外，目前还存在其他一些评价方法，但它们也都存在着这样那样的问题，影响着对哲学社会科学创新的正确评价。

　　例如，有的以是否符合当前现实的需要作为评价的依据。哲学社会科学研究应该为现实实践服务，它必须有利于改革开放和现代化建设，有利于人的素质的提高，这是哲学社会科学研究的出发点和归宿。对哲学社会科学成果的评价如果离开了这个基本点就会偏离正确的方向，这是毫无疑问的。但是，现实本身是不断变化发展的，而那些真正有生命力的哲学社会科学创新成果并不一定能够适应特定现实的需要。仅仅根据是否符合当前现实的需要对某一哲学社会科学成果作出肯定或否定的评价是缺乏科学性的。哲学社会科学的许多研究成果是需要一段时间，甚至很长时间才能得到检验的，在短时间内对它下结论、评价其优劣也是轻率的。如果这样的评价方法大行其道，其结果只会导致哲学社会科学研究的急功近利。

　　又如，有的依所分配的指标来进行评价。现在，不少地方开展评选优秀哲学社会科学优秀成果并予以奖励的活动，这对于调动广大哲学社会科学研究者的积极性、繁荣我国哲学社会科学事业是大有好处的。但有些地方在开展这类评选活动时，先确定获奖成果总数，然后按各个学会的大小分配评选指标。这样一来，就不可避免地出现许多问题。一是有的人虽然有研究成果，但并未参加有关学会，于是便失去了申报的机会。这显然不利于调动所有哲学社会科学研究者的积极性。二是按学会大小分配指标，表面看来好像很科学、合理，但各个学会的研究成果的数量和质量与其

---

　　①　参见倪润安《中国人文社会科学学术成果评价体系建立的困境与出路——当前研究状况的总结与思考》，《社会科学管理与评论》2004 年第 2 期。

规模大小之间并不一定是正相关的。有的学会人数多，但在一段时间内的成果并不一定就比人数少的学会多。这种指标分配方法不能充分反映各个学科和学会成员在一定时期内的学术成就，因而也不利于调动各学会成员的积极性。三是由于事先已有确定的评选指标，各个学会内指标有限，于是就会出现论资排辈或轮流坐庄的情况。四是由于指标限制，即使有些人成果很多，也只能申报一项。这对于那些成果丰硕、多有建树的人来说，也是一种不公平的限制。

再如，有的以成果的字数作为评价的重要依据。目前，许多高校和科研机构在进行成果评价时都有对学术成果的字数要求。一般来说，这样做也是有道理的。但是，在市场经济条件下，哲学社会科学成果的出版和发表已表现出商业化的趋向：只要给钱，就可以在刊物上发表文章或在出版社出版著作。在这种情况下，仅凭字数的多少来评价学术成果的价值是不恰当的。就现实情况而言，人们出版著作相对来说要容易一些，因为它是一种经济上的交换关系，只要能保证出版社的利益而书稿又没有什么大的原则问题就是可以出版的，至于书稿的字数则可由作者自己确定。而学术刊物发表论文，除了少数刊物外，一般还是比较讲究学术质量的。有的刊物如《中国社会科学》采用国际学术刊物通行的双盲方式审稿，投稿人和审稿人只面对编辑部，审稿时专家不知道作者的姓名和单位；一篇稿件由两名专家审阅，如两位都不同意发表，该稿就不予采用。在目前情况下，评价哲学社会科学成果，不仅要算算著作有多少字，更要看看著作中有多少有新意的东西；一篇有新意的论文或短论或许比一部大部头的著作更有价值。①

总之，当前我国哲学社会科学创新成果的评价方法存在着多方面的问题，它们极不利于我国哲学社会科学的健康发展。下大力气建立科学、合理的哲学社会科学成果评价体系，努力克服和消除现行一些评价方法的弊端，已成为当务之急。

（二）创新管理不够完善

创新管理的完善与否，直接关系到哲学社会科学创新的价值导向、哲

---

① 参见赵振宇《社会科学成果评价中的问题及应遵循的原则》，《长春市委党校学报》2002 年第 1 期。

学社会科学创新的内外环境、哲学社会科学创新的效率，其重要性是不言自明的。尽管 2008 年 9 月教育部发布了《人文社会科学研究项目管理办法》，各省各有关部门也出台了一些具体管理措施，但在实际的执行过程中还是出现了一些新的问题。目前，在创新管理方面还存在很多不尽如人意的地方。

1. 项目计划与学术发展方向不完全一致

从某种意义上说，目前制约我国哲学社会科学创新的最根本因素就在于管理体制方面。从国家层面来看，与哲学社会科学研究相关的制度安排尚带有一定的计划色彩。我国的社会科学研究管理体制走的是一条以国家对课题进行规划的计划型的发展路子。同时，哲学社会科学的学术评价也有一个国家主导性的标准在规范着，哲学社会科学工作者只能围绕着国家规划的课题旋转。但是，哲学社会科学创新是很难被规划出来的，它需要的是在宽松的环境中的自由探索。在高校系统中，学校的行政化倾向同样也影响着哲学社会科学创新。目前，我国高校行政权力占有的资源多于学术权力占有资源的现象普遍存在。[①] 显然，这对于调动哲学社会科学工作者的积极性、推动哲学社会科学创新是十分不利的。

任何管理工作都需要一定的计划，科研管理也是一样。搞好科研管理，计划起着十分重要的作用。但是，我们的哲学社会科学发展计划，包括具体的项目计划、整体的长远规划，都存在着较多的问题，其中最主要的问题是计划往往距学术较远，而距政治或现实需要较近。管理部门所关切的，学术界不一定关切；学术界关切的，管理部门却不一定重视。而以管理部门为主体制订的各类哲学社会科学计划或规划，虽然是学术界要"项目"的对象，却往往不是学术界感"兴趣"的对象。学术界对计划有一种"非学术"的感觉，由此而导致了一种现象：许多计划和规划中的重大项目，学术界不觉其重大；而学术界普遍认为重大的研究课题，往往又与计划或规划无缘。

计划之所以距学术较远，在于计划的制订依据主要是管理部门的政策。在计划的制订过程中，虽然也有专家参与，但是管理部门对参与的专家往往是有选择的。坐"冷板凳"的专家一般都进入不了制订计划的圈子，即使他们有制订计划的建议权，其建议也往往得不到管理部门的肯定

---

① 谭源渊：《研究生导师创新能力影响因素探析》，《中国高教研究》2007 年第 3 期。

和支持。而学术上的创新，多数要依靠"冷板凳"的专家。另外，参与制订计划的专家，一般都是"权威"级人物，而学术权威（即使是胸襟十分开阔的权威），由于长期的学科浸淫，会不自觉地守域自封，对计划的制订产生相应影响。各种学术计划和规划的偏差，往往与此有关。

学术的生命在于创新，而管理的本质在于规范。创新往往带有标新立异的特点，如果已经得到多数人的认可和社会的普遍承认，那么，它的学术意义就已经在消隐，尽管其社会意义可以仍在凸显。计划和规划是一种规范性的东西，对于创新往往并不予以支持，这是造成计划与学术脱节的一个内在原因。

2. 形成科研合力的效果不明显

在哲学社会科学研究中，集体攻关和个人研究的关系也值得关注。一般来说，管理部门往往比较强调集体攻关，主张集中力量进行重大项目的研究，而个人研究一般得不到必要的重视。问题在于，是不是集体攻关就是哲学社会科学研究的最佳方式呢？

管理学家西蒙曾把科学研究中的因素分为两大类：事实因素和价值因素。在自然科学和技术科学研究中，一般都能排除价值因素，只关注事实因素，恪守价值中立原则。而在哲学社会科学研究中，极难排除价值因素。即使是特别强调价值中立的马克斯·韦伯，在他的历史学、宗教学以及官僚组织理论研究中，也渗透着自己的价值偏好。从总体上看，在能够排除价值因素的科学研究中，集体攻关可能是比较好的方式；而在不能排除价值因素的科学研究中，个人研究具有不可替代的优势。

经验告诉我们，要把人们的思想统一到对事实的认定上比较容易，而要把人们的思想统一到对价值的认定上则极为困难。哲学社会科学研究项目的集体攻关之所以难以组织，人们的学术观点之所以难以统一，除了学术以外的原因外，还因为不同的人往往会产生不同的价值判断。一个集中了许多优秀人才的写作班子，可以写出很漂亮的公文，但却肯定不能写出上乘的小说或散文，其原因就在这里。在价值因素远远超过事实因素的人文学科，提倡集体攻关，充其量只能写出一些公式化、概念化味道极浓的东西或教材一类的成果；而在以事实因素为主的部分社会科学（如采用数理方法的经济学和管理学）研究中，集体攻关则可以形成较为重大的成果。因此，有必要对哲学社会科学的不同门类、不同课题予以区别对待。

其实，在文史类学科不宜片面强调集体攻关（除非是编写教材），而应当以个人研究为主。只有那种确实是因为学术见解、研究思路极为相近或完全是出于学术原因而走到一起的研究者们，才可适当组织集体研究。即使是在集体研究中，每个人的思想脉络也应明确清晰。一般情况下，"拉郎配"式的集体攻关，对于哲学社会科学创新只有坏处而没有好处。只有在应用自然科学研究方法的部分社会科学类学科，才可适当提倡集体攻关，但由于其依然有一定的价值因素起作用，仍不能完全排除个人研究方式。根据学科性质和课题类型，适当鼓励个人研究，是哲学社会科学管理工作改革的一个思路。

当然，在社会科学的基础理论研究方面，研究者凭借个人的兴趣和爱好，经过长期乃至倾其一生的潜心研究取得巨大成就的并不鲜见，这是由基础研究的特点和规律决定的。而在应用性、对策性研究方面，特别是在宏观和中观层次上，研究课题往往具有相当程度的综合性、复杂性，对这些问题的研究往往不是一个学科所能应付的，需要相关学科的联合攻关。这种联合攻关不是指同一学科人员的简单合作，而是指不同学科间的相互融合、不同研究方法的相互补充、理论与实际的相互结合及理论工作者与实际工作者的相互交流。通过这种联合攻关，达到对某一问题全面的、系统的研究，取得具有科学性、可操作性的研究成果。联合攻关体现了当今社会科学研究特别是应用性、对策性研究的规律和特点。

问题在于，从目前各管理机构的管理和导向看，尽管管理部门一直提倡联合攻关，但从研究工作的实际情况看，效果并不理想。一方面，同一学科、同一专业之间的联合比较普遍，不同研究方法、不同视角的相互碰撞、相互借鉴还不多。另一方面，即使是同一学科专业的联合，也往往采取切块的方式，分工明确而合作不足，最后拿出的往往是拼盘式的成果。这样的研究成果，从局部看可能有一定的道理，从全局看则未必具有可行性；从短期看可行，从长期看未必有可持续性；从某一学科看可行，从系统和全局看未必科学。因此，树立全局意识、系统意识、整体意识，推倒围墙、走向联合是哲学社会科学研究需要解决的一个问题。

3. 缺乏社会化的运行机制

哲学社会科学创新需要科学高效的运行机制，特别是直接面向社会的运行机制来支撑。哲学社会科学的应用性、对策性研究重在发挥其服务作用，它所满足的是党政部门、企事业单位的咨询、决策等方面的需要，其研究工作应该主要面向社会需求、市场需求。因此，一个良性的科研运行机制应该是社会（党政部门、企事业单位等）提出研究课题——哲学社会科学工作者进行研究并拿出成果——这些研究成果加以社会应用、实现成果转化。目前我国的哲学社会科学研究者被统一纳入国家事业单位编制，工资由国家财政统一支付，研究成果的质量好坏、工作量大小并不能从根本上决定研究者的生存状态和命运；哲学社会科学管理部门基本上还是在沿用传统的管理体制，研究者缺乏主动面向社会需求的动力。在这种情况下，哲学社会科学研究工作更多的还是在自我选题、写文章和著作、论著出版发表后除拿它们去评奖、评职称外就被束之高阁这样一个封闭的圈子里循环。近几年，自然科学的科研管理体制有了实质性的改革，应用型科研机构和设计单位转变为科技型企业，它们被整体或部分地并入企业或转为中介服务机构；社会公益类科研机构也进行了分类改革，其中具有面向市场能力的向企业转制，主要从事基础研究或提供公共服务、无法得到相应经济回报、确需国家支持的事业性科研机构也进行了结构优化、人员分流和机制转变，并全面实施了课题制管理。与之相比，哲学社会科学科研管理体制的改革明显滞后，还没有形成一个比较完善的运行机制。

在这样的情况下，哲学社会科学科研信用的缺失就是不可避免的了。科研信用是指科研工作者在科研工作中保证成果质量、按时完成任务、履行承诺的意愿和能力。目前，在社会生活的各个领域，人们的信用意识、契约意识日益增强。但在哲学社会科学研究中，人们的信用意识仍然非常淡薄，科研工作的随意性普遍存在。这一问题不仅仅是按时完成研究任务的问题，更重要的是能否通过扎实深入的调查研究，把理论与实践相结合，取得具有创新性的、可操作性的成果，并通过成果的转化带来预期的经济效益或社会效益。在哲学社会科学领域，人们重项目申报、轻研究、轻结项的现象还比较普遍。很多人在项目申报时承诺得非常好，一旦项目到手，是不是按时完成，就要看自己的兴趣和时间了。尽管项目管理部门明确规定课题研究完成时间的延期、研究内容的变更等须报经管理部门批准，尽管在项目管理的各个环节上都有一套激励约束办法，但无故不按时完成项目研究的大有人在。对一些人而言，争取项目仅仅是为了评职称和完成单位科研任务的考核指标。科研信用意识淡薄从另一个方面也说明，目前我国的哲学社会科学研究还比较封闭，特别是应用研究、对策研究成果与社会需要的关联度还不高，哲学社会科学研究还处于一种自说自话、自我消费状态，在相当程度上还只是研究者、研究机构自己的事，还不能与社会形成一种有效的供求关系。这种信用状况，很难使哲学社会科学研究适应日益广泛的社会化需求。在哲学社会科学研究中，倡导诚信大有必要。

与此同时，还存在着科研资源的配置不合理问题。目前，科研资源大体上有以下几类：一是项目，如国家社会科学基金项目、各省社会科学基金项目等；二是奖励，包括各个层次的优秀成果奖、创新奖等；三是称号，如"优秀专家"、"杰出人才"等；四是"工程"，如国家和各个地方为繁荣哲学社会科学研究工作所实施的一些工程。科研资源的价值在于其激励作用，如果不能起到激励作用，它就失去了本来的意义。目前，各类科研资源分属不同部门，各个部门在分配和使用这些资源时往往各自为政、缺乏沟通，同时在科研资源的获取过程中又存在着"马太效应"，这就容易造成一部分人，特别是名人得到过多的资源，而另一部分人，特别是青年学者难以得到相应的资源。一个人获得的科研资源过多，就会降低科研资源的激励作用、造成科研资源的浪费，另一方面也会影响有限资源对其他人的激励。

（三）创新氛围不够浓厚

哲学社会科学创新氛围的涉及面极其广泛，主要包括政府和管理部门的政策支持、社会的创新文化、国家对于哲学社会科学创新的组织引导，等等。从总体上看，当前我国哲学社会科学的创新氛围仍然不够浓厚。

1. 政策支持的力度还不够

政府向来都是影响哲学社会科学创新氛围的重要因素。在我国，政府集中了大量资源，它对哲学社会科学创新的影响力尤为巨大。政府对哲学社会科学创新的影响表现在有为和无为两个方面：就有为而言，政府可以加大对哲学社会科学创新的物质投入和政策倾斜，营造一种适合创新主体发展的大环境，提高学者的创新能力；就无为而言，政府可以给予学者更多的学术自由，营造更加宽松的学术环境，激发学者的创新意愿。就我国目前的情况而言，应该说学术环境之宽松，人们都是有目共睹的。所以，这里主要谈第一个方面。

现代意义上的科学创新包括哲学社会科学创新，已经不太可能在特别简陋的条件下来实现。对于哲学社会科学创新活动而言，创新的物质条件主要包括实验室、大型科研设施、数据库、网络信息和图书馆等基本条件。而要具备这些条件，归根到底还是需要有科研经费的支持。科研经费投入是哲学社会科学创新的物质基础，是哲学社会科学创新活动得以进行的最基本、最重要的保障，也是做出创新成果、提高哲学社会科学创新能力的必要支撑条件。这里包括两个层面。一是国家层面，其为哲学社会科学创新所提供的物质条件主要体现在经费投入方面。一方面，随着科学创新活动的组织工作越来越复杂，创新活动的中间环节越来越繁多，创新活动的成本越来越高；另一方面，相对于科学技术的研究工作，哲学社会科学研究的经济效益往往不很明显，其回报会相对慢一些、间接一些，但其影响会更为深远，这也就更需要国家加大投入。二是学术机构层面，其为哲学社会科学创新所提供的物质条件主要体现在基础设施方面。现代的哲学社会科学研究不仅对图书馆、数据库、网络信息等方面的要求在不断提高，甚至也产生了对实验室、某些高精尖设备的需求。例如，认知神经学与哲学社会科学交叉所产生的神经经济学、神经营销学、决策神经科学、社会神经学、神经政治学等学科的发展，就离不开某些高端的生命科学仪器。各类学术机构在这些科研基础设施方面的建设情况在很大程度上影响着哲学社会科学研究者的创新能力。

多年来，由于国家财力有限，政府难以大幅度地增加对各级哲学社会科学研究机构的科研拨款，民间也极少向社会科学研究机构投资或捐赠。虽然国家也在逐渐加大投入，但总的来说，无论是相比于发达国家，还是相比于在自然科学研究方面的投入，我国在哲学社会科学研究方面的投入还是相当低的。[①] 加之社会上重自然科学轻哲学社会科学的现象仍然存在，对哲学社会科学研究的经费投入严重不足。关于这一点，仅从教育部直属高校哲学社会科学研究的经费投入就可以看得很清楚。2006 年，教育部直属高校哲学社会科学研究人员共计 55176 人，而自然科学研究人员共计 175405 人，是哲学社会科学研究人员总数的 3.18 倍；哲学社会科学研究课题数为 2780 项，而自然科学研究课题数为 78112 项，是哲学社会科学研究课题数的 28.1 倍；哲学社会科学科研经费共计 963.11 百万元，

---

① 范柏乃等：《哲学社会科学研究方法创新的影响因素及影响机理》，《浙江大学学报》（人文社会科学版）2012 年第 1 期。

自然科学科研经费为 18276.43 百万元，是哲学社会科学科研经费总额的 18.98 倍。在这种情况下，哲学社会科学研究的创新成果也相对较少。2006 年，教育部直属高校自然科学研究获国家级奖项 119 项，获省部级奖 1424 项；而哲学社会科学研究获国家级奖 0 项，获省部级奖 859 项。

目前我国哲学社会科学研究的经费投入，远远不能满足哲学社会科学科研工作的实际需要。这在一定程度上对哲学社会科学的创新带来了负面影响。例如，由于难以获得必要的经费支持，一些研究人员感到灰心失望，他们在失去动力和目标的情况下极易松懈进取的意志和勤奋治学的精神，而放任自己得过且过；同时，那些执着于学术而忘我奋斗、艰苦探索的人也会感到沮丧不平，他们献身哲学社会科学事业却并不能获得良好的工作和生活条件，从而产生消极情绪和懈怠心理。凡此种种，都不利于哲学社会科学的创新。

2. 创新文化的培育还不够

哲学社会科学的创新，也需要有浓厚的创新文化氛围。这里所说的创新文化，主要指一定社会形成的有利于创新的价值观念、思维方式、舆论导向和制度安排等。创新文化规定并潜移默化地影响着哲学社会科学创新主体的创新能力和创新活动，对哲学社会科学创新的实践活动有着深刻的影响。

我国哲学社会科学的创新文化所存在的问题是多方面的：

一是整个社会对哲学社会科学研究和创新的重视程度还不够。在我国，长期以来，由于哲学社会科学研究不像自然科学研究和技术开发那样能很快产生经济效益，因而其所受重视的程度很不够。在某些大学，特别是那些理工类大学中，哲学社会科学研究工作更是没有受到应有的重视，哲学社会科学研究者在资源分配、职称评聘、职务晋升等各个方面都处于弱势地位。这种用直接经济效益来评判哲学社会科学研究的价值观念和思维方式，是很不利于哲学社会科学创新的。

二是人们对哲学社会科学研究及其创新的特殊性的认识不足。哲学社会科学有其自身的特殊发展规律。与自然科学研究及其创新相比较，哲学社会科学研究及其创新有不同的构成要素、实现条件、内在机制和评价标准。因此，对于哲学社会科学研究和自然科学研究，应该针对二者不同的特点进行分类管理。然而，目前我国哲学社会科学研究管理中普遍盛行的是自然科学研究管理的方式方法，即人们通常所谓的理工科思维、数字思维和计量方法。在某些学术机构中，例如，在许多理工类大学中，往往是同一个管理部门（科研处）用同样的方法来进行自然科学研究和哲学社会科学研究的管理。这种无视哲学社会科学研究及其创新的特殊性的做法，也是很不利于哲学社会科学创新的。

三是哲学社会科学创新的组织文化还有待加强建设。所谓组织文化，是指在组织的各种活动中都得到体现并在组织内部代代相传的精神风貌和组织运作方式，包括组织成员共同拥有的信念、价值观、行为方式、工作目标等。健全的组织文化一方面可以使团队成员在和谐、融洽的团队关系中感受到温馨和愉悦，这种良好的心理状态有助于创新行为，另一方面也使团队成员的平等交流和平等竞争成为可能，这种交流与竞争也会有助于创新行为。有人认为，有利于哲学社会科学创新的组织文化具有六大特征，包括支持冒险与变革、对待创新成果的宽容态度、鼓励科研合作、宽松的学术氛围、强烈的创新倾向、恰当的创新动力等。[①] 但是，在我国，各类哲学社会科学创新团队往往只是不同研究者之间松散的联合，基本上还没有形成真正的组织（团队）文化。在这样的创新团队中，研究者们表面上看同属于一个团队，其实还是各自为战，合作的成果常常是拼凑而成的。

四是哲学社会科学研究及其创新评价带有明显的行政化色彩。例如，为了评价研究成果的质量，各高校的哲学社会科学研究管理部门一般都把学术期刊划分为权威期刊、重要核心期刊、核心期刊、一般期刊等，而划分的依据则是期刊主办单位的行政级别。同样，科研项目、成果奖励的层次高低也是依项目来源单位或颁奖单位的行政级别来评判的。与此同时，各级学术评价组织也有明显的行政化特点。不少高校的学术委员会，主要是由校领导、职能部门负责人、院长等各级行政领导组成的。与之相类，国家和地方的各级常设性、临时性学术评审评议机构，往往也是一些学术机构行政首长的"俱乐部"。这种带有强烈行政化色彩的评价方式，在一定程度上把学术评价活动变成了行政部门主持下的行政活动，往往并不能真实地反映哲学社会科学研究及其创新成果本身的学术价值。

3. 组织引导机制还未形成

哲学社会科学创新的动力，一方面源于研究者的学术好奇，另一方面

---

① 谭春辉：《高校哲学社会科学创新能力评价的基本指标框架研究》，《重庆大学学报》（社会科学版）2009 年第 6 期。

也来自外在的激励和压力。要促进哲学社会科学创新，必须加强对哲学社会科学创新的组织引导。一个好的引导理念可以保障哲学社会科学研究者的学术自由，激发哲学社会科学研究者创新的积极性，协调哲学社会科学创新过程的各个环节，在一定程度上减少哲学社会科学创新的风险和不确定性。目前，我国哲学社会科学创新的组织引导理念过于功利化，还不能很好地组织引导哲学社会科学创新。

目前，我国高等院校和科研机构的哲学社会科学创新评价，最为重视的还是科研成果的数量。职称评定、各类人才的评选最为看重的是这样一些指标：承担国家级或省部级科研项目多少项、在重要出版社出版著作多少部、在权威期刊和核心期刊上发表论文多少篇、获国家级或省部级优秀成果奖多少项，等等。这种量化的评价方式，助长了学术界的浮躁心理和弄虚作假之风，加剧了学术腐败现象。可以说，目前我国学术界的种种行为失范现象，都与这种量化评价有这样那样的内在联系，都是量化评价引导的不良后果。

从总体上看，我国哲学社会科学创新的组织引导机制尚未形成。这突出地表现在三个方面：（1）我国缺乏一个整合全国哲学社会科学创新资源和创新力量的机构。中国社会科学院是我国行政系统中的最高哲学社会科学研究机构，但它并没有领导全国哲学社会科学界的职能。也正因如此，我国哲学社会科学创新一直没有一个国家层面的、统领全局的中长期发展规划。虽然教育部、中国社会科学院、中共中央党校、国家行政学院及各省、大学都制定了本系统、本单位哲学社会科学发展的五年规划，但由于缺乏一个全国性的统一规划，各个系统和单位的哲学社会科学研究只能各自为战，哲学社会科学的创新资源无法得到有效整合。例如，在哲学社会科学的各个领域，我们都无法冲破行政体制的束缚，使项目、经费、人才、信息、物资等各种资源得到合理配置。（2）我国也缺乏国家层面上的哲学社会科学创新的激励体系。例如，在自然科学和工程技术领域，我国已实行院士制度多年，它在激发自然科学和工程技术研究者的积极性、引导自然科学和工程技术创新方面发挥了重要作用，但在哲学社会科学领域，我国至今仍没有实行院士制度。再如，在自然科学和工程技术领域，我国早就有了国家级层面的成果奖励，即通常所谓的国家"三大奖"，包括国家自然科学奖、国家技术发明奖和国家科技进步奖，但在哲学社会科学领域，我国至今也没有设置国家层面上的成果奖励。（3）我国至今没有建立统一的、权威的哲学社会科学创新评价体系。目前，我国各系统、各地方、各单位在科研项目评审和结项鉴定、科研成果评奖、职称晋升、科研业绩考核和奖励等方面都有自己的一套哲学社会科学研究成果的评价体系，彼此之间差异甚大，至今仍没有形成全国范围内统一的哲学社会科学创新评价体系。所有这些都表明，我国至今还没有形成能够对哲学社会科学创新进行有效组织引导的机制。

（四）创新能力仍然不足

创新能力是任何创新活动的关键性要素，创新能力的高低决定着人们能否进行创新和能够在多大程度上创新。对于哲学社会科学创新来说，情况同样如此。从总体上看，我国哲学社会科学创新能力仍然不足。这主要表现在以下方面：

1. 信息利用能力有待提高

信息是哲学社会科学研究和创新的不可或缺的重要资源。从一定意义上说，哲学社会科学创新就是对于各种信息的创造性运用。只有努力获取和充分利用各种学术信息，及时、准确地把握学科发展的前沿动向，借鉴、吸收国内外相关领域的最新研究成果，从而站在学术发展的最前沿上来开展研究工作，才有可能实现哲学社会科学创新。

现代信息技术的发展和网络的普及，为哲学社会科学研究者获取各种学术信息提供了非常便利的条件。但是，由于历史和现实的多方面原因，在我国哲学社会科学研究中，人们的信息利用能力还亟待提高。例如，有的人知识陈旧，观念落后，信息意识不强。他们疏于对现代信息技术的学习，对于网络信息资源对现代社会发展，特别是对哲学社会科学研究和创新的作用和意义认识不足，甚至不能熟练掌握和运用最基本的计算机应用技术，无法利用网络获取各种学术信息。

在哲学社会科学研究中，信息利用能力的欠缺带来了多方面的问题。一方面，它使人们在哲学社会科学研究中对网络信息资源的利用程度不高，远远没有发挥其应有的作用，造成了信息资源的大量浪费。另一方面，它也加剧了网络环境下知识的无限性和与个人能力的有限性、教育的时滞性与社会发展的多变性、知识的快速更新与个人知识的相对陈旧等方面的矛盾，严重地制约了哲学社会科学研究者的创新能力。试想，在网络环境下，面对海量的网络信息资源，哲学社会科学研究者如果没有很强的信息意识，不充分地掌握和利用各种信息，不密切地关注国内外学科发展前沿的研究动态，及时了解和吸收相关方面的最新研究成果，势必在研究过程中走很多弯路，势必视野狭窄、思维封闭，因而是很难创新的。

目前，哲学社会科学研究可以利用的网络信息资源相当丰富，如美国的"社会科学引文索引"和"艺术与人文社会科学引文索引"，国内的"中文社会科学引文索引"、"中国学术期刊网"及其他各种不同类型、不同专题的学术网站。但从总体上看，由于各方面的原因，这些网络信息资源的利用率都不高。在应用对策研究方面，由于这类研究成果中相当一部分被提供给了有关的决策部门而往往没有公开发表，因而人们获取这方面的研究成果的信息更少。另外，有的哲学社会科学研究者在获取学术信息时，往往只是借助于一些二手材料，不愿就相关问题作深入扎实的调查研究，其所掌握和利用的信息的准确性和全面性都是很成问题的。

　.2. 研究成果的原创性有待强化

在哲学社会科学研究中，创新有多种多样的表现形式，但最能体现创新能力的是研究成果的原创性。也只有努力开展各种原创性的研究，才能真正推动哲学社会科学事业不断发展。但是，在我国目前的哲学社会科学研究中，存在着大量的学术泡沫，真正具有原创性的研究成果并不多见。

当前我国哲学社会科学研究成果原创性不强表现在许多方面。一是抄袭现象严重。随着学术信息的载体从纸介质发展到电子介质，广阔的信息空间使编辑视野难以穷尽，抄袭作品犹如漏网之鱼，得以出刊，它们优哉游哉，广为流传，甚至湮灭了被其抄袭的原创作品，并且往往销蚀了原创作品的精华。二是低水平重复现象普遍。哲学社会科学研究中的低水平重复有多种情况，除剽窃、抄袭别人作品外，还有"自我克隆"，将自己的已有作品改头换面，装扮成"新作品"，本质上是"自己抄自己"；一稿多投、一文多处发表也是屡禁不止；拾人牙慧、鹦鹉学舌、思想贫乏、完全靠"参考"别人成果而成的作品经常出现；重复众所周知的理论和原理、言之无物、教科书味极浓的论著也在不断出版和发表。这类低水平重复的作品，不仅浪费了大量宝贵的学术资源，而且还往往淹没了真正有价值的论著。三是内容空泛、言之无物的作品泛滥。哲学社会科学论著的内容空泛已成为严重的问题，其表现更是形形色色的。例如，有的人将自己原本不乏学术价值的研究成果拆散搭配，炒成"几盘菜"，使其犹如兑水饮料，让人尝之无味。有些史学论著不过是已知史料的不同排列组合，只是在最后提一句"对今天富有借鉴意义"，权算是联系实际、古为今用，但其所谓的"借鉴意义"只不过是个标签，并非深入研究的结论。之所以出现这种标签式论著，其原因之一是一些人对史学研究的现实意义作了片面理解。史学研究并非要时时、事事"联系现实"，纯史料研究本身就具有重要学术价值，历史的借鉴意义应是内在的、自然而然而非牵强附会的。不少有关国际问题的论著，大量介绍国际法规范，陈述国际关系现状，通篇没有自己的见解。有的法学论著罗列国外法制实践，照搬国外法学理论，借以提出"立法或司法建议"，实则违背国情，脱离现实，缺少实事求是的科学研究态度。另外，有些学者"食洋不化"，他们热衷于介绍西方学术，但很少有自己的独立思考。

我国哲学社会科学研究的上述问题，导致学术含量低下的哲学社会科学论著数量激增，使学术泡沫不断膨胀。撒切尔夫人曾说中国是一个"只生产物品、不生产思想"的国家。虽然这带有故意贬损之意，但也很值得我们反思。当前，要真正繁荣我国的哲学社会科学，关键是要大力强化哲学社会科学研究成果的原创性。

三　提升我国哲学社会科学创新能力的对策

当前，我国哲学社会科学创新进入一个重要的发展机遇期。我们要牢牢抓住这次难得的机遇，扎扎实实地搞好人才、体制、学风、管理、氛围等方面的建设，不断提升我国哲学社会科学创新的能力和水平。

（一）加强学术队伍建设

哲学社会科学创新事业的发展，离不开学术队伍的强有力支撑。人才辈出及其创造活力的充分发挥，既是哲学社会科学创新的根本前提，也是哲学社会科学实现学术大繁荣的重要标志。因此，无论从哲学社会科学创新的一般规律而言，还是就我国哲学社会科学发展的现实状况而言，在推进哲学社会科学创新的过程中，应该始终把哲学社会科学研究的学术队伍建设摆在首要的位置。

根据武汉大学主持的一项大型调研的结果，仅35.4%的人认为我国哲学社会科学研究者的创新能力"非常好或比较好"；在对影响个体创新主要因素的看法上，受访者对"研究者学术素质"的选择率处于最低位次；而在对近年来有关哲学社会科学人才支持计划的看法上，逾六成的受访者都给予了肯定性评价。对研究者创新能力评价相对不高，凸显了我国哲学社会科学研究学术队伍建设的重要性；对研究者学术素质在哲学社会科学创新诸影响因素中根本意义的关注不够，则提出了唤醒、强化对哲学社会科学创新中最根本因素即人的因素的关注的重要课题；对各类哲学社会科学人才支持计划较高的肯定性评价同样表达了人们对哲学社会科学研究学术队伍建设的热切期盼。所有这些都意味着，在围绕推进哲学社会科学创新所采取的所有举措中，加强队伍建设应当是第一举措。①

1. 加强学风建设

上述调研还表明，人们将"学风浮躁、急功近利"视作制约我国哲学社会科学创新能力的主要因素，居该问题各选项之首。这既反映了人们对学风建设极端重要性的肯定，也表达了人们对当下学风状况的忧虑和不满。针对这一状况，该调研建议在学界普遍进行学风教育，将学风教育的起点延伸到高等教育人才培养的起点，确立学者坚守优良学风的高度内在自觉；将学风要求真正贯穿于人才选拔、岗位录用、职称晋升等学者学术生涯的各个重要环节，形成弘扬优良学风的有力外在规约。

在高等学校，加强哲学社会科学人才队伍的学风建设，就是要使哲学社会科学研究者养成优良的思想道德素质和学术品格，特别是要树立正确的世界观、人生观和价值观，坚持理论联系实际，自觉践行各种学术规范。学校应大力宣传和倡导学术诚信，着力加强教师求真务实、追求真理、严谨治学、淡泊名利、潜心研究、为人师表的学术品格教育，积极倡导教师之间相互尊重、相互欣赏、相互支持、共同发展，坚决反对弄虚作假和学术不端行为；充分发挥校院两级学术委员会在学风建设中的作用，尤其是要发挥学术委员会中哲学社会科学领域的委员和学者在良好学风建设中的表率和引领作用；建立学术论文比对制度及相关警示和惩戒机制，把学术道德教育作为对学生，特别是研究生思想政治教育的重要内容，作为对博士后、新聘教师的培训内容，制定教师学术活动行为准则及相应保障措施，营造有利于学术创新的学术环境。

① 沈壮海等：《当前中国高校的哲学社会科学创新：观念与路径——基于全国50所高校的调查》，《中国社会科学》2008年第8期。

2. 加强学术平台建设

哲学社会科学研究学术队伍的建设，必须以学科这一人才成长的学术平台建设为重要依托。特别是对高等学校来说，就是要以哲学社会科学学科建设为龙头，依托国家级重点学科、省部级重点研究基地、一级学科博士学位授予点以及博士后科研流动站等平台，对接社会需求，进行顶层设计，优化学科布局，凝练学科方向，促进哲学社会科学人才队伍的建设和发展；要根据哲学社会科学学科的发展规律，坚持"有所为，有所不为"和"重点建设与整体提高相结合，以重点建设为主"的思路，集中人力、财力，着力推进优势学科发展壮大、特色学科与时俱进、新兴交叉学科异峰突起和基础学科重点突破，根据学校发展战略确定若干个重点发展的学术领域，构建具有自身特色的哲学社会科学学科体系，为高层次人才培养提供有力的支撑。特别值得注意的是，跨学科研究可以促进优秀人才的成长和创新团队的形成。高校在哲学社会科学人才队伍建设中，不仅要注重哲学社会科学不同学科间的交叉融合，而且还要注重哲学社会科学与自然科学之间的联合攻关。学校可以建立"文科特区"，给予包括经费支持、人才引进等方面的特殊政策，开展跨学科研究和攻关，形成有特色的创新团队，为学术队伍建设拓展更广阔的空间。

在学科建设过程中，我们尤其要注重推进学科研究方法的创新。哲学社会科学的创新，往往是以研究方法的创新为前提的。美国学者丹尼尔·贝尔曾引用的哈佛大学卡尔·多伊奇等人的研究报告表明，1900—1965年62项"社会科学中创造性成就"的取得与其所运用的研究方法之间有密切关系。[①] 当前，推进哲学社会科学各学科研究方法的创新，必须加强对马克思主义方法论和各门学科的方法论的系统研究，积极引入国外哲学社会科学的研究方法，并借鉴和吸收自然科学的一些重要研究方法。与此同时，还应以课程教学、专题研修等多种形式开展哲学社会科学研究方法的教育和培训，为推进哲学社会科学研究方法创新奠定基础。

3. 培养高水平人才

哲学社会科学的创新，最终要由具体的哲学社会科学研究者来完成。真正的创新并不是任何人都可以做到的，只有那些高水平的、具有哲学社

① ［美］丹尼尔·贝尔：《第二次世界大战以来的社会科学》，中国社会科学院情报研究所1982年版，第2页。

会科学创新能力的人才才能胜任。这样的人才除了具有高度的社会责任感和使命感外，还必须具备丰富的专业知识、宽广的学术视野和独到的学术眼光，善于准确地把握时代和现实实践的需要，能够站在学术发展的最前沿进行探索。推进哲学社会科学事业的繁荣和发展，就必须有大批这样的高水平人才。

当前，在努力提升我国哲学社会科学学术队伍整体素质的同时，我们应特别注重培养和造就各个学科的高水平人才。现实中人们对学术带头人培养的高度关注和各级各类高层次人才培养计划的实施，都体现了人们对哲学社会科学研究高水平人才的期盼。高水平人才之所以特别重要，就在于他们能够在汇聚学术队伍、规划学术方向、开辟学术新域、导向学术前沿、设置国际性学术议题等多个方面发挥高端引领作用。[①]

高水平人才队伍建设，要坚持培养与引进相结合的方针，按照政治素质高、业务精、作风正的标准，大力引进哲学社会科学领域著名学者担任学科带头人，形成方向稳定、结构合理的学术团队，激发中青年教师的科研积极性，造就一支高水平、高素质且充满活力、创新能力强的哲学社会科学学术队伍。在高等学校，要特别注重加强对青年教师的培养，积极支持他们申报各级各类课题、发表论文、申报科研奖项、参加高水平团队，积极推荐他们参加各类人才的评选、到国内外学术团体任职，提供促其成长和发展的机遇和平台。高校还应充分利用哲学社会科学领域的博士后科研流动站，吸引国内外优秀博士毕业生来校从事高水平研究工作，使博士后科研流动站成为培养人才和补充教师的主要基地之一。

高水平人才的培养，可通过"请进来"和"走出去"相结合的方式，即将国外知名学者"请进来"，聘请他们担任客座教授或讲座教授；鼓励教师"走出去"，积极参与国际学术交流或赴国外大学研修。通过这种方式，既可以优化人才队伍，又可以有效拓展哲学社会科学研究者的学术视野，促使他们积极借鉴和吸收国外哲学社会科学研究的新成果和新方法，促进优秀青年人才更快地成长。

（二）完善创新评价体系

目前，学术界都在期盼建立一个合理的哲学社会科学评价体系。然

---

① 沈壮海等：《当前中国高校的哲学社会科学创新：观念与路径——基于全国 50 所高校的调查》，《中国社会科学》2008 年第 8 期。

而，一个全面、完善、合理、科学的评价体系的建立，并非指日可待。当前，一些高校和科研机构的管理部门正在进行这方面的探索。我们认为，在当前条件下，建立以创新和学术质量为导向的学术评价体系，不断完善高校哲学社会科学创新评价，可以从如下几个方面着手：

一是确立专家在评价中的主体地位。以大学为例，英国教育学家阿什比曾说："我们不能忘记，每个大学能否健康发展就在于校内由哪些人主持。"① 他还说："大学领导……即使他是凭借势力而不是凭群众同意而当领导的，即使他的命令有枪杆子作后盾，如果团体不同他合作或根本不默许他的政策，他也不会久于其位的。"② 大学是知识创造和传播的机构，发挥教授在大学管理中的作用是非常重要的，因为教授显然比行政官员更了解教育规律和学术发展的规律。相比发达国家，我国高校教师参与学校管理缺乏必要的制度保障。《高等教育法》虽然对公办高校教授治校、民主管理有明确要求，规定高等学校设立学术委员会，审议学科、专业的设置以及教学、科研计划方案，评定教学、科研成果等有关学术事项，但这些规定往往因缺乏具体的制度安排而在实践中难以落到实处。在当前条件下，高校应依据教育法律法规和政策，制定学术委员会的章程，健全以教授为主体的学术委员会制度，明确学术委员会在重大学术事务上的责任与权利，从制度上保证学术委员会参与学校学术事务的决策和管理。

二是建立科学的评价指标体系。在这方面，中国社会科学院研制的评价体系可资借鉴。该评价体系的研制 1995 年由中国社会科学院新闻与传播研究所通过院内招标承担，在多次调研和向数百位专家咨询的基础上，于 1998 年完成，并于 1999 年出版了最终成果专著《社会科学成果价值评估》和数据处理光盘。这个评价体系只以论著本身作为评价对象，不考虑其他外在因素，即不以课题来源评成果、不考虑媒体的报道和评价、不承认所谓"核心期刊"、不以评奖论英雄、暂时不以学术同行的引用率作为衡量标准。③ 这个"五不"评价体系采用四个评估表对成果进行评价，

---

① ［英］阿什比：《科技发达时代的大学教育》，人民教育出版社 1983 年版，第 62 页。
② 同上书，第 92 页。
③ 陈力丹：《谈谈人文社会科学成果的评估标准》，《华中科技大学学报》（社会科学版）2003 年第 1 期；陈力丹：《关于人文社会科学成果评估标准的几点意见》，《中国社会科学院研究生院学报》2003 年第 1 期；陈力丹：《关于人文社会科学成果的评估标准》，《河北学刊》2003 年第 1 期。

第一个表用于学术规范性和难度评估及成果分类，第二个表用于研究类成果评估，第三个表用于普及类成果评估，第四个表用于资料类成果评估。评议专家填完评估表后，由管理人员将相关评估数据录入"社会科学成果评估指标体系计算机分数合成系统"，最后由计算机给出评价结果。

三是建立代表作制度。《清华大学文科科研业绩考核指标体系（第三次讨论稿）》在"学术声誉"的考核方面提出，教师可提供自己的"代表性学术著作1部"或"代表性学术论文5篇"而不受考核期限的限制。这一规定很有新意，可以说是专门针对人文社会科学学术积累期较长的特点而设计的。这一规定经完善后可称为"代表性学术论著制度"或"代表作制度"。根据这一制度，一个学者可以选择自己有代表性的学术著作若干部（如1—2部）或学术论文若干篇（如3—5篇），只要它们的学术质量或学术水平在本学科领域为人们所公认（承认率达到多大百分比算公认需作深入的调查研究），他就可以在很长时期内只拿这些论著参加有关考核，而不受科研业绩量的限定。这就为那些潜心于学术研究的学者提供了更大的自由空间，减少了短周期考核对他们的牵制和烦扰。

四是完善同行评议制度。学术评价应以定量评价与定性评价相结合，除必要的量化指标外，要强化学术评价的质量意识，建立有数量但不唯数量、以质量为导向和核心的评价体系。对学术成果的评价，不能仅看到论著发表刊物或出版机构的级别高低，更应注重研究成果的学术价值、实际应用价值、社会影响等。而进行这样的学术评价，必须把评价权交给同行专家。应当探索和建立评价专家信誉制度，增加评价活动的透明度。同时，还应实行严格的回避制度，聘请与评价结果无利害关系的专家参与评价活动，尽可能减少各种非学术因素的影响。

哲学社会科学评价是一种学术评价，它与其他评价有很大的不同，其评价对象往往表现出某种测不准的性质和特点。因此，在建立和实行同行评议制度的同时，还应辅之以其他多样化的评价形式，如自我评价、成果使用机构评价、政府评价等。此外，还应注意评价对象的可比性。哲学社会科学各个学科之间有很大的差异，如果无视这种差异，把完全不同的学科或评价对象放在一起进行比较，就难以得出正确、合理的结论。例如，近年来，人们有时把一些艺术类的专业院校与综合性院校放在一起排名，由于美术展览、舞台表演等无法按学术论著的标准来折合记分，结果使本来实力非常强的艺术院校在全部院校中的排名只能极为靠后。有的大学将科研经费作为科研实力的重要评价指标，这也忽视了不同学科之间的差异。实际上，哲学社会科学诸学科所需要和所能获得的研究经费差异极大，有的学科一个项目的经费就是其他学科所有项目经费的总和，但这并不意味着它就比其他学科具有更强的科研实力。因此，哲学社会科学评价应建立分类制度，针对不同的学校、学科要按各自类别的标准进行评价。

五是建立评议人信誉评价制度。哲学社会科学评价，无论采取哪一种评价方式，都要努力保证评议的公正性。中国社会科学院的科学成果评价体系，提出了一套分析评估人"信度"的方法：测量评委间态度的一致性，每个评委的信度即是该评委与其他评委态度的一致程度；评委间对成果评价的一致性程度越高，表明该评委组信度越高，否则信度越低；对每个评委来说，与其他评委一致性程度越高则信度越高，否则信度越低。根据该评价体系，在计算某项研究成果的分数之前，首先会计算评委信度；如果某个评委的信度未达到要求，这个评委的打分就会被删除，以免影响成果的得分。这种方法是有可取之处的。不过，需要注意的是，要防止个别评委特别是学术权威对其他评委的影响而使"信度"出现不公正的高度一致。为此，可考虑引入通讯评议的评价方式。

六是建立长效激励机制。应该构建兼容并蓄、多元化的学术评价体系，建立有利于激励哲学社会科学创新的长效机制。特别是对文史哲等基础学科，要鼓励学者们长期积累、潜心研究，淡化数量观念，注重成果的创新价值。应推进以激励为主的学术评价体系创新，使学者们自觉、自愿地制订学术计划，努力激发他们学术创新的积极性。例如，对那些已有相当学术积累与学术成就的优秀人才，可以让他们不受常规考核指标的限制，或适当延长其科研考核周期，给予他们在学术上更大的自由发展空间。

哲学社会科学创新评价是一项系统工程，需要考虑当前我国哲学社会科学研究及其创新的实际情况，但也不应以"中国特色"为借口而拒绝学习国际上先进的评价方法。哲学社会科学创新评价的目的在于鼓励和推进哲学社会科学创新，规范哲学社会科学健康发展。只有从哲学社会科学创新的内在要求和根本特点出发，协调处理好哲学社会科学创新中的多重关系，才能构建起较为完善的哲学社会科学创新评价体系。

（三）推进学术规范建设

我国新时期关于学术规范问题的讨论，发端于 20 世纪 80 年代后期。此后，关于学术规范问题的讨论，大致经历了三个阶段。第一阶段为 20 世纪 80 年代后期至 90 年代中期，整个学术界还并不太关注学术规范问题，只有少数人意识到学术活动也应该有自己的一套规范。第二阶段为 20 世纪 90 年代中期至新旧世纪之交，不少学者在激烈地批评学术腐败的同时呼吁建立学术规范，以求用学术规范预防、阻扼学术腐败的发生和蔓延。第三阶段为 21 世纪初至今，人们在继续批评学术腐败的同时，开始着力于探讨如何建立具体的学术规范。如果说上述第二阶段的关键词是"批评"（或"批判"），那么第三阶段的关键词则是"建设"。今后的主要任务，是学术规范由"知"到"行"的全面落实，只不过这由"知"到"行"的全面落实可能是一个漫长而复杂的过程。①

值得注意的是，哲学社会科学的学术规范问题除了前述明显违反学术精神的各种各样的显性的现象之外，还包括哲学社会科学学术研究中各种隐性的现象。这主要表现为以下三大方面：一是教科书批判情结。在哲学社会科学研究中，一些人著书撰文，热衷于教科书批判，动辄就拿教科书说事，似乎以往的和现行的所有教科书都一无是处，似乎不把教科书奚落一番就不足以显示自己的高明之处。这种教科书批判情结不仅对待以往教科书的态度是非历史的，而且给哲学社会科学各学科的学风带来了很坏的影响，非常不利于我国哲学社会科学研究的创新。二是形式主义的"学术性诉求"。在强化"学术性诉求"的名义下，有些人又走到了另一个极端，他们为了避免与政治有任何勾连，干脆对现实生活乃至整个外部现实世界采取一种规避的态度。他们所诉求的"学术性"，说到底就是一种不仅无关乎政治而且也无关乎现实的、空洞无物的学术的自我规定性；他们所谓的"学术性诉求"，就是要使哲学社会科学研究成为一种从概念到概念、从范畴到范畴的纯逻辑推演式的学问，成为一种对现实生活世界毫不关心的、走着所谓的纯粹思想自我构成道路的智力游戏。这样一种"学术性诉求"，实际上是一种必然使哲学社会科学研究走向死胡同的纯形式主义的追求。三是对洋教条的迷信。洋教条迷信在当前我国哲学社会科学

---

① 余三定、袁玉立：《学术不端与学术规范、学术管理对谈》，《学术界》2010 年第 7 期。

各学科的学术研究中都普遍存在，一些人不仅以西解马，以西评马，以西誉马，甚至以西批马，还以西解中，以西评中，以西誉中，以西批中。有学者指出，当代中国的经济学领域已在很大程度上成为西方经济学，特别是西方新自由主义经济学的天下。以上所说的教科书批判情结、形式主义的学术性诉求、洋教条迷信等，其实质是大体相同的，它们或者只唯书，或者只唯西，但就是不唯实。

解决上述问题，需要我们多管齐下，采取有效措施。

首先，要努力促进学术自律。加强教育引导，促进学术自律，提升学术道德素质，是解决学术规范问题的基础性举措，必须给予高度重视。在这方面，要加强对哲学社会科学规范的宣传和教育，增强人们遵守学术规范的自觉性。2004 年下半年教育部发布的《高等学校哲学社会科学研究规范（试行）》是高等学校学术规范建设的纲领性文件，对高校哲学社会科学研究具有重要的指导意义。该文件曾经武汉大学、南京大学等多所高校师生反复讨论和多次修改，并由教育部人文社会科学委员会讨论通过。文件的出台过程，本身就说明了学术规范建设的重要性。另外，余三定教授著有《新时期学术规范讨论的历时性评述》，不仅详细介绍了我国新时期学术规范问题讨论的发展过程，而且还开列了各个阶段的代表性论文、著作等。这些都是进行哲学社会科学学术规范宣传和教育的重要材料。

促进学术自律，关键是要形成学术规范的自律机制。所谓学术规范的自律机制，就是通过宣传、教育、说服、引导等方式，使学者们自觉接受和认同各种学术规范，从而把外在的准则转化为内在的要求，在实际的学术活动中严格按学术规范办事，由此表现出优良的学术道德。从长远看，在学术规范的自律机制建设中，我们尤其要重视对学生进行学术规范方面的教育，使他们在走上学术道路之初就养成恪守学术规范的自觉性。应该说，学术规范之发挥作用主要靠学者们的自律，而学术规范作用机制建设的重点也在于自律机制的建设。①

对于哲学社会科学研究者来说，要做到学术自律，必须树立正确的价值观，并努力提升哲学社会科学研究和创新能力。哲学社会科学研究是一种精神生产活动，它担负着建构人类精神世界的重任，哲学社会科学研究

---

① 汪信砚：《学术规范建设是一项系统工程》，《武汉大学学报》（人文科学版）2005 年第5 期。

者应该自觉服务社会、造福人类。马克思把自己的全部学识和智慧都贡献给人类，不仅在哲学社会科学的许多领域都登上了新的高峰，而且毫不留情地批判了各种错误思潮，是学术自律方面的典范。在当前我国，随着市场经济的发展，个人主义在社会生活的各个领域都得到张扬，也使一些哲学社会科学研究者的价值观出现了偏差。在哲学社会科学各个学科中，有些人学术使命感缺失，社会责任感淡薄，他们从事学术研究不过是为了实现诸如晋升职称、获取名利等个人目的。在这种情况下，他们往往置最基本的学术规范于不顾。因此，在学术规范建设中，我们必须加强对哲学社会科学研究者的价值观教育，努力培养他们的学术自律精神。当然，要做到学术自律，哲学社会科学研究者还必须努力提高自己的学术研究和创新能力。在当前我国哲学社会科学研究中，出现各种学术失范现象的重要原因之一，是许多人缺乏学术研究的基本功训练。例如，一些人著书撰文，没有基本的课题史研究，立论缺乏依据，论点陈旧，论证没有逻辑性，注释、参考文献的标注不规范，等等。目前，虽然我国高校哲学社会科学领域的中青年教师大多都具有博士学位，但他们中仍有许多人并未真正受过严格的学术研究基本功训练。[①] 而一个哲学社会科学研究者如果缺乏学术研究的基本功训练，是很难做到学术自律的。

其次，要加强学术道德教育。西方发达国家的许多大学中，都开设有科学道德教育课程，目的在于加强学生的科研道德修养，引导他们领会科学活动的伦理精神。我们应该吸收和借鉴国外这方面的有益经验，重视学术道德教育这一环节。高等学校要将学术道德教育列入大学生和研究生课程体系，使青年学生从学生时代就养成恪守学术道德的自觉。研究生导师更要言传身教、率先垂范。科研机构、科学组织和其他相关单位也应将科研道德教育纳入科研人员职业培训体系，使其与思想政治教育、公民道德教育和法制教育相衔接，与创新方法教育相融合，与明德楷模、案例警示教育相结合，让学术道德深深根植于科研人员的头脑中，内化为他们的精神追求。

加强学术道德教育，要注意广泛宣传科研道德方面的楷模。我国科技界曾涌现出大批的先进模范，他们可歌可泣的事迹令科技界和全社会感到

① 汝炳荣：《学术规范建设重在落实贵在自律》，《广东外语外贸大学学报》2005 年第4 期。

极大的震撼，永远值得我们学习和缅怀。例如，钱学森的贡献不仅表现在推动我国科学技术的进步方面，而且也表现在他忠于祖国、尊重科学、不慕虚名、求真务实的精神。钱老的一生给我们的一个深刻启示就是，诚信是科学家最宝贵的品格，每一个迈入科学殿堂的人都应当把诚信作为立身之本。哲学社会科学研究者同样也应如此。在学术道德教育中，就应该充分发挥典型人物的引领示范作用，大力宣传他们的坚定信念、执着精神和踏实作风，以此感染和激励年轻一代学者，提升广大科研人员的精神境界，从根本上净化学术风气。

加强学术道德教育，还要充分发挥学术机构的约束功能，并健全对学术活动的监督机制。科研机构和学术团队要制定具体的学术道德准则，强化对其成员在学术道德方面的约束。要倡导学术争鸣，开展健康的学术批评，使科研活动始终处于同行和社会的监督之下。此外，学术界和整个社会都要加强诚信文化建设，让求真务实成为科研工作者的自觉行动。①

（四）严格科研管理

在当前情况下，严格科研管理，就是要健全学术规范的"他律机制"，即建立并切实执行违规学术行为的惩戒制度，对各类违规学术行为予以惩处，强制性地约束人们遵守学术规范，从而维护学术的尊严。② 当前，我们应在开展深入专题研究的基础上，总结成功经验，分析存在的问题与不足，根据新时期我国哲学社会科学面临的新情况和新任务，有针对性地加强有关管理制度和管理措施建设，更好地推动我国哲学社会科学的创新。

1. 建立严格学术规范的管理制度

一是有关法律制度建设。在制定知识产权保护法时，应该有明确的、可供操作的条文，把学术成果的著作权与商标、专利、计算机软件等方面的知识产权同等看待。在适当的时候，甚至可以制定《学术成果保护条例》或《学术成果保护法》，使对学术成果的保护上升到法制的高度，让

---

① 刘延东：《科研诚信与学风建设》，《新华文摘》2010 年第 12 期。
② 汪信砚：《学术规范建设是一项系统工程》，《武汉大学学报》（人文科学版）2005 年第 5 期。

抄袭、剽窃等学术造假行为受到法律制裁。在美国、德国等西方国家，对有关学术造假行为的法律制裁是十分严厉的。在我国，也已有了这方面的法律案例。例如，经重庆市第一中级人民法院一审认定的、轰动全国的重庆"教授抄袭教授"案，使抄袭者不仅向对方公开道歉，而且还向对方赔偿了经济损失。

二是学术评价制度建设。学术评价的根本目的之一是提高学术研究成果的质量。这一环节做得好，可以大大舒解学术成果运用过程后续环节的压力。如何才能做好呢？展开积极健康的学术批评是可选途径之一。在我国学术界，学术批评已在一定范围内展开，但其所取得的效果并不尽如人意，一个关键的原因就是我们目前的学术批评很不规范。北京大学严家炎教授就曾论述过学术批评的起码规范，可称为五项基本原则：第一，了解自己批评的对象，读过自己想要批评的书，如果没有读过，似以老老实实免开尊口为好。第二，批评的力量取决于态度的实事求是和说理的严密透辟，并不取决于摆出唬人的声势或抛出几顶可怕的帽子。第三，批评必须尊重原意、忠于原文，不能断章取义，移花接木，另扎一个稻草人为靶子。这应该成为批评者的公德。第四，批评宜以对方实实在在的文字做根据，不搞诛心之论。第五，批评就是批评，不要进行人身攻击或造谣中伤。倡导这样五项基本原则，是为了防止学术批评被非学术的因素所左右，使其真正沿着有利于学术发展的方向前行。

目前我国的学术批评，除了对那些一般不敢"回应"的、明显的抄袭、剽窃之作人人喊打外，关于学风、学术规范的讨论大抵还停滞在理论研究上，碰到具体的，特别是涉及面广的学术失范现象，人们大多敬而远之，学术批评的作用得不到应有的发挥。我们应努力改变这种状况，并将学术批评的重心由目前主要是对抄袭、剽窃的个案进行揭露、批判，转移到对以低水平重复和互抬轿子为主要特征的普遍性学术浮躁的检讨、反思和整治上来。相应地，我们应该把学术批评的基本口号从当下的"学术打假"，转换成"提倡学术规范，反对学术浮躁、学术泡沫"。通过健全严格学术规范的制度保障来促进上述"转移"和"转换"的实现，可以改变学术批评基本停留于口头上的呼吁和理论研究的现状。

2. 建立科研信用的管理制度

科研信用在层次上可分为个人信用和建立在个人信用基础上的科研单位信用，在内容上可分为能力可信和信誉可信。哲学社会科学的科研管理，应该围绕能力和信誉这两大指标建立科研人员的个人信用管理档案。建立这方面的管理制度，形成一种面向广大科研工作者的激励与约束相结合的引导机制，能够保证有限的科研资源得到充分利用，有利于各级政府及科研管理部门的规划项目按计划完成。

建立科研信用管理制度，一个很重要的环节就是建立评议担保制度。在我国目前的学术评价中，对评议人的监督力度还不够，已采用过的一些做法效果都不够理想。例如，在有些学术评价中，评价机构会将同行评议的意见予以公开，但这样做容易使一些评议人"手下留情"，以便不得罪被评议人。前文所举中国社会科学院实行的评议人"信度"考查方法，则没有考虑到真理有时掌握在少数人手里的情况，而这种情况即使是在当今科技、文化大发展和信息传播极其快捷的条件下也并不少见。那么，有没有办法使那些具有争议性、创新性的理论或观点不至于一提出就被评议人轻易扼杀了呢？未来对学术评议人的监督制度该如何建立呢？这需要更多的人来关注、思考和研究。我们认为，为加强对学术评价活动的监督，国家级、省部级的重要学术评价机构应逐步建立起评议人的信誉档案，评议人的学术评价须以其学术信誉作为担保；一旦评议人作出明显不公正的学术评价，不仅其不良信誉将记录在案，而且其相关评审资格立即被取消。同时，学术评价机构还应定期公布相关学术评价中被取消评审资格人员的名单，以提醒其他评议人引以为戒。

建立科研信用管理制度，还要注意充分发挥奖惩的引导作用。高等学校和科研机构应形成自己的学术纪律约束机制，制定和实施遵循学术纪律情况的奖惩规范，该奖励的，一点也不含糊；该惩处的，一点也不手软。在北大出现王铭铭教授剽窃风波后，北大以这件事为突破口，制定和实施了《北京大学教师学术纪律规范》，对学术造假行为作出相应处理，并且将教师遵守学术纪律情况与人事录用、职称晋升、项目审批、业绩考核挂钩，实施科研作假"一票否决制"。只要各相关单位都形成了行之有效的学术纪律约束机制，我国哲学社会科学科研信用情况就会逐步得到改善。

3. 建立学术监督机制

监督，具有提示作用、警示作用、督导作用和惩戒作用，具有他律的性质，是强约束和软约束的整合机制。大量事实表明，有效的监督，对遏制学术腐败有十分重要的作用。一是舆论监督。即通过新闻媒体的报道，实事求是、客观公正、讲究方法地对学术造假行为进行揭露，并借助于社会舆论的力量，使学术造假者得到相应的惩处，使其在名和利上付出相应的代价。《中国教育报》、《中国青年报》、《光明日报》等媒体在这方面做了大量的、卓有成效的尝试，有关的学术网站也对科研作弊、学术造假等方面的案例进行了无情针砭，很好地发挥了社会舆论对哲学社会科学研究的监督作用。这是一种很好的监督形式，我们今后应该进一步发挥社会舆论的这种作用。二是评价监督。高等学校、科研机构及其他有关管理机关都应加强学术评价的监督机制建设，努力使学术论著、课题立项和结项等都能得到权威的、公正的、负责任的学术评价。在这方面，国家自然科学基金评审的有关经验值得借鉴。国家自然科学基金委员会在科研课题的立项评审上，首先注意把住评委这一关，所遴选的评委皆为德高望重的专家，并长期坚持课题异议期制度和评委定期轮换制度，较好地保证了学术评价的公正性。湖南省教育厅及北京、重庆的一些高校也尝试性地实行了学术成果公示制度和举报制度，使学术成果接受学术界同行和全社会的公开监督，效果也很好。三是组织监督。即建立专门性的行政或非行政的学术监督机构，努力预防学术腐败现象，并对已经出现的学术腐败现象进行处理。在美国，出现"科学不正当行为"（亦即我们所说的学术腐败），一般会由"研究诚实办公室"来处理，有此类行为的人会在3—5年没有任何评审资格和不能参加任何研究项目，实践效果是很好的。当前，有关执法部门还应该对那些打着文化中介、学术评奖组织的幌子而干着贩卖获奖证书、扰乱科研秩序的不法机构进行坚决取缔、从严打击。把三种监督形式有机结合起来，必能给学术造假者以极大的震慑，从而有效地遏制各种学术腐败行为。

（五）营造创新氛围

党中央的高度重视及其一系列重大举措，是我国哲学社会科学繁荣和发展的根本保证。党的十六大提出要坚持社会科学和自然科学并重，充分发挥哲学社会科学在经济和社会发展中的重要作用。党的十六届三中全会正式提出"建设哲学社会科学理论创新体系，促进社会科学和自然科学协调发展"。随后，中央颁布《关于进一步繁荣发展哲学社会科学的意见》，开始实施马克思主义理论研究和建设工程；中央政治局专门以繁荣发展哲学社会科学为内容进行集体学习；中央政治局常委会听取中国社会科学院汇报，胡锦涛同志就进一步办好中国社会科学院、进一步繁荣发展哲学社会科学发表重要讲话；党的十七大明确要求"繁荣发展哲学社会科学，推进学科体系、学术观点、科研方法创新"；国家"十二五"规划纲要提出"大力推进哲学社会科学创新体系建设，实施哲学社会科学创新工程，繁荣发展哲学社会科学"；党的十七届六中全会把繁荣发展哲学社会科学作为建设社会主义文化强国的一项重要内容；党的十八大再次强调"建设哲学社会科学创新体系"。这一系列部署表明，随着中国特色社会主义实践的深入发展，我们党更加重视哲学社会科学事业的繁荣和发展，更加重视哲学社会科学的创新。这些为新时期我国哲学社会科学创新氛围的营造奠定了根本前提。当前，要为哲学社会科学创新营造良好的氛围，我们要着力做好以下几个方面的工作。

1. 搭建促进哲学社会科学创新的信息平台

在国家层面，加快全国性哲学社会科学研究信息共享平台的建设步伐，已经成为哲学社会科学界的迫切要求和共同呼声。这一平台的建设是提升哲学社会科学创新能力的基础性工程，有利于哲学社会科学研究者借助现代信息技术提供的便利条件，更准确、及时地把握学术发展的前沿动向，更合理地制定学术研究规划，也有利于人们开展跨地区、跨部门、跨学科的学术研究。及时启动这一工程的建设，整合全国高校有关学术数据库、信息平台等已有资源，集成优势、统筹规划，为哲学社会科学创新提供有力的信息技术支撑，是十分重要的。

在地方层面，可由各省哲学社会科学科研管理部门负责建设全省哲学社会科学信息库。信息库的作用是提供和发布科研信息，接受咨询，为哲学社会科学研究提供信息支持。省级哲学社会科学信息库的信息资源一般侧重于应用性、对策研究方面，主要包括两大方面：一是省委、省政府及各职能部门的决策需求，这方面的信息应细致、具体，以便哲学社会科学研究有更强的针对性；二是省情研究方面的优秀成果，特别是进入决策的应用性、对策性研究成果以及在经济社会发展方面已制定、实施的相关政策，它们能为对相关问题的进一步研究提供理论参照和政策引导。当然，地方层面也会有哲学社会科学基础理论研究，这类基础理论研究要站到国内外学术发展的最前沿，需要充分利用国内已有的一些哲学社会科学研究信息资源。在目前的条件下，地方各高校和科研机构应重视购买各种哲学社会科学数据库的使用权，为哲学社会科学研究者创造更好的科研条件，同时还应加强对哲学社会科学研究者掌握和运用现代信息技术能力的培训，使他们能够充分利用各种哲学社会科学信息资源。

只有搭建好促进哲学社会科学创新的信息化平台，才能进一步加强各级哲学社会科学研究管理部门的沟通和联合，使有限资源产生最大的效益。应当建立全国哲学社会科学研究管理部门的交流与协作机制，加强哲学社会科学科研资源使用情况的交流，避免有限资源的浪费。同时，在哲学社会科学科研资源的分配与使用方面，既要考虑哲学社会科学研究者的能力，更要考虑各项资源对哲学社会科学研究者的激励作用。例如，可考虑将那些有重大激励作用的资源重点向哲学社会科学名家倾斜，因为只有这类资源才会对他们有激励作用；至于哲学社会科学研究的一般资源，则可考虑着重向年轻学者倾斜，以便充分调动他们致力于哲学社会科学研究和创新的积极性。

2. 营造自觉遵守学术道德的学术环境

加强学术道德建设，是遏制学术腐败的基本措施。道德虽然没有强制性，但由于它与理想、信念、价值观联系在一起，其对人的行为的影响更具稳定性和自控性。当学术道德由他律转化为自律的时候，遏制学术腐败才真正有希望。加强哲学社会科学研究的学术道德建设，营造自觉遵守学术道德的学术环境，尤其要注意做好以下几个方面：

一是澄清对学术道德问题的各种不正确理解。有人认为，过去几十年，我们有很多名学者都曾在未经原作者授权的情况下翻译过国外的大量著作、都曾大量引用他人的思想和观点而没有加以注明，从没人说他们有学术道德问题，所以我们现在的类似行为也不应该受到指责。也有人把抄袭、剽窃行为辩称为学术上的"借鉴"，认为这是正常现象，没有必要大惊小怪，更没有必要上升为学术道德问题来理解。这些表明，学术道德问题上的许多错误看法还亟待澄清。

二是加强对哲学社会科学研究者的学术道德教育。要通过各种形式的学术道德教育，使哲学社会科学研究者普遍树立"保护和尊重知识产权光荣，践踏和亵渎知识产权可耻"的价值观念。北京航空航天大学校长李未院士曾就加强学术道德教育问题提出四条建议：第一，将知识产权法、著作版权法、专利法知识列为本科学生的必修课。第二，将这三部法律知识作为青年教师晋级考评的重要内容，像考外语一样，实行一票否决。第三，管理部门在教师中普及相关知识。第四，除了现在的法律条文，还应制定相应的规章制度，明确惩处措施，借以增加造假者的作弊成本。他的这些建议对于在哲学社会科学领域加强学术道德教育也是有启发意义的。

三是强化学术道德重在建设的思想。学术道德规范的确立、学术道德信念的践履、学术道德习惯的养成，都不是一蹴而就、一朝一夕的事情，不能操之过急。学术道德建设涉及面广，需要整个社会，特别是学术界的积极参与。在学术道德建设过程中，我们既要立足现实，又要瞻前窥远，使学术道德规范在适应现实的基础上，有适当超越现实的发展，体现道德的超越性本质，使人们从思想上筑起拒绝学术腐败的"防火墙"。

3. 强化哲学社会科学创新的后勤保障

强化哲学社会科学创新的后勤保障，就是要以现代管理理论为指导，按照科研管理工作的客观规律，加大经费投入，运用先进的管理手段，采用科学的管理方法，不断提高服务管理水平，为哲学社会科学创新提供强有力的后勤支持。

一方面，要加大经费投入。科研经费在现代科学创新体系中的作用变得越来越重要。无论是相比于发达国家，还是相比于我国在自然科学研究方面的投入，我国在哲学社会科学研究方面的投入还是相当不足的，提高在这方面的经费投入十分必要。在加大投入的同时，也要重视建立科学的经费管理机制。另外，国家也应加强哲学社会科学科研基础设施建设，在进一步丰富各类图书文献资料、网络学术资源的同时，还应加强哲学社会科学实验中心、调研中心的建设，完善相关的配套服务设施。在加大经费投入的同时，要加快优化科研经费投入结构。近年来，我国哲学社会科学科研经费投入逐年增加，对于促进哲学社会科学事业的发展起到了重要作用，但科研经费配置不尽合理的问题明显存在。例如，对基础研究的投入还不足，尤其是对一些基础研究课题的持续稳定的支持不够，而这些研究往往需要十年磨一剑。此外，有的项目布局不合理，申请程序比较烦琐。要根据不同类别科研活动的特点和经费需要，完善投入机制，优化投入结构，对某些项目要形成持续稳定支持的机制。

另一方面，要提高服务管理水平。首先，必须坚持对哲学社会科学研究的制度化管理。例如，中国社会科学院成立了服务局，形成了包括党务管理、战略管理、基础管理、人事管理、财务管理、资产管理、服务管理、经营管理、安全管理、人防管理、课题管理、综合管理和后勤改革等13个门类的管理制度体系，基本实现了各方面管理工作有章可循。其次，必须加强对哲学社会科学研究管理的理论探讨。加强对哲学社会科学研究管理的理论探讨，是充分利用各种资源、提高管理效能的根本要求。在实践上，哲学社会科学研究管理人员往往容易陷入各种具体的事务性工作而忽视理论研究，从而缺乏大局意识和长远眼光，缺乏宏观把握和运筹帷幄的能力，并由此在哲学社会科学研究的管理工作中不能应对挑战，不能抓住机遇。因此，哲学社会科学研究管理者必须自觉加强管理体制、管理机制、管理方式等方面的理论研究。最后，必须完善对哲学社会科学研究的计划管理。完善对哲学社会科学研究的计划管理，就是要明确哲学社会科学管理的目标，科学合理地配置和使用各项资源，保证各项工作有序、高效地完成。在哲学社会科学研究管理中，要进一步健全计划体系，注重长期、中期、短期目标的合理性与关联性，根据中长期规划制订阶段性计划，把各类计划有机结合、分解落实，同时坚持针对重大事项制订专门计划，并严格执行计划，保障各项工作准备充分、安排周密、执行有力、检查到位，确保为哲学社会科学创新提供可靠的保障。

后 记

　　这部《哲学社会科学创新论》是我所主持的教育部哲学社会科学研究重大课题攻关项目"哲学社会科学创新能力及评价研究"（首席专家为沈壮海教授）之子课题"哲学社会科学创新能力基本理论问题研究"、中宣部全国宣传文化系统"四个一批"人才资助项目"哲学社会科学创新论"和武汉大学自主科研项目（人文社会科学）重点课题"哲学社会科学创新的方法论问题研究"的最终成果，得到教育部哲学社会科学研究重大课题攻关项目经费、中宣部全国宣传文化系统"四个一批"人才培养资金和中央高校基本科研业务费专项资金的资助，是我与曾在武汉大学攻读博士学位、现在都已是高校教师的几位青年学者共同完成的。我本人除制订和确定研究方案、研究思路及写作提纲外，撰写了"导论"部分。其他各章的分工情况如下：第一、二、七、八章由海军工程大学理学院刘明诗副教授撰写；第三、五章由中南财经政法大学哲学院熊文博士撰写；第四章由南方医科大学马克思主义学院熊进博士撰写；第六章由广西师范学院马克思主义学院张兴副教授撰写。各章初稿完成后，我对全书进行了统稿和仔细修改。

　　哲学社会科学创新问题是目前学界共同关注的一个重大理论课题，已有不少学者从各个不同的学科和各种不同的角度对之作过一些探索。虽然对这一课题进行整体性的研究、从总体上把握哲学社会科学创新的本质、特点和规律是非常必要的，但这项研究工作本身却有很大的难度，因为毕竟任何一个研究者都有其特定的专业领域，不可能通晓哲学社会科学各个学科。因此，尽管我们殚精竭虑、数易其稿，以致研究、写作和统稿过程持续数年时间，但受限于专业领域、知识背景和学术水平，书中难免存在着这样那样的不足甚至错谬之处。祈望读者和学界同仁指正。

汪信砚

2014 年 5 月 15 日